KB042045

YoungJin.com Y.
영진닷컴

그림으로 배우는
데이터 과학

ISBN 978-89-314-6025-4

독자님의 의견을 받습니다

이 책을 구입한 독자님은 영진닷컴의 가장 중요한 비평가이자 조언가입니다. 저희 책의 장점과 문제점이 무엇인지, 어떤 책이 출판되기를 바라는지, 책을 더욱 알차게 꾸밀 수 있는 아이디어가 있으면 이메일, 또는 우편으로 연락주시기 바랍니다. 의견을 주실 때에는 책 제목 및 독자님의 성함과 연락처(전화번호나 이메일)를 꼭 남겨 주시기 바랍니다. 독자님의 의견에 대해 바로 답변을 드리고, 또 독자님의 의견을 다음 책에 충분히 반영하도록 늘 노력하겠습니다.

주 소 (우)08507 서울특별시 금천구 가산디지털1로 128 STX-V타워 4층 401호
대표팩스 (02)867-2207
등 록 2007. 4. 27. 제16-4189호
이메일 support@youngjin.com

저자 히사노 료헤이, 키와키 타이치 | **역자** 김성훈 | **책임** 김태경 | **진행** 김민경
표지 디자인 임정원 | **본문 디자인** 이경숙 | **영업** 박준용, 임용수
마케팅 이승희, 김근주, 조민영, 김예진, 이은정, 임승현 | **제작** 황장협 | **인쇄** 제이엠

머리말

데이터 과학을 10시간만에 배우기

데이터 과학은 통계학이나 머신러닝뿐만 아니라, 컴퓨터 과학의 여러 분야와도 연관되어 있어, 다룰 범위가 매우 넓습니다. 체계적으로 지식을 쌓아가려면 다양한 서적을 참고해야 하는데, 입문자가 쉽사리 전체 모습을 머릿속에 그려볼 수 있는 분야는 아닙니다.

특히 최근에는 딥러닝이라는 멋진 이름 덕에 이미지만 앞서가서 정확히 어떤 문맥에 있는 기술인지 제대로 이해하지 못하는 경우도 여기저기서 볼 수 있습니다. 설사 자신이 그런 기술을 직접 사용하지 않더라도, 잘못된 인식을 바탕으로 이것저것 생각을 짜내 "특이점이 가깝다"는 둥 장래를 예측하려고 해봐야 어차피 공상 과학의 틀을 넘을 수 없다는 것은 쉽게 알 수 있을 것입니다.

컴퓨터의 구조부터 딥러닝까지

이 책은 데이터 과학을 이해하는 데 필요한 기초 지식을 한 권으로 정리했습니다. 일반 데이터 과학 서적에서는 보통 생략되는 전제 지식, 예를 들어 하드웨어 기술, 소프트웨어 기술, 알고리즘 이야기도 데이터 과학과의 관련성을 강조하면서 친절히 설명하려고 노력했습니다. 이 책을 통해 대강이나마 데이터 과학의 바탕이 되는 기술을 파악할 수 있으면 좋겠습니다.

하지만, 독자에 따라서는 프로그래밍 이야기에 흥미가 없을 수도 있고, 상용으로 쓸 것도 아닌데 데이터베이스 이야기는 필요없다고 생각할 수 있습니다. 이처럼 독자의 요구 사항은 다양합니다. 다양한 요구에 부응할 수 있도록 가능하면 각

장 별로 완결될 수 있도록 썼습니다. 그러므로 원하는 곳부터 읽어나가도 상관없습니다.

수학에 관해서

이 책에서는 비록 조금이지만 수식을 이용해 설명하는 부분이 있습니다. 수식은 어디까지나 정확하게 수학적으로 정의해서 컴퓨터에 지시할 수 있다는 사실을 이해시키고자 게재했습니다. 또 수식이 등장할 때마다 수식의 의미를 친절히 설명했습니다. 대부분의 독자는 수식 자체를 자세히 이해할 필요가 없습니다. 그냥 그림처럼 보고 넘어가도 문제가 될 부분은 없습니다.

물론, 다양한 알고리즘 차이는 수식에 따른 부분이 큽니다. 대학원에서 데이터 과학을 전공하거나 스스로 새로운 알고리즘을 개발하고 체계적으로 이해해야 할 때는 수식을 알아야만 하겠지요. 그런 분은 꼭 이 책을 출발점으로 삼아서, 더욱더 전문적인 서적에 도전하기를 권합니다.

데이터 과학을 배우면 무엇을 할 수 있을까

정보통신기술이 발전하면서 다양한 데이터가 수집되고 있는 것은 주지의 사실입니다. 또 인터넷이나 스마트폰, IoT 기술 등 일종의 오토메이션 엔지니어링이 일상생활에까지 파고들었다고 생각하는 사람도 많을 것입니다. 온라인 쇼핑 사이트에서 뭔가를 살 때 다른 상품도 추천하거나 의심스러운 구매 행동이 발견되면 신용카드 회사에서 알려줄 수 있게 된 것은 그 이면에서 데이터 과학이 필요한 알고리즘을 구축한 덕분입니다.

물론 그런 IT스러운 일뿐만 아니라, 좀 더 문과적인 일도 데이터 과학 영역에 포함됩니다. 관공서에서 빅데이터로 의견을 모아서 보고하거나 컨설팅 회사가 중요한 의사결정을 지원할 때도 기존의 컴퓨팅 기술과 통계 기법만으로는 아무래도 한계가 생길 수 있습니다. 그런 때에도 데이터 과학은 도움이 됩니다.

데이터 과학의 미래

데이터 과학은 나날이 발전하는 분야이기도 합니다. 얻을 수 있는 빅데이터도 변할 것이고 인공지능 기술이 발전하면서 사회적으로 데이터 과학에 요청하는 요구도 표층적으로는 바뀌어 갈 것입니다. 실제로 이 책에서도 다루는 이미지나 텍스트와 같은 비구조화 데이터 분석은 최근의 기술 발전에 힘입어 유행하게 됐습니다.

또한 빅데이터, 인공지능, IoT, 블록체인 등 복합적으로 기술 혁신이 조합된 결과, 사회 곳곳에서 오토메이션 엔지니어링을 도입하는 흐름은 피할 수 없게 됐습니다. 이런 흐름의 영향으로 데이터 과학 업계에서는 이제껏 생각해 본 적도 없는 데이터 과학 과제가 매일 생겨나고 있습니다. 어쩌면 지금까지 우리가 데이터 과학 과제라고 생각했던 것은 빙산의 일각에 지나지 않으며, 정말 재미있는 데이터 과학 과제는 아직 발견조차 하지 못했을지도 모릅니다.

하지만 그렇다고 해도 근본이 되는 계산과 통계 등의 과학 지식은 쉽사리 변하는 것이 아닙니다. 그리고 이처럼 변화가 격심한 시대야말로 데이터 과학의 기초를 배우는 것이 중요하다고 할 수 있습니다. 이 책이 독자에게 기초 실력이 확실한 데이터 과학자를 목표로 하는 계기가 된다면, 필자로서 가장 큰 기쁨일 것입니다.

차례

part 1 데이터 과학의 기본

part 2 데이터 과학의 기초 기술

part 3 통계학 · 머신러닝의 기초

part 4 코퍼스와 네트워크 분석

part 5 딥러닝

[18] 딥러닝

[19] 딥러닝에 의한 순차 데이터 분석

[20] 딥러닝에 의한 이미지 분석

part
1

데이터 과학의 기본

Ch 01. 데이터 과학이란

총괄

오늘날 정보통신기술, 인공지능, 빅데이터, 데이터 과학의 인기가 과거와 크게 차별되는 특징 중 하나로 산업계의 커다란 관심을 들 수 있습니다.

인류 역사상 오토메이션 엔지니어링의 흐름은 대부분 육체노동을 기계로 대체하는 방향이었습니다. 하지만 현대에 들어와선 비록 일부라고는 해도 두뇌 활동을 기계로 대체하는 것을 표방합니다. 완전히 인간을 넘어서는 건 아니지만, 전기 요금만 내면 온종일 지치지 않고 두뇌 활동에 종사할 수 있는 기계가 산업계에 충분히 매력적이라는 사실은 새삼 언급할 필요도 없습니다.

이런 인기에는 긍정적인 측면만 있는 것은 아닙니다. 사회가 어떤 열광 상태에 빠지면, 생각나는 온갖 사례에 우선 새로운 기술을 활용해 보려는 이른바 사회의 '사고 자동화'를 낳게 됩니다. 먼 훗날 다시 생각해 볼 때 부끄러울 정도의 이야기라면 그나마 괜찮겠지만, 새로운 사회 문제를 일으킨다면 잠자코 있지 않을 사람도 많을 것입니다.

하지만, 역사를 돌아보면 보면 알 수 있듯이 새로운 응용 문제나 기초 문제, 나아가 기술 혁신은 이러한 열광 속에서 생겨납니다. 인기에 힘입어 이제까지 학술의 영역에서만 활용되던 기술이 사회 곳곳에서 활용된다는 것은 기술의 저비용화와 동시에 사회에서의 상주화를 의미합니다.

데이터 과학은 그런 거대한 소용돌이 속에서 나날이 성장하는 분야입니다.

현재 데이터 과학을 둘러싼 상황은 어떨까요? 1부에서는 이 질문에 대해 간단하게 답하고, 현대 사회에서 정보의 놀이터가 된 웹 세계에서 자료를 수집하는 방법을 몇 가지 소개합니다.

1장_ 데이터 과학이란

처음에 데이터 과학이란 무엇인지 간단히 설명한 후, 최근 완전히 유행어가 된 빅데이터에 관해 설명합니다. 다음으로 인공지능과 데이터 과학의 관계성을 설명하고, 그런 다음 다시 데이터 과학자의 역할을 기술합니다.

데이터 과학을 배우고 싶어도 재미있는 데이터가 없으면 할 수 없다고 생각하는 독자도 많을 것입니다. 그래서, 이 장 후반에서는 오픈 데이터 활용, Web API 활용, 웹스크레이핑 등 웹에서 데이터를 수집하는 다양한 방법을 설명합니다.

그림으로 배우는 데이터 과학 01

데이터 과학이란

▶01 데이터 과학이란

정보통신기술 발전과 함께 데이터 분석이 필요한 분야는 비약적으로 늘어났습니다. 인터넷과 스마트폰, 스마트센서, GPS 등의 하드한 기술뿐만 아니라, 소셜미디어, 전자상거래 시장, 웹 광고, 블록체인, IoT(사물 인터넷) 등의 소프트한 기술도 나날이 진보하고 있습니다. 또한, 그런 기술을 지탱하는 인재에 대한 수요도 비약적으로 증가하고 있습니다.

실제로 2017년 글로벌 기업 시가 총액 랭킹 상위 5개사(Apple, Google[Alphabet], Microsoft, Facebook, Amazon)는 모두 데이터 분석을 널리 활용하고 있습니다. 영국의 유명한 경제지 이코노미스트(The Economist)는 2017년에 '현재 가장 가치 있는 자원은 데이터'라는 기사를 실어 화제가 됐습니다(오른쪽 페이지 하단①).

그렇다면, 데이터 과학자란 어떤 기술을 가진 사람일까요? 이 책에서는 **'컴퓨팅 기술을 활용해 데이터 수집 및 처리, 통계학이나 머신러닝으로 분석, 의사 결정과 상품 개발까지 이어지는 일련의 흐름을 효과적으로 처리하는 기능을 가진 사람'**을 가리키기로 하겠습니다.

최근에는 데이터 과학자를 다시 비지니스를 중시하는 '업무계열'와 구현을 중시하는 'IT계열'로 구별하는 경우도 있습니다. 그런 의미에서는 이 책은 후자에 초점을 맞춘 책입니다. 데이터 과학자에게 필요한 지식과 기능은 정말 다양한 분야에 걸쳐 있습니다. **수학, 알고리즘, 하드웨어 지식, 소프트웨어 지식, 통계학, 머신러닝, 비지니스 과제 등을 해결하는 응용력.** 이 모든 것에 정통한 사람이라고 한다면, 그 어려움도 쉽게 이해할 수 있을 것으로 생각합니다.

이 책은 처음 배우는 사람이 데이터 과학 전체를 파악할 수 있도록 기술했습니다. 그럼, 어서 학습을 진행해 봅시다.

그림으로 보는 핵심 정리 !

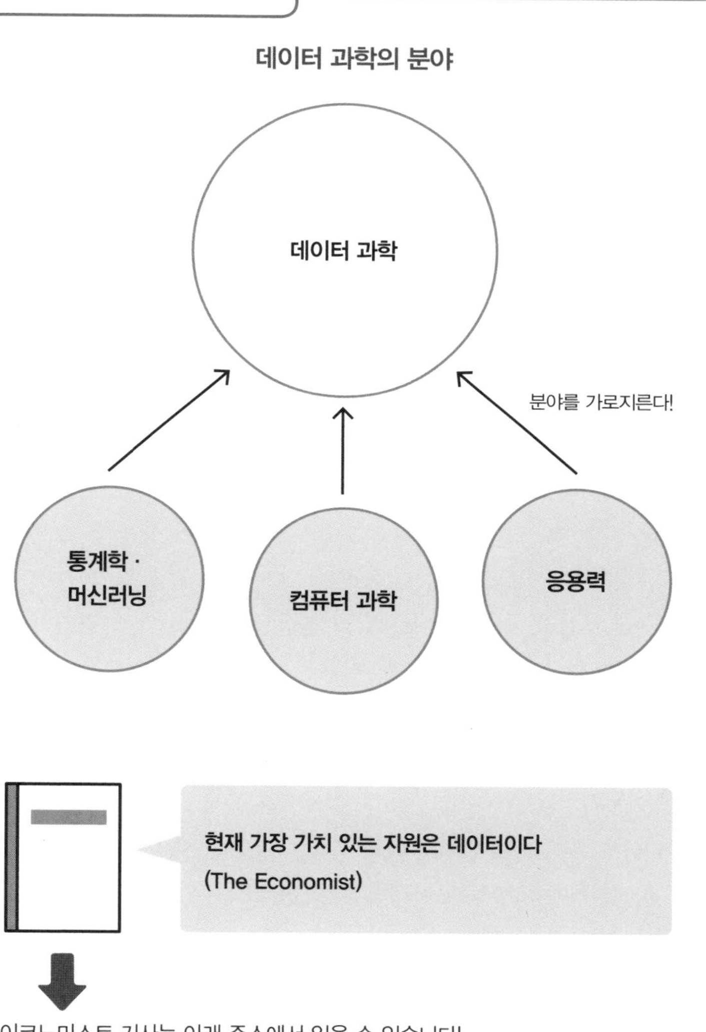

이코노미스트 기사는 아래 주소에서 읽을 수 있습니다!

① "The world's most valuable resource is no longer oil, but data.", The Economist, May 6th 2017, (https://www.economist.com/leaders/2017/05/06/the-worlds-most-valuable-resource-is-no-longer-oil-but-data)

▶02 빅데이터란

최근의 데이터는 크기(Volume), 속도(Velocity), 다양성(Variety), 정확성(Veracity) 측면에서 이전의 데이터와 크게 다른 특징이 있습니다. 또 이 네 가지 V를 이용해 가치(Value)를 창출하는 것이 중요하므로 **빅데이터의 5V**라고 해서 하나로 묶는 경우도 있습니다.

크기(Volume)는 쉽게 상상할 수 있을 것으로 생각합니다. 다양한 정보통신기술을 통해 대량의 데이터를 수집할 수 있게 됐습니다. 초기에는 빅데이터의 과제라면 검색 엔진을 말했지만, 지금은 전자상거래 시장, 소셜 미디어, IoT 등 그 범위가 점점 넓어지고 있습니다.

데이터의 크기와 더불어 데이터가 생성되는 **속도(Velocity)**도 변했습니다. 스마트폰과 웹 상에서 데이터를 열람하는 행동 하나를 보더라도, 그 행동은 항상 기록되며 검색엔진이나 추천 시스템에 도움이 됩니다. 또 스마트 센서가 새로운 디바이스에 설치될 때마다 거기서 수집된 수많은 데이터로 뭔가 가치를 만들어 낼 수 없는지 다양한 시도가 이루어집니다.

다양성(Variety)도 근래 크게 변화된 특징 중 하나입니다. 예를 들면, 물가와 같은 집계량이 아니라 상세 가격 변동과 거래량 등 마이크로 데이터를 이용하는 경제 분석도 활발해졌습니다. 문서, 이미지, 동영상, 음성 등의 비구조화 데이터의 효과적인 활용이 널리 시도되는 것도 새로운 경향이라고 할 수 있습니다.

정확성(Veracity)에 관해서는 꼭 긍정적인 이야기만 있는 건 아닙니다. 상세한 거래 데이터 등 무엇이든 기록하기에 정보가 정확해진 부분도 있지만, 블로그 기사 등은 가짜 뉴스의 온상도 되고 있어, 수집된 정보가 반드시 정확하다고는 할 수 없습니다.

이러한 **데이터 환경 변화에 유연하게 대처하고, 데이터 분석을 통해 가치(Value)를 창조하는 것이 데이터 과학자의 일**입니다.

그림으로 보는 핵심 정리 !

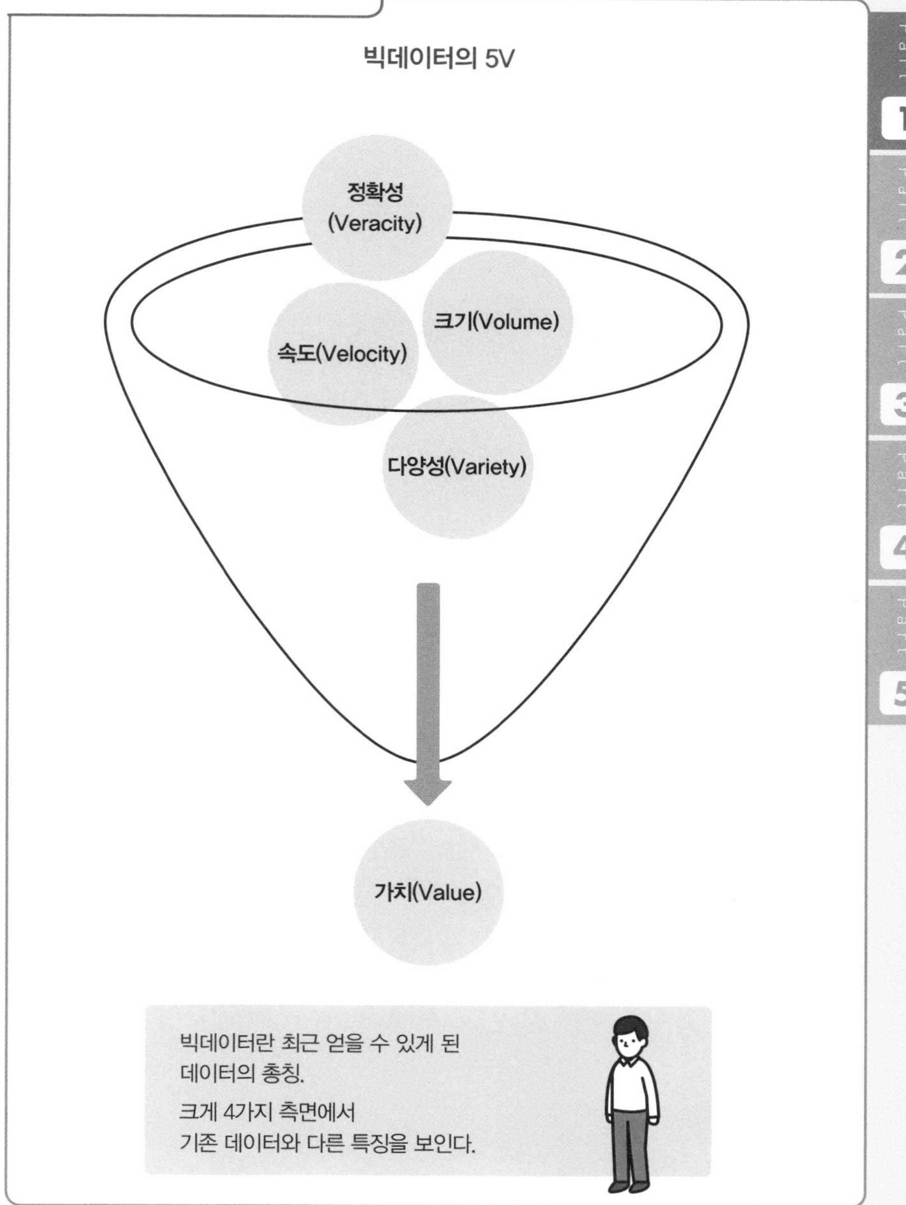
빅데이터의 5V
정확성
(Veracity)
크기(Volume)
속도(Velocity)
다양성(Variety)
가치(Value)
빅데이터란 최근 얻을 수 있게 된
데이터의 총칭.
크게 4가지 측면에서
기존 데이터와 다른 특징을 보인다.

그림으로 배우는 데이터 과학 01

데이터 과학이란

▶03 인공지능과의 관계

사업가와 이야기하다 보면, '데이터 과학과 인공지능의 관계'를 묻는 일이 자주 있습니다. 이 책 후반에서 다룰 머신러닝은 데이터를 이용해 패턴을 학습하기 위해 발전한 분야로 인공지능의 한 분야이지만, 동시에 데이터 과학에서도 널리 사용되는 기법입니다. 따라서, 결론만 말하자면 **인공지능과 데이터 과학은 머신러닝을 공통항으로 가진 관계라고 할 수 있습니다.**

인공지능의 창시자 중 한 사람인 존 매카시는 인공지능이란 '지능이 있는 기계. 특히 지능이 있는 프로그램을 만들기 위한 과학과 공학'이라고 했습니다.

물론 그런 프로그램이 데이터 과학과 관련된 모든 문제를 해결해 준다면 더할 나위 없겠지만, 인공지능 발전의 역사에서는 '간단하다고 생각한 문제가 의외로 어려워서 쓸만한 성능을 내기까지 예상보다 시간이 걸리는 일'이 반복됐습니다. 20세기 중반 무렵 인공지능 붐이 일어날 때도 "10년만 있으면 기계가 체스계의 챔피언을 쓰러뜨릴 수 있다."라고 했지만, 실제로는 훨씬 시간이 오래 걸렸습니다. 현재의 인공지능 기술은 그런 상황에서도 연구자들이 끊임없이 노력한 결과로 완성됐습니다.

한편, 데이터 과학에서 필요로 하는 기술은 다양합니다. 이런 상황을 고려하면, 현재 데이터 과학자가 수동으로 하는 일을 대부분 인공지능으로 대체할 수 있게 되는 것은 훨씬 나중에 일어날 일이라고 여기는 게 자연스럽겠지요. 그래도 여전히 **데이터 속에서 가치를 찾아내는 흐름 전체를 제어하는 일은 어디까지나 인간의 몫이 될 것**입니다.

그림으로 보는 핵심 정리 !

데이터 과학과 인공지능 · 머신러닝

데이터 과학에서 사용하는 머신러닝은 인공지능의 한 분야

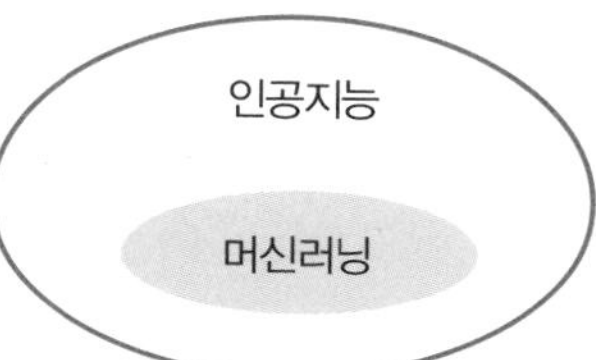

자동화할 수 있는 부분은 제대로 자동화하고 전체의 흐름을 제어하는 것이 데이터 과학자의 업무

(인공지능은) 지능이 있는 기계. 특히 지능이 있는 프로그램을 만들기 위한 과학과 공학이다.

존 매카시(John McCarthy)
인공지능의 창시자
1927년 9월 4일 ~ 2011년 10월 24일

▶04 데이터 과학자의 역할

여기서는 데이터 과학자에게 요구되는 역할을 잠시 살펴보겠습니다. **데이터 과학의 흐름**은 (1) 무엇을 할 것인지 명확히 하고(가설 수립) (2) 어떤 데이터를 모을 것인지 생각한 후 (3) 필요한 이론과 요소 기술을 조합해 프로그램으로 구현해 (4) 피드백된 정보를 바탕으로 개선하는 일종의 PDCA 주기를 반복합니다.

이 주기를 반복할 때 중요한 것은 **자신이 하는 작업이 최종 목적과 일치하는지 강하게 의식하는 것**입니다. 처음 목적과 맞지 않는 데이터는 모아도 의미가 없습니다. 통계 모델을 만들 때 평가 척도가 실태와 서로 맞지 않으면 노력은 물거품이 되고 맙니다. 또 최종적으로 상품화나 의사 결정이 중요한데, 단순한 흥미 위주의 데이터 분석을 거듭해봐야 쓸데없이 보고서만 길어질 뿐입니다.

하지만 실제로 이 주기에서 모든 과정을 자유롭게 탐구할 수 있는 사람은 적습니다. 예를 들어, 상품화 등은 회사에서 일하지 않는다면 관여할 수 없겠지요. 웹 상의 데이터는 비교적 모으기 쉽지만, 스마트 센서의 정보에 개인이 접근하기는 어렵습니다. 그리고 사람에 따라서 어떤 부분을 중요시하는지도 다릅니다. "통계기술은 평균이나 분산만으로 충분하다. 재미있는 데이터를 수집하는 게 전부다."라며 급진적인 발상을 하는 사람도 있는가 하면, 다른 데이터에서도 일반화 성능(116페이지 참조)을 발휘하는 통계적인 알고리즘을 추구하는 것을 좋아하는 사람도 있습니다.

하지만, 그렇다고 해도 최소한 필요한 요소 기술 전체를 이해하고 작업 공정이 최종적인 가치 창출로 이어지는지 강하게 의식하는 것이 중요하다는 사실은 말할 것도 없습니다.

그림으로 보는 핵심 정리 !

데이터 과학의 흐름

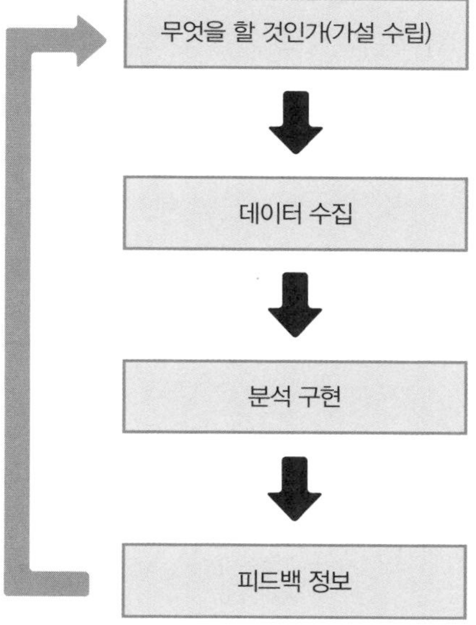

How를 구성하는 계산이나 통계 같은 확실한 기초 지식을 기반으로 거대한 What에 부응할 수 있는 데이터 과학자가 요구된다.

▶05 데이터 수집법 (1) 오픈 데이터

그렇다면 빅데이터를 어떻게 입수하면 좋을까요?

판매 목적으로 수집된 정보는 지나치게 비싸고, 기업이나 정부 기관의 활동 과정에서 수집된 정보는 일반인이 이용하기 어렵습니다. 하지만, 빅데이터 이용을 포기하기에는 아직 이릅니다.

일반적으로 많은 데이터가 웹 상에 있는데, 그 데이터는 크게 세 가지로 나눌 수 있습니다. ① **오픈 데이터**, ② **Web API**(26페이지 참조)로 서비스 제공자가 접근할 수 있게 한 데이터, ③ **웹 콘텐츠** 자체입니다.

여기서는 우선 오픈 데이터를 살펴보겠습니다.

오픈 데이터란 글자 그대로 누구나 널리 활용할 수 있도록 데이터를 만들어 공개한 것입니다. 각국 정부가 제공하는 사회 전반에 관한 통계 데이터(오른쪽 페이지 ①~③), 연구자가 머신러닝 알고리즘(문제를 해결하는 수단)의 벤치마크용으로 공개하는 데이터(④~⑤), 위키피디아(Wikipedia) 등 공동 협력으로 모은 정보를 데이터베이스화한 것(⑥), 파나마 문서 등 특정 단체가 공개한 데이터(⑦), 데이터 과학 블로그가 공개한 데이터(⑧), 영화 데이터베이스(⑨) 등이 있습니다. 제공하는 곳도 제공하는 내용도 다양합니다. 오픈 데이터화의 움직임은 활발해서 조금만 검색해도 재미있는 데이터를 발견할 수 있습니다.

또 본인의 데이터 과학 실력을 시험하고 보고 싶다면 Kaggle(⑩)이나 DeepAnalystics(⑪) 등의 데이터 과학 대회에 도전해 보는 것도 좋습니다. 대회 중에는 고액의 상금이 걸려있거나 흥미로운 데이터도 있을 수 있으므로 좋은 경험이 될 것입니다.

그림으로 보는 핵심 정리 !

오픈 데이터란

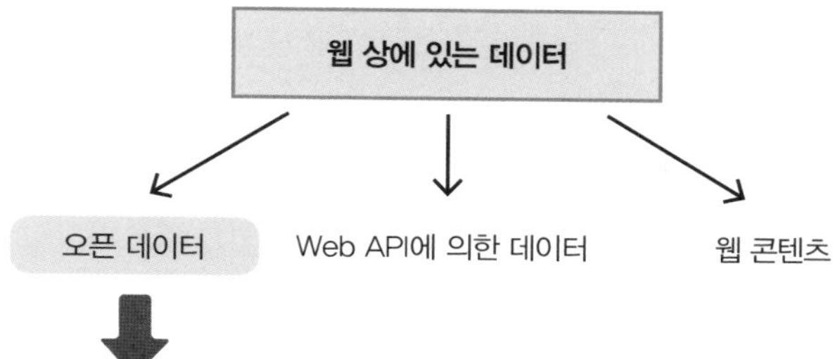

- 오픈 데이터화 움직임은 활발하다
- 웹 상에는 정부, 연구자, 각 단체가 공개하는 데이터 등 무료로 사용할 수 있는 데이터가 많다.

각국 정부가 공개하는 통계 데이터

① 한국 국가통계포털 http://kosis.kr/index/index.do
② 미국 https://www.data.gov
③ 영국 https://data.gov.uk

연구자가 공개하는 데이터

④ UC Irvine Machine Learning Repository
http://archive.ics.uci.edu/ml/index.php
⑤ MNIST – http://yann.lecun.com/exdb/mnist/

공동 협력으로 모은 정보를 데이터베이스로 만든 것

⑥ Dbpedia – https://wiki.dbpedia.org

특정 단체가 공개한 데이터

⑦ Panama 문서 – https://offshoreleaks.icij.org/pages/database

데이터 과학 블로그가 공개한 데이터

⑧ https://github.com/fivethirtyeight/data

영화 데이터베이스

⑨ http://www.imdb.com/interfaces/

Kaggle이나 DeepAnalytics 등의 데이터 과학 대회에 도전해 보자!

⑩ Kaggle https://www.kaggle.com/
⑪ DeepAnalytics https://deepanalytics.jp/

▶06 데이터 수집법 (2) Web API

앞에서 언급한 API란 '애플리케이션 프로그래밍 인터페이스(Application Programming Interface)'의 줄임말입니다. **서비스 제공자가 소프트웨어 일부나 보유 중인 데이터를 다른 사용자도 효과적으로 활용할 수 있도록 공개하는 서비스**를 말합니다.

국회도서관(오른쪽 페이지①), 라쿠텐(②), 구루나비(③), 리크루트(④), Google(⑤), Facebook(⑥), New York Times(⑦), Associated Press(⑧), Foursquare(⑨), Yelp(⑩) 등 API를 공개하는 기업도 공개하는 내용도 다양합니다.

만약 데이터를 웹 콘텐츠로써 열람할 수 있고, 다음에 설명하는 웹 스크레이핑으로 가져올 수 있다고 해도, **API가 제공될 때는 API를 이용해 데이터를 얻는 것이 기본**입니다. 왜냐하면, API를 이용하면 요청 수를 제한하는 등 서버에 걸리는 부하를 관리자가 제어할 수 있기 때문입니다.

API는 프로그래밍에서 이용합니다. 프로그래밍을 통해 컴퓨터에서 상대 쪽에 요청하고, 그 응답을 받아와 데이터를 취득합니다.

응답으로 돌아오는 데이터 형식은 서비스에 따라 다르지만 RSS, XML, JSON 등으로 불리는 특수한 형식이 많습니다. 3장에서 설명할 프로그래밍 언어는 대부분 이런 특수 데이터 형식을 간편하게 처리할 수 있는 라이브러리가 제공되고 있어, 잘 활용하면 손쉽게 데이터를 처리할 수 있을 것입니다.

또한, 예제 코드 등이 공개된 경우도 많으므로 프로그래밍도 비교적 쉽게 할 수 있습니다.

그림으로 보는 핵심 정리 !

Web API란

API • • • 서비스 제공자가 소프트웨어 일부나 보유한 데이터를 다른 사용자도 효과적으로 활용할 수 있도록 공개하는 서비스

주의사항

- API가 있을 때는 반드시 API를 이용할 것
- 프로그래밍을 통해 요청을 보낼 것

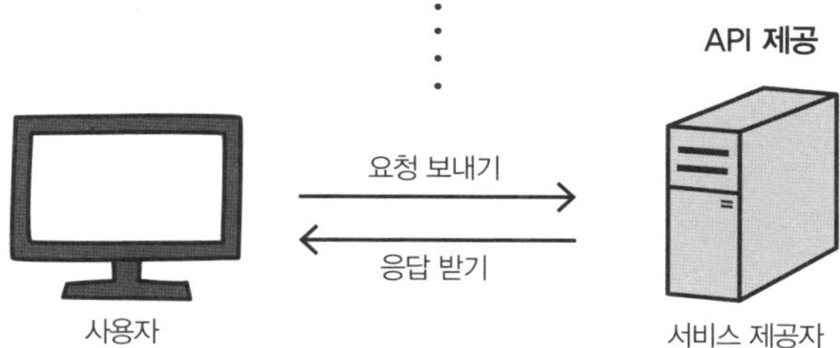

API 공개 사례

① 국회도서관 – https://openapi.nanet.go.kr/index.html
② 라쿠텐 – https://webservice.rakuten.co.jp/document/
③ 구루나비 – https://api.gnavi.co.jp/api/
④ 리크루트 – https://a3rt.recruit-tech.co.jp/
⑤ Google – https://console.cloud.google.com/
⑥ Facebook – https://developers.facebook.com/docs/graph-api/?local=ko_KR
⑦ New York Times – http://developer.nytimes.com
⑧ Associated Press – https://api.ap.org/media/v/docs/api/home/
⑨ Foursquare – https://developer.foursquare.com
⑩ Yelp – https://www.yelp.com/developers/documentation/v2/overview

그림으로 배우는 데이터 과학 01

데이터 과학이란

▸07 데이터 수집법 (3) 웹 스크레이핑

일반적으로 Web API가 제공되는 웹 페이지나 robots.txt(도메인에 /robots.txt를 추가하면 열람 가능)로 금지된 경우에는 하지 않는 게 원칙이지만, 그런 제약이 없는 경우는 웹 페이지 자체에서 정보를 추출할 수도 있습니다.

브라우저로 웹 사이트를 표시할 수 있다는 것은 **정보가 그곳에 있다는 말이고, 그 정보를 수집하는 행위를 웹 스크레이핑이라고 부릅니다.** 물론 일일이 수동으로 수집해도 되지만 너무 번거로우므로 일반적으로는 프로그램을 이용해 자동으로 수집합니다. 웹 상에는 흥미로운 사이트가 많습니다. 예를 들어, 미국의 총기 사건 기록(오른쪽 페이지①)이나 인도의 뇌물 폭로 사이트(②) 등 다양합니다. 재미있는 사이트를 발견하는 대로 데이터를 수집하면, 데이터 과학에 좋은 공부가 됩니다.

브라우저를 열고 마우스를 우클릭해 '페이지 소스 보기' 항목을 눌러보세요. 그럼 html이 표시되고, 많은 정보가 여기에 기록되어 있습니다. 또, html에서 정보는 패턴화되어 기록되므로 비교적 간단한 텍스트 매칭으로 정보를 추출할 수 있습니다.

최근에는 파이썬의 BeautifulSoup나 Apache Tika 등 웹 스크레이핑을 간편하게 해 주는 소프트웨어도 개발됐습니다. 이런 소프트웨어를 활용하는 것도 좋습니다. 끝으로 웹 스크레이핑을 할 때 주의할 것이 있습니다. 바로 상대방 서버에 부하를 지나치게 주지 않는 것입니다. 조금 수집하고 나면 쉬는 등 프로그램을 조정해서 수집합시다.

그림으로 보는 핵심 정리 !

웹 스크레이핑이란

웹 스크레이핑 · · · 웹 사이트에서 정보를 수집하는 행위

robots.txt 보는 법

홈페이지 주소 + /robots.txt ➡ 열람가능

예 **백악관의 robots.txt**
https://www.whitehouse.gov/robots.txt

```
#
# robots.txt
#
# This file is to prevent the crawling and indexing of certain parts
# of your site by web crawlers and spiders run by sites like Yahoo!
# and Google. By telling these "robots" where not to go on your site,
# you save bandwidth and server resources.
#
# This file will be ignored unless it is at the root of your host:
# Used:    http://example.com/robots.txt
# Ignored: http://example.com/site/robots.txt
#
# For more information about the robots.txt standard, see:
# http://www.robotstxt.org/wc/robots.html
#
# For syntax checking, see:
# http://www.sxw.org.uk/computing/robots/check.html

Sitemap: https://www.whitehouse.gov/sitemap-full.xml

User-agent: *
Crawl-delay: 10
# CSS, JS, Images
Allow: /misc/*.css$
Allow: /misc/*.css?
Allow: /misc/*.js$
```

백악관
홈페이지

주의사항

- robots.txt로 허가된 것만 수집할 수 있다(일반 유저는 User-agent: *로 표기되는 경우가 많다)
- 상대 서버에 지나친 부하가 걸리지 않게 한다(프로그래밍으로 조절한다)

살펴보면 재미있는 사이트

① 미국 총기 사건 기록 http://www.gunviolencearchive.org/

② 인도 뇌물 폭로 사이트 http://ipaidabribe.com/#gsc.tab=0

part 2

데이터 과학의 **기초 기술**

총괄_

의외로 알려지지 않았지만, 인공지능이든 데이터 과학이든 하드웨어와 프로그래밍, 데이터베이스 등의 소프트웨어 그리고 알고리즘의 진화가 오늘날의 붐을 낳은 하나의 커다란 계기였습니다.

데이터 과학 책이라고 하면 아무래도 통계학이나 머신러닝 쪽이 매력적이고 멋있으므로 그쪽 설명에 치우치기 쉽지만, 이 책에서는 '막후 실력자'에게도 확실하게 스포트라이트를 비추겠습니다.

이 책이 표방하는 '빅데이터도 다룰 수 있는 기초 실력이 뛰어난 데이터 과학자'를 목표로 하지 않지 않더라도, 이런 기초 기술을 이해하고 알고리즘 전문가나 데이터베이스 전문가와 이야기 해 보면, 도움이 되는 정보를 얻을 수 있어 재미있을지도 모릅니다.

2장_ 계산기의 구조

2장에서는 컴퓨터 구조의 핵심이 되는 트랜지스터 설명부터 시작해, 현대 컴퓨터의 기본이 되는 폰 노이만 아키텍처에 관해 설명합니다. 또한 트랜지스터 집적도의 발전을 파악한 무어의 법칙도 가볍게 언급하고, 마지막에 최근 널리 사용되게 된 GPU에 관해서도 설명합니다.

현재 유행하는 딥러닝도 발상 자체는 이전부터 아카데믹 서클 내에서 공유됐지만, 사회에 널리 보급된 것은 GPU와 같은 하드웨어의 발달 덕분입니다. 이 장을 읽고 나면 현대 하드웨어가 진화하는 모습을 알 수 있어, 다음에 PC 매장 가는 날이 기다려질 것입니다.

3장_ 프로그래밍 기초 (1)

데이터 과학에서는 컴퓨팅 기술을 효과적으로 활용할 필요가 있습니다. 컴퓨터에 명령을 내릴 때 프로그래밍을 이용해야 하므로, 일정 수준의 프로그래밍을 이해하는 것은 데이터 과학자에게 필수라고 할 수 있겠지요.

그러므로 3장과 4장에서는 프로그래밍을 학습합니다. 프로그래밍 언어는 매우 다양하고 작성 방법도 각기 달라, 초보자가 좌절하기 쉬운 부분이기도 합니다. 하지만, 실제로는 각 언어를 구성하는 근본 사상과 표기법은 그렇게 다르지 않습니다. 또 초보자가 프로그래밍할 때 자주 틀리는 부분도 대체로 비슷합니다.

3장에서는 처음에 프로그래밍의 개요부터 시작해서 현대의 조류까지를 읽을거리로 정리했습니다. 다음으로 프로그래밍의 근본 요소인 자료형, 자료구조, 제어 구문, 함수를 설명합니다. 이 3가지 근본 요소를 잘 사용하는 것만으로 대개의 프로그래밍은 가능하다는 것이 이 장의 핵심입니다.

4장_ 프로그래밍 기초 (2)

3장에서 학습한 기본 지식을 좀 더 발전시킵니다. 우선 처음에는 프로그래밍 언어의 근본 사상에 대응하는 프로그래밍 패러다임을 설명합니다. 3장 후반에서는 주로 구조화 프로그래밍에 초점을 맞춰 설명을 전개했습니다. 4장에서는 구조화 프로그래밍 이외에 데이터 과학에서 자주 사용되는 함수형 프로그래밍, 객체 지향 프로그래밍 등 좀 더 발전적인 프로그래밍 패러다임을 설명합니다.

4장 마지막에서는 라이브러리와 버전 관리 시스템 등 프로그래밍 요령도 가볍게 설명합니다. 프로그래밍 기술 자체는 실제로 작성해 봐야 능숙해지겠지만, 3장과 4장을 통해 조금이라도 프로그래밍 학습을 가로막는 장벽이 낮아질 수 있길 바랍니다.

5장_ 알고리즘 (1)

버락 오바마 전 미국 대통령이 Google을 방문했을 때 '100만 개의 32bit 정수를 어떻게 정렬하는 게 효과적일까요?'라는 질문을 받고 즉석에서 '버블 정렬은 절대로 아닐 거 같네요.'라고 답하자 청중이 환호했던 이야기는 유명합니다. 이 일화가 왜 재미있는지 설명할 수 있을까요?

5장과 6장에서는 정렬 알고리즘을 주요 화제로 삼아, 이 일화의 배경지식(버블정렬→100만의 제곱→1조라는 대응 관계)을 살펴보겠습니다. 그렇게 함으로써 알고리즘의 기본을 파악할 수 있게 됨과 동시에 데이터 과학뿐만 아닌 일상적으로도(게임의 상태 화면에서 정보를 정리할 때 등) 사용 빈도가 높은 정렬 알고리즘의 원리를 이해할 수 있게 됩니다.

우선, 5장에서는 알고리즘의 기본에서 시작해, 간단한 계산량 계산을 통해 70페이지에서 설명하는 빅오 표기법에 익숙해지는 것을 목표로 합니다.

6장_ 알고리즘 (2)

6장에서는 본 주제인 정렬 알고리즘을 비교합니다. 삽입 정렬, 머지 정렬, 퀵 정렬 각각의 계산량을 구현 사례와 함께 설명함으로써 직감적으로 빅오 표기법을 평가할 수 있게 되는 것을 목표로 합니다. 5장과 6장을 학습하면 알고리즘의 본질에 다가감과 동시에 $O(n^2)$라는 언뜻 보면 뭔가 복잡해 보이는 표기법이 실은 계산량을 대강 판정하기 위한 장치에 지나지 않는다는 것을 깨닫게 될 것입니다.

7장_ 데이터베이스

7장에서는 데이터베이스를 살펴봅니다. 빅데이터 시대가 되어 분석 방법만 변했다고 생각하는 것은 경솔합니다. 데이터는 애초에 정리 · 관리할 수 없으면 아무것도 할 수 없습니다. 빅데이터 이후로 데이터베이스 기술은 비약적으로 진보했습니다. 또 그런 거대한 기술 혁신이 있었기에 Google이나 Amazon처럼 현재 전 세계적 규모로 활약할 수 있는 기업이 탄생했다고 해도 과언이 아닙니다.

그러므로 여기서는 현대 데이터베이스 기술 혁명의 발단이 된 Google의 기술 혁신을 살펴봄으로써 데이터베이스 기술의 세계를 설명합니다.

8장_ 최적화 방법

9장 이후에서 살펴볼 통계 모델을 사용할 때는 모델이 데이터에 부합하도록(파라미터 등을 조작해) 모델을 조절할 필요성이 생깁니다. 그런 경우 수학적으로 정한 어떤 평가 기준을 이용해서, 최대화되도록 모델을 조절하게 됩니다. 이때 사용하는 것이 최적화 기술입니다.

통계 알고리즘에서 사용하는 최적화만 하더라도 매우 많은 종류가 있지만, 여기서는 기본이 되는 몇 가지를 살펴보겠습니다. 아마 이 장이 전체에서 가장 수식적으로 어려운 장입니다. 수학을 잘 몰라도 직감적으로 이해하는 것만으로도 도움이 되니, 너무 경계하지 말고 읽어주세요.

그림으로 배우는 데이터 과학 02

계산기의 구조

01 반도체와 트랜지스터와 로직 게이트

데이터를 처리할 때 빼놓을 수 없는 컴퓨터는 **반도체** 소자로 이루어져 있습니다. 그럼, 반도체란 어떤 물질일까요?

실리콘으로 대표되는 반도체는 전기가 통하기 어려운 절연체와 전기가 통하기 쉬운 금속과 같은 전도체의 딱 중간 특성이 있는 물질입니다. 불순물에 의한 성분 조정이나 외부의 전기적 간섭 등으로 어떤 때는 절연체처럼, 또 어떤 때는 전도체처럼 유연하게 행동을 바꿀 수 있습니다. 이런 특성을 활용해 반도체를 전기적인 스위치로 기능하게 한 장치가 **트랜지스터**입니다. 대표적인 MOS(Metal-Oxide-Semiconductor) 트랜지스터의 구조를 오른쪽 페이지에 나타냈습니다.

트랜지스터에는 플러스 전압을 걸면 스위치가 켜지는 nFET와 전압을 걸지 않으면 스위치가 켜지는 pFET로 두 종류가 있습니다.

컴퓨터는 정보를 논리적인 규칙에 따라 계산하고 처리하는 장치입니다. 컴퓨터의 논리 계산 이면에서 트랜지스터는 어떻게 동작할까요? 우선, 정보 전달자로 전압을 이용한다고 생각하고, 높은 전압(예 +5V)을 1, 낮은 전압(예 0V)을 0으로 간주합시다. 0과 1로 구성되는 2진수를 대상으로 한 연산은 수학자 부울(Boole)이 연구했고, **모든 연산은 그림에서 예를 든 NAND와 NOR 두 가지 함수(로직 게이트)로 구성할 수 있습니다.** 트랜지스터를 조합하면 NAND와 NOR 함수를 그림과 같은 회로로 구성할 수 있습니다. **어떤 논리적인 처리라도 반도체 회로를 사용해서 구현할 수 있음**을 알 수 있습니다. 사실 컴퓨터의 연산회로는 **다수의 논리회로를 조합해서 다양한 연산을 할 수 있게 만든 것입니다.**

그림으로 보는 핵심 정리 !

반도체의 특징

	절연체	반도체	전도체
물질	플라스틱	Si(규소) Ge(게르마늄) GaAs(비소화갈륨)	금, 동, 철
전기	통과시키지 않는다	통과시키기도 하고 통과시키지 않기도 한다	통과시킨다

〈MOS의 구조도〉

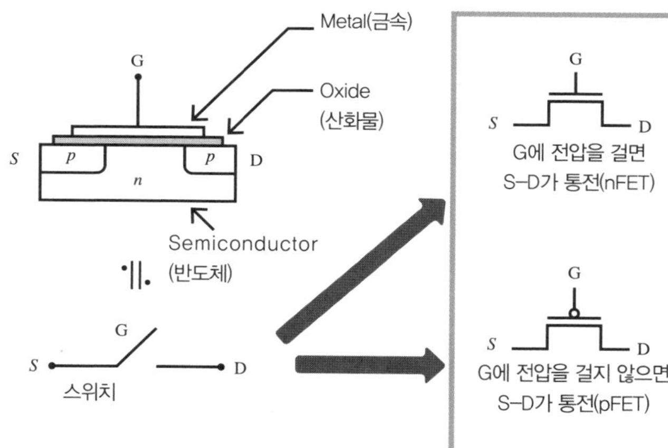

		함수	
a	b	NOR(a, b)	NAND(a, b)
0	0	1	1
0	1	0	1
1	0	0	1
1	1	0	0

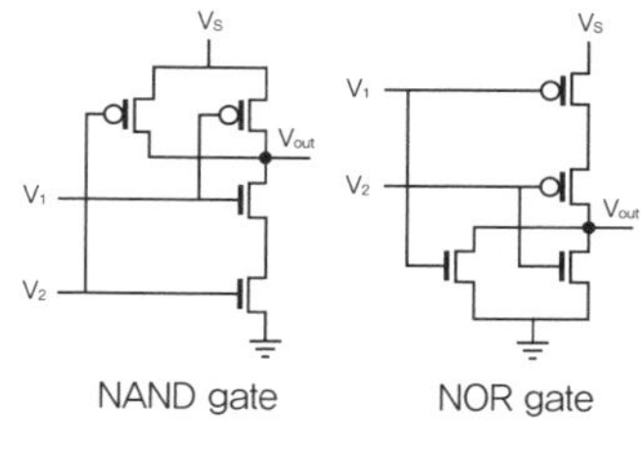

그림으로 배우는 데이터 과학 02

계산기의 구조

▶ 02 CPU, RAM, 폰 노이만 아키텍처

연산회로에 더해 컴퓨터를 구성하는 또 한 가지 중요한 부품은 계산 결과를 기록해 두는 **Random Access Memory(RAM)**입니다. 메모리는 주로 트랜지스터로 구성됩니다. 대표적인 기억 소자인 **Static RAM(SRAM)**과 **Dynamic RAM(DRAM)**의 기본 구성을 오른쪽 페이지에 게재했습니다.

SRAM은 논리 부정이라고 불리는 논리회로를 마주 보게 해서 상태를 안정시킨 것이고, DRAM은 전기를 저장할 수 있는 콘덴서라는 소자의 충전과 방전을 트랜지스터로 제어한 것입니다. SRAM은 DRAM보다 동작이 빠르고 안정적이지만, 더 많은 트랜지스터가 필요하므로 목적에 따라 구분해서 사용합니다.

여기까지 주요 부품 설명은 끝났으므로, **폰 노이만 아키텍처**로 불리는 일반적인 컴퓨터 설명으로 넘어갑시다. 우선 **Central Processing Unit(CPU)**은 레지스터라는 빠르고 적은 수의 기억 장치와 다양한 종류의 연산 장치, 그리고 CPU 자체의 동작 제어장치 등을 조합한 복잡한 회로입니다. CPU는 메인 메모리, 혹은 단순히 메모리로 불리는 막대한 수의 RAM 회로를 집적한 기억 장치에 연결되어 있습니다. 메인 메모리의 기억 소자는 번호가 할당되어 있고, CPU는 이 번호를 이용해 필요한 곳의 메모리에 접근해 정보를 입출력합니다.

폰 노이만 아키텍처에서는 메인 메모리에 CPU에 내리는 명령과 데이터가 섞여서 저장되고, CPU는 문맥에 따라 이 정보를 구분해서 처리합니다. 이처럼 0과 1을 나열해 기술된 컴퓨터 명령, 즉 프로그램을 **기계어**라고 부릅니다.

그림으로 보는 핵심 정리 !

SRAM, DRAM과 폰 노이만 아키텍처

SRAM의 기본적인 구성 예

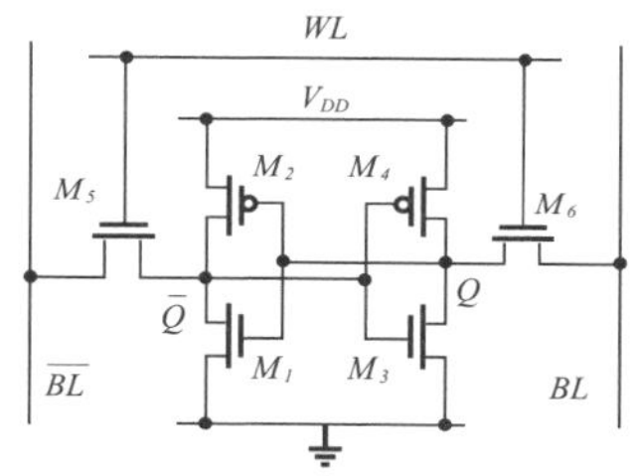

DRAM의 기본적인 구성 예

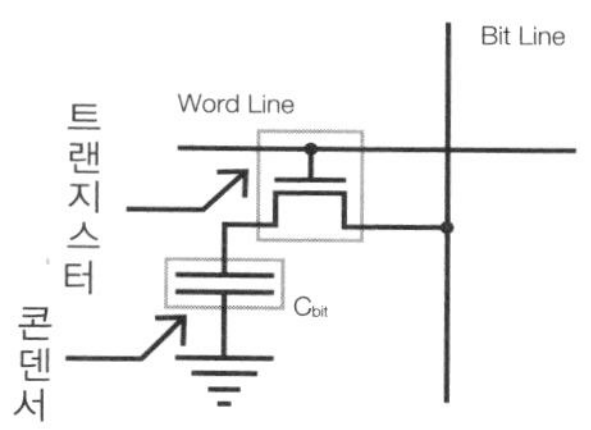

폰 노이만 아키텍처

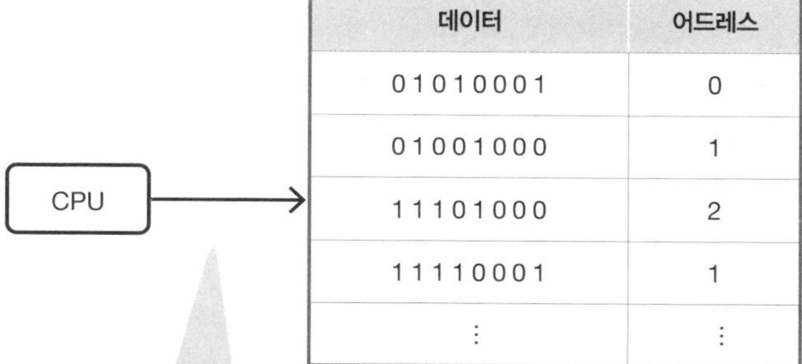

데이터	어드레스
01010001	0
01001000	1
11101000	2
11110001	1
⋮	⋮

- 어떤 메모리 어드레스(여기서는 2)의 정보를 읽는다.
- 정보는 처리 명령일지도 모르고, 데이터일지도 모른다.
- 처리 결과는 또 다른 어드레스에 기록된다.

03 기억장치의 계층구조

CPU와 충분히 큰 메모리만 있으면, 원리적으로는 컴퓨터를 동작시킬 수 있습니다. 하지만, 현실적으로는 메인 메모리 크기에는 경제성 및 기술적 한계가 있고, 또 **메인 메모리를 구성하는 SRAM이나 DRAM은 전원을 끄면 기억된 정보가 사라지는 문제가 있습니다.**

그래서 현재 이용되는 컴퓨터는 메인 메모리 외에 보조기억장치로서 HDD나 SSD를 이용하는 게 일반적입니다.

보조기억장치는 속도가 메인 메모리보다 느리지만, 용량이 메인 메모리의 100~1000배 정도나 되고, **전원을 꺼도 정보가 사라지지 않습니다.** 우리가 이용하는 컴퓨터 프로그램이나 데이터는 보통 보조기억장치에 저장됩니다. 프로그램을 실행하면, 보조기억장치에 저장된 정보가 메인 메모리상에 전개되어 실행됩니다.

메인 메모리와 보조기억장치의 예처럼 **기억 장치의 용량과 액세스 속도는 상충 관계에 있습니다.** CPU 내부의 레지스터와 메인 메모리 사이도 마찬가지로, CPU 동작 속도와 비교하면 메인 메모리의 액세스 속도는 매우 느립니다. 이 속도 차이를 매우기 위해 대부분 CPU는 캐시라는 빠르고 중간 규모의 기억 장치를 준비합니다. **빈번하게 액세스 되는 메인 메모리 내용을 캐시에 미리 복사해 둠으로써, 메인 메모리 액세스 횟수를 줄여 처리 속도를 향상할 수 있습니다.**

이상과 같이 **컴퓨터의 기억장치는 속도와 용량에 따른 계층 구조**를 이루고 있습니다. 데이터 과학자에게는 이 계층 구조를 의식한 컴퓨터 조립이 꼭 필요합니다.

그림으로 보는 핵심 정리 !

계층 구조를 의식해서 구현하자

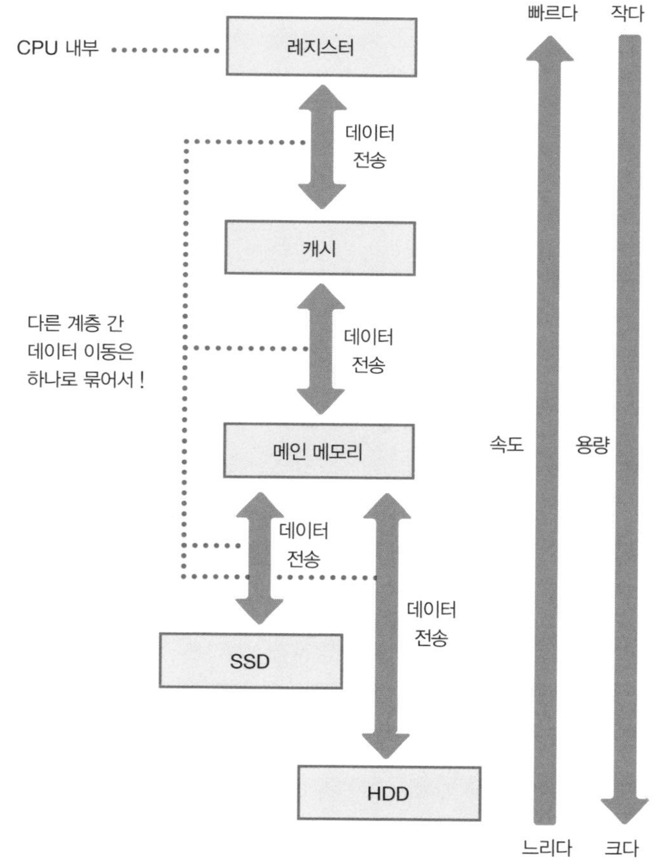

TIP

- HDD와 SDD에서 데이터를 로드할 때는 가능한 한 하나로 묶어서 할 것
- 연속된 처리 중에는 메모리 액세스 위치를 집중시켜 캐시를 효과적으로 활용할 것

그림으로 배우는 데이터 과학 02

계산기의 구조

▶04 트랜지스터의 집적도와 무어의 법칙

컴퓨터는 반도체 칩 위에 집적된 방대한 수의 트랜지스터로 이루어져 있습니다. 그래서 이용할 수 있는 트랜지스터 수는 컴퓨터 성능을 크게 좌우한다고 할 수 있습니다. 트랜지스터는 웨이퍼라고 불리는 반도체 박판에 포토에칭(photoetching) 기술을 이용해 만들어집니다. 포토에칭이란 웨이퍼 상에 회로 패턴을 투영해 화학 반응을 일으킴으로써 트랜지스터를 구성하는 전극이나 절연체 박막, 불순물의 농담 등을 만들어내는 것입니다. 사진을 현상하는 모습을 떠올리면 상상하기 쉽겠지요.

웨이퍼 가공 기술의 발전으로 더 정밀한 회로를 웨이퍼에 새길 수 있게 됐고, 결과적으로 칩 위에 올라가는 트랜지스터 수를 늘릴 수 있었습니다. **1970년대 이후로 웨이퍼 가공 기술은 폭발적인 속도로 발전해 2년마다 반도체 집적 밀도가 두 배가 될 정도였습니다**. 또 트랜지스터의 미세화와 함께 동작 속도의 향상으로 **성능 면에서는 1.5년마다 두 배가 된다**고도 합니다. 이것이 **무어의 법칙**이고, 수십 년에 이르는 컴퓨터 성능 향상의 결과입니다.

그렇지만, 트랜지스터를 축소하는 데에는 한계가 있습니다. 우선 트랜지스터 크기를 원자 크기보다 작게 하긴 어려울 것입니다. 또 트랜지스터 크기가 원자 크기에 가까워지면, 전자의 확률적인 누출 등 양자 효과를 무시할 수 없게 되므로 트랜지스터를 동작시키기가 어려워집니다.

이런 양자 효과는 이미 큰 문제가 되고 있고, 무어의 법칙을 유지하기가 해마다 어려워졌다고 할 수 있을지 모릅니다.

그림으로 보는 핵심 정리 !

2년마다 트랜지스터 수가 2배로!

무어의 법칙 – 집적회로 칩의 트랜지스터 수(1971~2016)

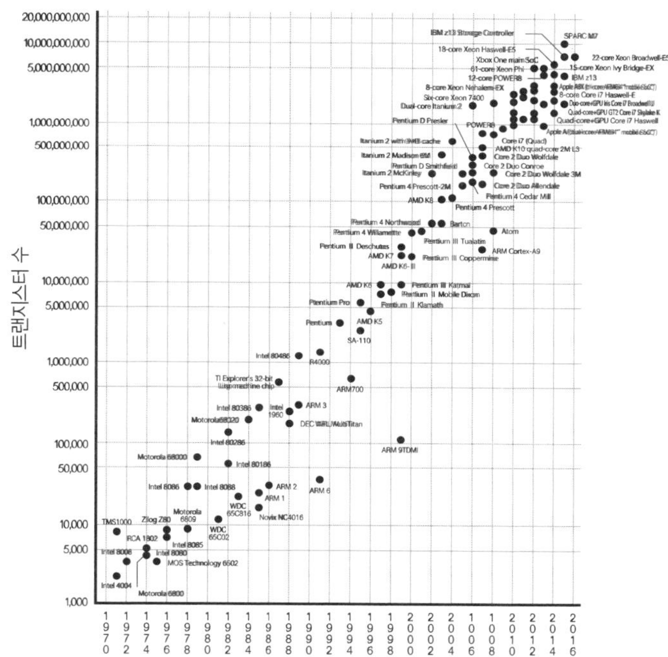

Data source: Wikipedia (https://en.wikipedia.org/wiki/Transistor_count)
The date visualization is available at OurWorldinData.org. There you find more visualizations and research on this topic.

> "무어의 법칙은 약 2년마다 집적회로의 트랜지스터 수가 2배가 된다는 경험적 법칙성을 나타냅니다. 그밖의 기술적 진보(예를 들어 처리 속도나 전자 제품 가격)와도 깊은 관계가 있습니다."

출처: Max Roser and Hannah Ritchie(2018) – "Technological Progress". Published online at OurWorldinData.org. Retrieved from: 'https://ourworldindata.org/technological-Progress'

▶ 05 GPU

CPU는 제어 · 연산 장치를 내장해 복잡한 조건 분기를 포함하는 프로그램을 빠르게 처리하기 위해 발전해 왔습니다. 이런 고도의 장치는 매우 거대하고 복잡한 계산 회로가 필요합니다. 또한 다양한 상황에서 성능을 발휘하고자 CPU에는 여러 가지 연산 회로가 탑재됩니다. 그런데, 데이터 과학에서 사용되는 기술적인 계산을 할 때 이러한 복잡한 제어 장치나 다양한 연산 회로를 준비할 필요가 있을까요? 취급하는 데이터나 계산 방법에 따라 다르긴 하지만, 데이터 과학의 많은 장면에서 **단순하고 독립성이 높은, 다시 말해 병렬성이 높은 계산을 대규모 데이터에 실행할 필요가 있다**고 할 수 있습니다. 이런 경우에는 **만능을 지향하는 CPU보다**도 **몇 가지 처리에 특화된 계산보조장치나 전용 계산기**가 효과적인 경우가 많습니다.

최근 데이터 과학에서 자주 이용되는 계산보조장치로 **GPU(Graphic Process Units)**가 있습니다. GPU는 원래 3차원 컴퓨터 그래픽의 고속 렌더링을 위해 발달해온 장치입니다. 이 GPU가 어째서 데이터 과학에서 이용되게 된 걸까요?

그 이유는 3차원 컴퓨터 그래픽에서도 병렬성이 높은 단순 계산이 많이 필요해서, **단순 작업에 특화된 막대한 수의 계산 코어가 GPU에 탑재**되기 때문입니다. 이런 계산은 데이터 과학의 요구와도 일치하므로 GPU가 널리 이용되는 것입니다.

GPU와 같은 병렬성이 높은 시스템은 무어의 법칙에 따라 트랜지스터의 집적도가 증가하면 손쉽게 성능이 향상됩니다. 이러한 무어의 법칙과의 높은 친화성이 데이터 과학에서 GPU 이용이 늘어가는 원동력이라고 할 수 있겠지요.

그림으로 보는 핵심 정리 !

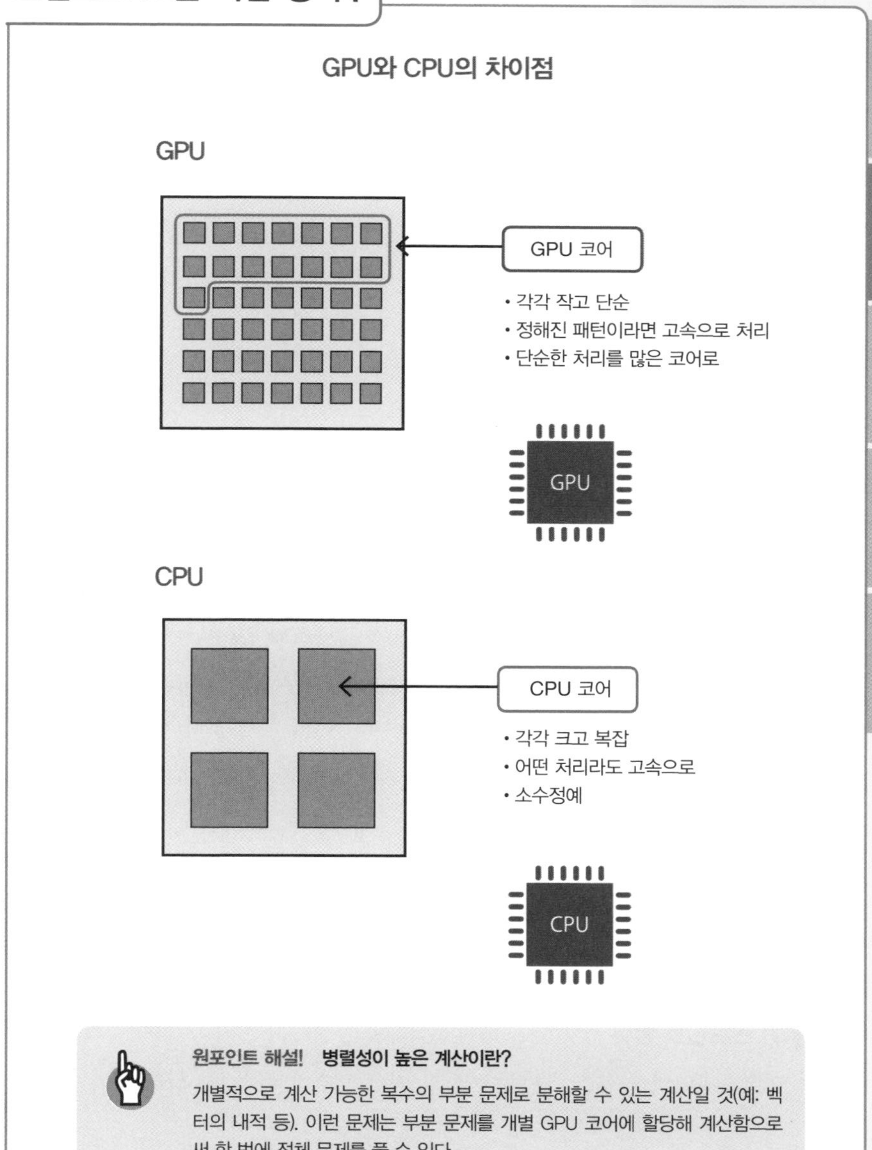

GPU와 CPU의 차이점
GPU
GPU 코어
• 각각 작고 단순
• 정해진 패턴이라면 고속으로 처리
• 단순한 처리를 많은 코어로
GPU
CPU
CPU 코어
• 각각 크고 복잡
• 어떤 처리라도 고속으로
• 소수정예
CPU

원포인트 해설! 병렬성이 높은 계산이란?

개별적으로 계산 가능한 복수의 부분 문제로 분해할 수 있는 계산일 것(예: 벡터의 내적 등). 이런 문제는 부분 문제를 개별 GPU 코어에 할당해 계산함으로써 한 번에 전체 문제를 풀 수 있다.

▶ 01 프로그래밍이란

프로그래밍이란 컴퓨터에 명령을 내리는 방법을 말합니다. 38페이지에서 설명한 것처럼 CPU는 **기계어**라는 수치화된 명령밖에 처리할 수 없습니다. 오른쪽 페이지에 간단한 기계어를 나타냈습니다. 2진수로 표현된 명령을 바탕으로 컴퓨터는 처리를 실행합니다.

기계어와 거의 1대1로 대응하면서도 다소나마 읽기 쉽게 만든 것이 **어셈블리 언어**입니다. 초기에는 프로그래머가 이런 언어를 이용해서 프로그램을 구성했습니다.

어셈블리 언어는 차츰 인간의 가독성을 배려한 **고급 언어**로 개량됐습니다. 여기에는 수치 계산에 특화된 FORTRAN, 초기 고급언어에서 사용된 GOTO 문의 난해함을 해소하고 제어구문을 '순차, 반복, 조건분기'로 좁힌 **구조화 언어**(C) 등이 있습니다.

처리를 함수로 정의하고 함수를 조합해 프로그램을 구성하는 **함수형 프로그래밍**(Haskell)이나 기능의 재이용성을 촉진하고자 데이터와 처리를 하나로 묶는 객체지향 프로그래밍(Java) 등 새로운 프로그래밍 패러다임(56페이지 참조)의 대두와 함께 다양한 언어가 생겨났습니다.

휴먼 인터페이스도 다양한 개량이 이루어졌습니다. 일반적으로 **명령을 기계에 전달하기 전에 반드시 한 번 기계가 이해할 수 있는 형식으로 정리해서 넘기는 언어를 컴파일러 언어라고 부릅니다.** 하지만, 일일이 결과를 확인하면서 작업하면 프로그래밍할 때 번거롭습니다. 그런 점을 개량해서 **순차적으로 기계에 내린 명령의 결과를 확인할 수 있게 한 스크립트 언어**의 등장도 초기로부터의 발전이라고 부를 수 있습니다.

이처럼 프로그래밍의 역사는 다양한 이유를 배경으로 발전해 왔습니다.

그림으로 보는 핵심 정리 !

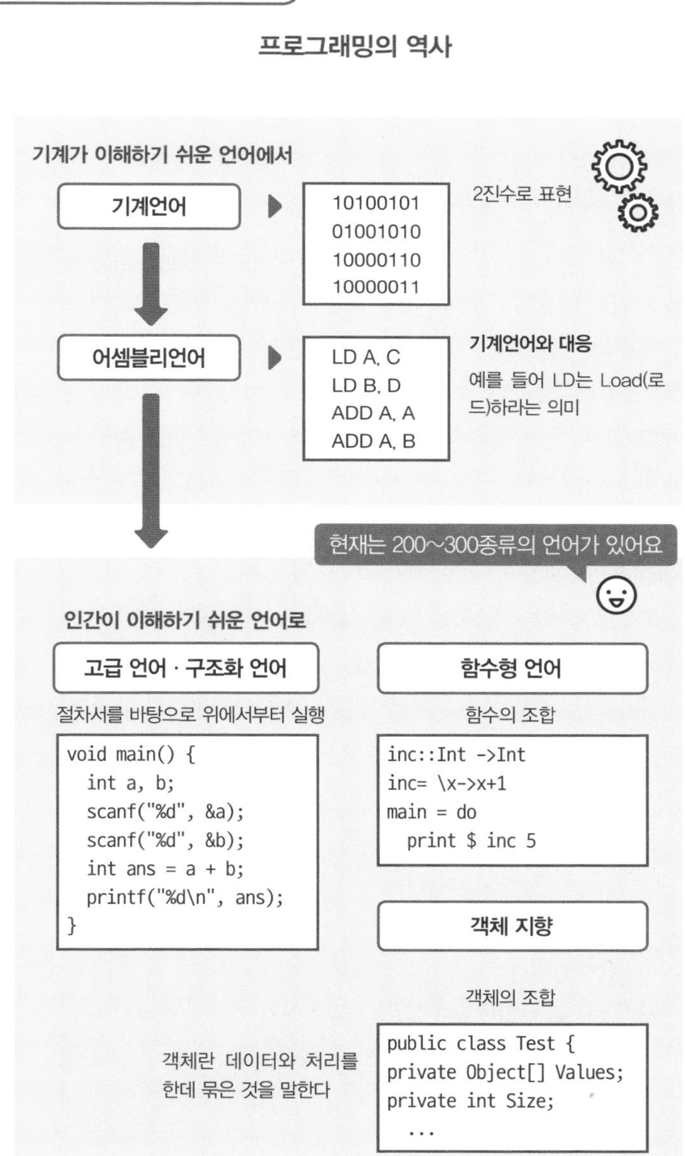
프로그래밍의 역사
기계가 이해하기 쉬운 언어에서
기계언어
10100101
01001010
10000110
10000011
2진수로 표현
어셈블리언어
LD A, C
LD B, D
ADD A, A
ADD A, B
기계언어와 대응
예를 들어 LD는 Load(로드)하라는 의미
현재는 200~300종류의 언어가 있어요
인간이 이해하기 쉬운 언어로
고급 언어 · 구조화 언어
절차서를 바탕으로 위에서부터 실행
void main() {
int a, b;
scanf("%d", &a);
scanf("%d", &b);
int ans = a + b;
printf("%d\n", ans);
}
함수형 언어
함수의 조합
inc::Int ->Int
inc= \x->x+1
main = do
print $ inc 5
객체 지향
객체의 조합
public class Test {
private Object[] Values;
private int Size;
...
객체란 데이터와 처리를 한데 묶은 것을 말한다

그림으로 배우는 데이터 과학 03

프로그래밍 기초 (1)

▶02 어떤 언어를 사용할까

그렇다면 어떤 언어를 사용하면 좋을까요? 일반적으로 **컴파일러 언어 쪽이 스크립트 언어보다 처리가 빠르다**고 합니다. 스크립트 언어는 매번 처리 결과를 바로 확인할 수 있게 하는 과정을 포함하는 반면, 컴파일러 언어는 한 번 기계언어로 변환하고 나면 바로 실행되므로 직감적으로도 이해할 수 있을 것으로 생각합니다. 그런 반면에 컴파일러 언어 쪽은 어려운 경우가 많아 초보자에게는 적합하지 않습니다. 또 특정 프로그래밍 스타일을 지나치게 추구하는 언어도 초보자가 다루기 어렵습니다.

Scala, Julia, Go 등 최근 데이터 과학 계열 언어로 주목받는 언어는 특수한 작성법을 익혀야만 하고, 아직 커뮤티니가 활성화되지 않아 외부 라이브러리(외부 리소스)가 충실하지 않습니다. 분석 결과를 그리는 등의 사소한 처리도 일일이 작성할 필요가 있다는 문제점을 안고 있습니다.

그런 점에서 초보자도 **간단히 작성할 수 있고, 외부 라이브러리도 충실한 파이썬과 R을 추천**합니다. 두 언어 모두 Jupyter나 Rstudio 등 코드와 출력 결과를 한꺼번에 표시할 수 있는 유저 인터페이스가 충실한 것도 매력입니다.

파이썬과 R을 비교하면, 파이썬 쪽이 다소 어려우며 외부 통계 라이브러리가 적지만(반대로 기계학습 관련 라이브러리는 파이썬 쪽이 많다), 기본적인 프로그래밍 스타일을 배울 수 있다는 점에서 추천합니다. 이 책에서 사용되는 이후의 설명도 코드로 설명할 때는 파이썬의 표기법을 따릅니다. 기본적인 언어에서 출발해서, 좀 능숙해졌을 때 **C나 C++ 같은 컴파일러 언어나 발전적인 언어**를 다뤄보면 새로운 발견을 할 수도 있고, 자기 것으로 만들 수 있는 것도 많습니다.

그림으로 보는 핵심 정리 !

프로그래밍 언어의 종류

기본적인 프로그래밍 스타일을 배울 수 있으므로 이 책에서도 코드로 설명할 때는 파이썬 표기를 따르기로 한다.

파이썬, R언어

다루기 쉽고 라이브러리가 충실하다

컴파일러 언어

어렵다

발전적 언어

외부 라이브러리가 부족하다

Scala

그림으로 배우는 데이터 과학 03

프로그래밍 기초 (1)

▶03 데이터형과 데이터 구조

프로그래밍을 하면 정수, 실수, 문자열, 논리형(참이나 거짓뿐) 등 다양한 형의 변수(처리에 따라 값이 바뀌는 오브젝트)를 이용하게 됩니다. 변수의 형을 데이터형이라고 부릅니다. 프로그래밍에서는 데이터형에 맞지 않는 처리를 실행해서 예상 못 한 오류가 발생하지 않도록 일반적으로 데이터형을 명시하는 편이 좋고, 실제로 언어에 따라서는 컴파일하고 실행할 때 형을 체크하는 경우도 있습니다.

데이터 구조란 변수를 하나로 묶은 것입니다. 예를 들면, 동물을 나타내는 단어를 ["cat", "dog", "platypus"] 처럼 순서가 있는 목록으로 만들어 봅시다. 이 때 0, 1, 2번째처럼 **인덱스로 액세스할 수 있는 목록을 배열(파이썬에서는 리스트)이라고 부릅니다**. 배열에서는, 두 번째 요소(파이썬에서는 0부터 세므로 1번 요소)를 지정하면 "dog"을 반환하는 등 바로 지정한 단어에 액세스할 수 있습니다.

하지만 어떤 요소가 배열에 포함되어 있는지 판단할 때는 처음부터 하나하나 배열의 요소를 확인해야만 합니다. 모든 요소를 확인하는 데 걸리는 시간 분석은 74페이지에서 하는데, 배열이 길어질수록 시간이 걸린다는 것을 직감적으로도 알 수 있을 것입니다.

그래서 만들어진 것이 **해시 테이블(파이썬에서는 사전)**입니다. 해시 테이블이란 요소가 집합 속에 있는지 빠르게 판정할 수 있게 만들어진 데이터 구조로, 일반키(요소)와 값을 쌍으로 저장한 것입니다.

그밖에도 데이터 프레임이나 행렬 연산에 특화된 벡터나 행렬 등 용도에 따라 다양한 데이터 구조가 정의되어 있습니다.

그림으로 보는 핵심 정리 !

데이터형과 데이터 구조의 차이

데이터형 변수의 형을 말한다

예 정수, 실수, 문자열, 논리형

예상 못한 오류를 피하고자 프로그래밍에서는 데이터형을 명시한다

용도에 따라 올바른 데이터형과 데이터 구조를 구분해 사용한다

데이터 구조 변수를 하나로 묶은 것을 말한다

[배열]
"cat"
"dog"
"platypus"

예 배열, 해시 테이블, 데이터 프레임 행렬

원포인트 해설! 해시 테이블 구현법

해시 테이블에서는 요소를 양수로 변환하는 해시 함수로 불리는 함수를 정의하고, 배열의 그 양수 위치에 값을 저장함으로써, 배열을 위에서부터 아래로 순회할 필요 없이 요소→해시(상수) →배열의 해시값 위치에 있는 값을 빠르게 호출할 수 있게 되어 있다.

▶04 제어구문

46페이지에서 구조화 언어를 설명할 때 언급한 대로, 현대의 코드(프로그램)는 기본적으로 제어 구조(코드의 흐름)를 '**순차, 반복, 조건분기**'로 설명할 수 있습니다. 각각에 대해 살펴봅시다.

순차란 이름 그대로 처리1에서 처리2로 **위에서부터 아래로 코드를 실행**하는 것입니다. 다음 페이지 코드1에 간단한 파이썬 프로그램으로 순차를 표현했습니다. 이 흐름이 가장 기본적인 구문입니다.

반복은 루프라고도 불리며, for 문이나 while 문을 이용해 작성합니다. 예를 들면, 오른쪽에 있는 코드2의 첫 루프와 다음 루프는 똑같이 0부터 9까지의 숫자를 표시하는 프로그램입니다.

for 문과 while 문의 차이는 for 문 쪽이 처음에 루프 횟수를 정하지만, while 문은 루프를 돌 때마다 참인지 거짓인지 확인하고 결과에 따라 루프를 반복할지 판정한다는 점입니다.

조건분기란 이름 그대로, 조건에 따라 처리를 바꾸는 조작입니다. 예를 들어, 코드3은 정수 i가 음수라면 양수로 바꾸고, 양수이면 그대로 아무것도 하지 않는 처리를 표현하고 있습니다.

조건과 반복 처리를 멈추는 break 문을 이용하면 원하는 위치에서 조건이 성립했을 때 루프를 빠져나오게 처리할 수도 있습니다. 그것이 코드4의 예입니다. 0부터 시작해서 수를 더해가다가 총합이 12 이상이면 루프를 빠져나오게 되어 있습니다.

놀랄지도 모르지만, 위에서 설명한 단순한 제어 구문을 잘 조합하기만 해도 대부분의 프로그램을 구성할 수 있습니다.

그림으로 보는 핵심 정리 !

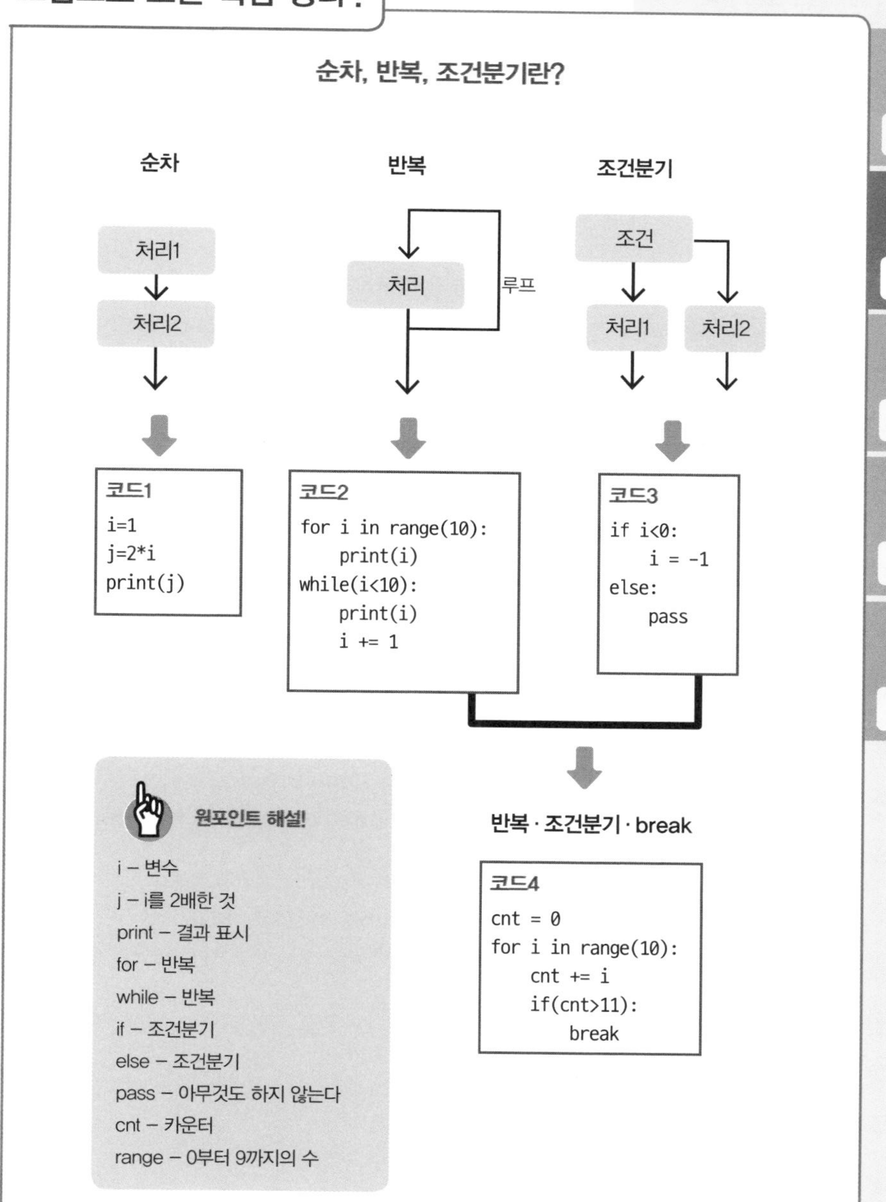

순차, 반복, 조건분기란?
순차
처리1
처리2
반복
처리
루프
조건분기
조건
처리1
처리2
코드1
i=1
j=2*i
print(j)
코드2
for i in range(10):
    print(i)
while(i<10):
    print(i)
    i += 1
코드3
if i<0:
    i = -1
else:
    pass
반복 · 조건분기 · break
코드4
cnt = 0
for i in range(10):
    cnt += i
    if(cnt>11):
        break
원포인트 해설!
i – 변수
j – i를 2배한 것
print – 결과 표시
for – 반복
while – 반복
if – 조건분기
else – 조건분기
pass – 아무것도 하지 않는다
cnt – 카운터
range – 0부터 9까지의 수

▶05 함수 · 값 전달 · 참조 전달

함수란 프로그램 안의 처리를 하나로 묶은 것입니다.

함수는 기본적으로 **입력, 처리, 반환값의 3가지로 구성**됩니다. 예를 들면 어떤 리스트를 입력으로 받아, 그 요소를 모두 표시한 후 마지막 요소를 반환값으로 돌려주는 함수를 생각해 봅시다.

오른쪽 페이지에 그 예를 나타냈습니다. def(정의한다는 의미)라고 쓴 직후에 함수 이름을 지정하고, 소괄호 안에 입력할 오브젝트를 지정합니다. return(값을 반환한다는 의미) 바로 뒤에 쓴 변수가 반환값으로, def와 return 사이에 실행할 처리를 기술합니다.

함수를 작성할 때 **주의가 필요한 것이 값 전달과 참조 전달의 구별**입니다.

값 전달이란 함수에 입력으로서 오브젝트를 전달할 때, 오브젝트를 복사해서 전달하는 것입니다. 이렇게 하면, 함수 안에서 그 오브젝트를 변경하더라도 함수 밖에 있는 오브젝트는 원래 그대로라는 편의성이 있습니다. 반면에, 함수를 호출할 때마다 같은 오브젝트를 복사해서 전달하므로 차지하는 메모리 영역도 복사한 오브젝트만큼 증가합니다. 다시 말해, 큰 오브젝트를 입력으로 전달할 때는 낭비되는 영역이 커집니다.

한편, **참조 전달**에서는 **입력으로 전달한 오브젝트는 복사되지 않고**, 그대로(정확히는 메모리 어디에 그 오브젝트가 기록되어 있는가 하는 정보가) 전달됩니다. 참조 전달의 단점은 입력한 오브젝트를 함수 안에서 무심코 변경해 버리면, 함수 밖에서도 그 오브젝트가 변경되는 **부작용**이 있어 실수하기 쉽다는 것입니다. 파이썬에서는 참조 전달이 기본으로 되어 있고, 값 전달을 이용할 때는 copy라는 외부 라이브러리를 이용합니다.

그림으로 보는 핵심 정리 !

값 전달과 참조 전달의 차이

값 전달 ... 오브젝트를 복사해서 전달한다

```
S=["dog","cat","camel","platypus"]
def PrintLast(x):
    out=""
    for i in range(len(x)):
        print(x[i])
        if i==len(x)-1:
            out=x[i]
        x[1]="fish"
        return out
```

입력

처리
(def와 return 사이에 실행할 처리를 기술한다)

반환값

PrintLast(copy.deepcopy(S))로 실행한다

S는 ["dog, "cat", "camel", "platypus"] 그대로이다

참조 전달 ... 오브젝트의 복사본을 만들지 않는다

```
S=["dog","cat","camel","platypus"]
def PrintLast(x):
    out=""
    for i in range(len(x)):
        print(x[i])
        if i==len(x)-1:
            out=x[i]
        x[1]="fish"
        return out
```

함수는 같은 처리가 반복되는 걸 피하고, 간결하게 프로그래밍하기 위해 사용한다

PrintLast(S)로 실행한다

S가 ["dog","fish","camel","platypus"]로 변경되어 버린다

그림으로 배우는 데이터 과학 04

프로그래밍 기초 (2)

▶01 프로그래밍 패러다임이란

46페이지에서 살펴본 대로 프로그래밍은 가독성 향상, 특정 프로그래밍 추구, 휴먼 인터페이스 향상 등을 배경으로 발전했습니다. 그 결과, 언어마다 다른 프로그래밍 스타일이 만들어졌다고도 소개했습니다. **프로그래밍 스타일을 대략 유형화한 것을 프로그래밍 패러다임이라고 부릅니다**. 여기서는 프로그래밍 패러다임에 관해서 조금 더 설명하겠습니다.

현재 이용되는 가장 기초적인 패러다임은 52페이지에서 설명한 **구조화 프로그래밍입니다**. 구조화 프로그래밍을 한 마디로 설명하면, '우선 데이터를 로드하고, 값을 2배 해서, 그 결과를 반환한다'처럼 일련의 절차를 나열해 기술하는 절차형 언어의 일종으로, 거기에 다시 제어구문을 '순차, 반복, 조건분기'(52페이지 참조)로 패턴화한 것입니다. 제어구문을 잘 조합하기만 해도 대부분의 프로그램을 구성할 수 있다는 것은 52페이지에서 설명했습니다. 또 구조화된 제어구문을 이용하면 단순한 절차형 프로그래밍보다 처리 코드가 한단계 추상화됨으로써, 더 적은 코드로 같은 처리를 작성할 수 있는 것도 장점이라고 할 수 있습니다. 코드 양이 적어지면 프로그램 구축과 유지 보수 비용을 줄일 수 있습니다. 구조화 언어가 널리 받아들여진 배경에는 이러한 편의성도 들 수 있습니다.

구조화 프로그래밍이 등장한 1970년대부터 이미 50년에 가까운 세월이 지나는 동안 더욱 세련된 프로그래밍 패러다임이 발전해 왔습니다. 이제부터 2절에 걸쳐 이들 가운데 데이터 과학에서 특히 중요한 **함수형 프로그래밍**과 **객체 지향 프로그래밍**을 설명합니다.

그림으로 보는 핵심 정리 !

프로그래밍 패러다임

프로그래밍 패러다임 · · · 언어의 프로그래밍 스타일을 몇 가지로 **유형화** 한 것

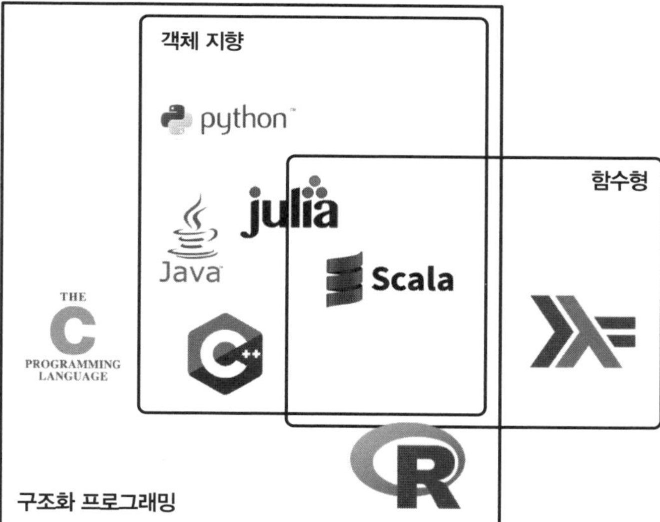

새로운 언어도 탄생하고 있다

데이터 과학에서 이용되는 많은 언어는 객체 지향 언어다. 그 중 다수(C++, Java)가 함수형 언어에 가까워지고 있다.

그림으로 배우는 데이터 과학 04

프로그래밍 기초 (2)

▶02 함수형 프로그래밍

54페이지에서 구조화 프로그래밍에서 처리를 하나로 묶은 것을 함수라고 소개했습니다. 전체 처리의 흐름을 결정하는 주역은 제어구문이고, 함수는 구문에 부분적으로 삽입되어 있었습니다. 함수를 적절하게 정의하면 보기 좋게 프로그래밍할 수 있습니다.

함수형 프로그래밍이란 함수의 장점을 최대한 살리고자 **제어구문 등을 모두 함수로 바꿔, 데이터와 함수만으로 프로그램을 완결**하려는 프로그래밍 스타일입니다. 구조화 프로그래밍을 포함하는 절차형 프로그래밍에서는 제어구문이나 함수를 조합해 데이터를 처리하는 방법을 기술했습니다. 함수형 프로그래밍에서는 함수를 받아서 다른 함수로 변환하는 함수를 정의하는 등 **함수를 조합하는 방법을 기술하는 데 중점을 둡니다.** 절차형 프로그램보다 추상도가 높아 간결하게 프로그래밍할 수 있습니다.

함수형 프로그래밍에 특화된 언어의 대표적인 예로 Haskell이 있습니다. 또 다음 절에서 설명할 객체 지향 특성이 도입된 Scala는 데이터 과학 분야에서 특히 주목받고 있습니다. 이들 언어에서는 형 체크나 지연 평가와 같은 편리한 기능을 이용할 수 있습니다.

파이썬에서도 itertool이나 functool 등의 라이브러리를 계속 활용하면서도 프로그래머가 신경 쓰면 함수형 프로그래밍을 어느 정도 도입할 수 있습니다.

대규모 데이터 처리를 깔끔하게 기술하기 위해, **함수형 프로그래밍이 데이터 과학에서 차지하는 역할은 앞으로도 점점 커질 것입니다.**

그림으로 보는 핵심 정리 !

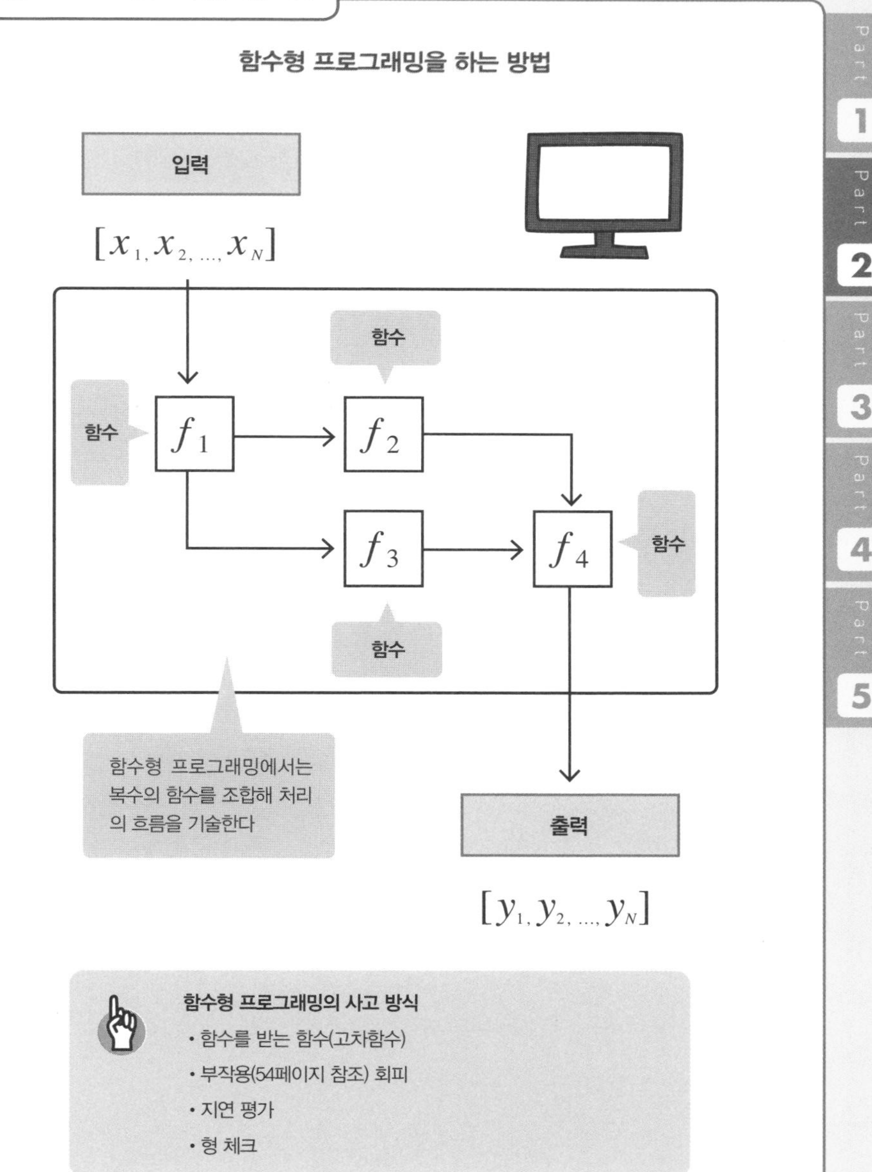

함수형 프로그래밍의 사고 방식

- 함수를 받는 함수(고차함수)
- 부작용(54페이지 참조) 회피
- 지연 평가
- 형 체크

그림으로 배우는 데이터 과학 04

프로그래밍 기초 (2)

▶03 객체 지향형 프로그래밍

또 한 가지 중요한 프로그래밍 패러다임으로서 **객체 지향형 프로그래밍**을 소개합니다. 중심이 되는 사고방식은 **데이터와 함수를 하나로 묶어 객체로 취급**하는 것입니다.

객체 지향의 장점을 실감하려면, 자동차가 어떻게 설계 및 제조되는지 생각해 보면 좋습니다. 자동차는 수천, 수만 개의 부품으로 구성되어 있고, 부품들이 사양에 따라 적절히 동작함으로써 전체가 자동차로서 기능을 발휘합니다. 프로그램에서 부품은 각 부분의 상태를 기술한 데이터, 부품의 동작이나 기능에 해당하는 것이 함수라고 말할 수 있습니다. 자동차의 경우, 각 부품의 동작이나 기능은 부품 고유의 것입니다(예를 들어, 도어: 열리고 닫힘, 핸들: 회전, 기어: 구동). 객체 지향에 의해 **객체 단위로 특유의 데이터와 그에 특화된 함수를 한 세트로 다룸으로써, 마치 공산품을 설계하듯이 프로그래밍**할 수 있습니다.

객체 지향의 장점을 더욱 직감적으로 느끼려면, 자동차의 시뮬레이터 프로그램을 상상해 보십시오. 객체 지향을 이용하면 자동차의 각 부품에 해당하는 객체를 만들고, 객체가 상호작용하도록 조합해 전체를 동작시킴으로써 간결하게 개발할 수 있습니다. 반대로 만약 객체 지향을 이용하지 않으면, 무질서하게 늘어선 방대한 데이터와 함수 앞에서 큰 혼란이 따를 것입니다.

파이썬은 C++나 Java 등과 어깨를 나란히 하는 대표적인 객체 지향 언어입니다. 데이터 과학에서도 모델이나 데이터 기술에 객체 지향이 이용됩니다. 특히 다음 절에서 소개할 라이브러리는 대부분 객체 지향에 기반합니다.

그림으로 보는 핵심 정리 !

객체 지향을 자동차에 비유하면?

프로그램이라고 하면 조금 어렵게 들리지만,
제품이라는 의미에서는 자동차 등과 근본적으로 다르지 않다.

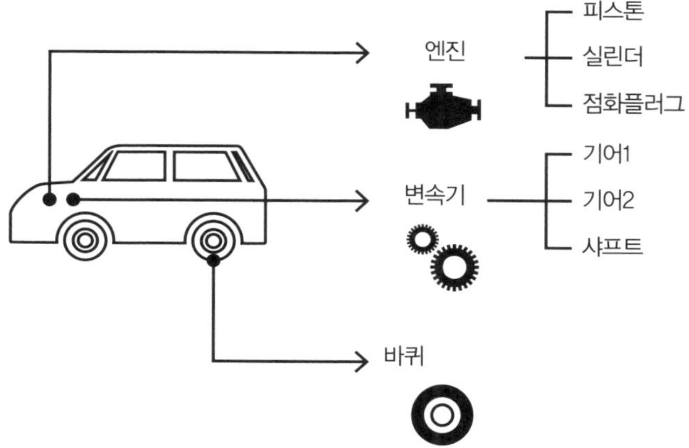

- 공산품은 많은 부품으로 구성된다.
- 규격을 준수하므로 조합할 수 있다.
- 객체 지향도 마찬가지로 다수의 부품을 조합해 프로그램을 만든다.
- 기존 부품을 재이용한다.
- 예측하기가 쉽다.

객체 지향 프로그램의 기원은 Simula라는 시뮬레이션에 특화된 언어에 있다.

그림으로 배우는 데이터 과학 04

프로그래밍 기초 (2)

▶04 라이브러리 이용에 대해서

데이터 과학 분야의 개발에 국한된 건 아니지만, 많은 경우에서 범용적인 코드를 모아놓은 **라이브러리**나 **패키지** 등을 활용함으로써 프로그램 구축에 드는 노력을 줄일 수 있습니다. 몇 가지 예를 살펴보겠습니다.

모든 것의 기초가 되는 선형연산을 포함한 기본적인 수치계산에는 **Numpy** 및 **SciPy**가 대표적입니다. 앞으로 소개할 머신러닝 라이브러리 등에서도 내부에서 이런 라이브러리에 의존하는 부분이 많습니다.

그래프를 그리는 데는 **matplotlib**나 **seaborn** 라이브러리를 이용할 수 있습니다. 이 라이브러리들은 Jupyter와 조합해 인터랙티브한 그래프를 그릴 수 있으므로 매우 유용합니다. 또 **NetworkX** 패키지를 이용하면, 네트워크 데이터(16장)를 간단히 표시할 수 있습니다.

데이터 읽기나 전처리에는 **Pandas** 라이브러리가 유용합니다. Pandas는 xls나 csv 등 매우 다양한 포맷의 데이터를 읽어올 수 있습니다.

전처리를 마친 데이터에 고도의 머신러닝 기술을 적용할 때도 라이브러리를 이용합니다. 대표적인 라이브러리가 **scikit-learn**으로, 선형분류기나 서포트 벡터 머신(13장), 랜덤 포레스트(12장)와 같은 많은 머신러닝 모델을 이용할 수 있습니다. 또 토픽 모델(15장)에 관해서는 **gensim**이라는 라이브러리가 있습니다. 이 라이브러리는 문장 코퍼스(대량의 말뭉치) 읽어오기부터 LDA를 대표로 하는 토픽 모델을 이용한 분석을 할 수 있습니다. 딥러닝에 관해서는 GPU를 이용하는 수치 계산도 가능한 **TensorFlow**나 **PyTorch**가 있습니다.

그림으로 보는 핵심 정리 !

어떤 라이브러리를 사용하면 좋을까

기존의 범용적인 코드 모음을 활용함으로써 수고를 줄일 수 있다!

행렬연산	→ Numpy, SciPy
그리기	→ matplotlib, seaborn, NetworkX
데이터프레임 처리	→ Pandas
머신러닝	→ scikit-learn
토픽모델	→ gensim
딥러닝	→ PyTorch, TensorFlow

물론 실제로 이용할 때는 필요하다면 라이브러리를 적절히 확장(개조)해도 좋다. 이 경우에는 객체 지향에 관한 지식이 도움이 된다.

그림으로 배우는 데이터 과학 04

프로그래밍 기초 (2)

▶05 버전 관리 시스템

여기서 **버전 관리 시스템**에 대해 조금 설명하겠습니다. 중간 규모의 프로그램이라도 보통 여러 개의 파일로 구성되므로, 파일을 직접 관리하기가 어려워집니다. 특히 나중에 버그가 발견되기라도 해서 이전 코드로 돌아가고 싶어도 에디터의 Undo 기능만으로는 한계가 있습니다. 이런 필요에 의해 생긴 것이 버전 관리 시스템입니다. 고전적으로는 CVS나 SVN과 같은 것이 유명하지만, 최근에는 **Git**이 널리 쓰이고 있습니다. 버전 관리 시스템의 도입은 개인 프로그램 개발에도 유용하지만, **많은 인원이 개발하는 환경에선 이제 필수**라고 해도 좋습니다.

Git을 이용해 프로그램을 관리할 경우, 인터넷상에서 간단히 코드를 관리하고 공유할 수 있습니다. 이를 위한 온라인 서비스가 **Github**나 **Bitbucket**입니다. 라이브러리를 공개할 때도 이런 서비스를 활용하므로 이용 가치가 높습니다.

만약 기존 라이브러리에 만족하는 알고리즘이 없는 경우라면 자기 손으로 개발해야 합니다. 그 결과로 작성된 코드를 라이브러리화하려면 상세한 설명을 준비해야 하고 시간도 꽤 많이 걸립니다. 그래서 실제 개발자들은 간결한 설명과 함께 Github나 Bitbucket에 개발한 코드를 공개하는 일이 많습니다.

마지막으로, 프로그래밍의 기술적인 문제 해결에는 **Stack Overflow**로 대표되는 인터넷상의 질문 게시판이 매우 유용합니다. 비록 영어로 된 정보이긴 하지만, 95%의 문제는 여기서 해결할 수 있다고 해도 좋습니다.

그림으로 보는 핵심 정리 !

Git을 이용한 프로그램이란

버전 관리 시스템 · · · 개발 작업 중 백업과 수정을 쉽게 하기 위한 것

자신이 개발한 코드를 라이브러리화할 때 상세한 설명을 준비하기가 힘들다.

그래서

많은 개발자가 Github나 Bitbucket에 개발한 코드를 게재하고 있다

Git으로 프로그램을 관리할 경우, 코드 관리나 공유를 위해 이런 온라인 서비스를 이용한다. 라이브러리 공개에도 이용되므로 이용 가치가 크다!

프로그래밍하다가 모르는 게 있으면 **Stack Overflow**(인터넷 상의 질문 게시판)를 활용하자!

참고 링크

- Github: https://github.com
- Bitbucket: https://bitbucket.org/
- Stack Overflow: https://stackoverflow.com/

Part 1
Part 2
Part 3
Part 4
Part 5

그림으로 배우는 데이터 과학 05

알고리즘 (1)

▶01 알고리즘이란

지금까지 계산기와 프로그래밍에 대해 학습했습니다. 그렇다면, 프로그램에 무슨 내용을 쓰면 좋을까요? 이 책에서는 데이터 처리나 데이터 분석에 필요한 절차가 됩니다.

일반적으로 문제를 해결하는 절차를 가리켜 **알고리즘**이라고 합니다. 예를 들어, 랜덤하게 섞인 트럼프의 스페이드 카드를 오름차순(1부터 13까지)으로 정렬한다고 해 봅시다. 여러분이라면 어떻게 하시겠습니까?

카드를 랜덤하게 섞다가 우연히 오름차순으로 정렬될 때까지 반복할까요? 이런 정렬 방법을 **보고 정렬**(bogo sort)이라고 합니다. 차례로 2장의 카드를 뽑아서 내림차순으로 되어 있으면 오름차순으로 정렬한 뒤에 되돌리고, 그렇지 않으면 그대로 원래 위치로 되돌리는 절차를 반복하는 방법도 있습니다(**버블 정렬, bubble sort**). 또 카드를 한 장씩 테이블에 놓고, 카드 순서가 반드시 오름차순이 되도록 새로 배치해 가는 방법도 있을 것입니다(**삽입 정렬, insertion sort**). 혹은 13장의 카드를 2장씩 7개 그룹(카드가 한 장인 그룹이 하나 있습니다)으로 나누고, 각 그룹을 오름차순으로 정렬합니다. 거기에서 다시 두 그룹씩 골라서 그 4장의 카드가 오름차순이 되도록 결합해 가는 수도 있겠지요(**병합 정렬, merge sort**). 카드를 적당히 한 줄로 나열하고 어떤 수를 기준으로 그보다 큰 카드가 오른쪽에 오도록 하고, 그보다 작은 카드가 왼쪽에 오도록 바꾸는 동작을 반복하는 방법도 생각해 볼 수 있습니다(**퀵 정렬, quick sort**).

이처럼 한 가지 문제에 대해서도 다양한 해결법이 있습니다. 그렇다면, 도대체 어떤 방법을 선택하면 좋을까요?

그림으로 보는 핵심 정리 !

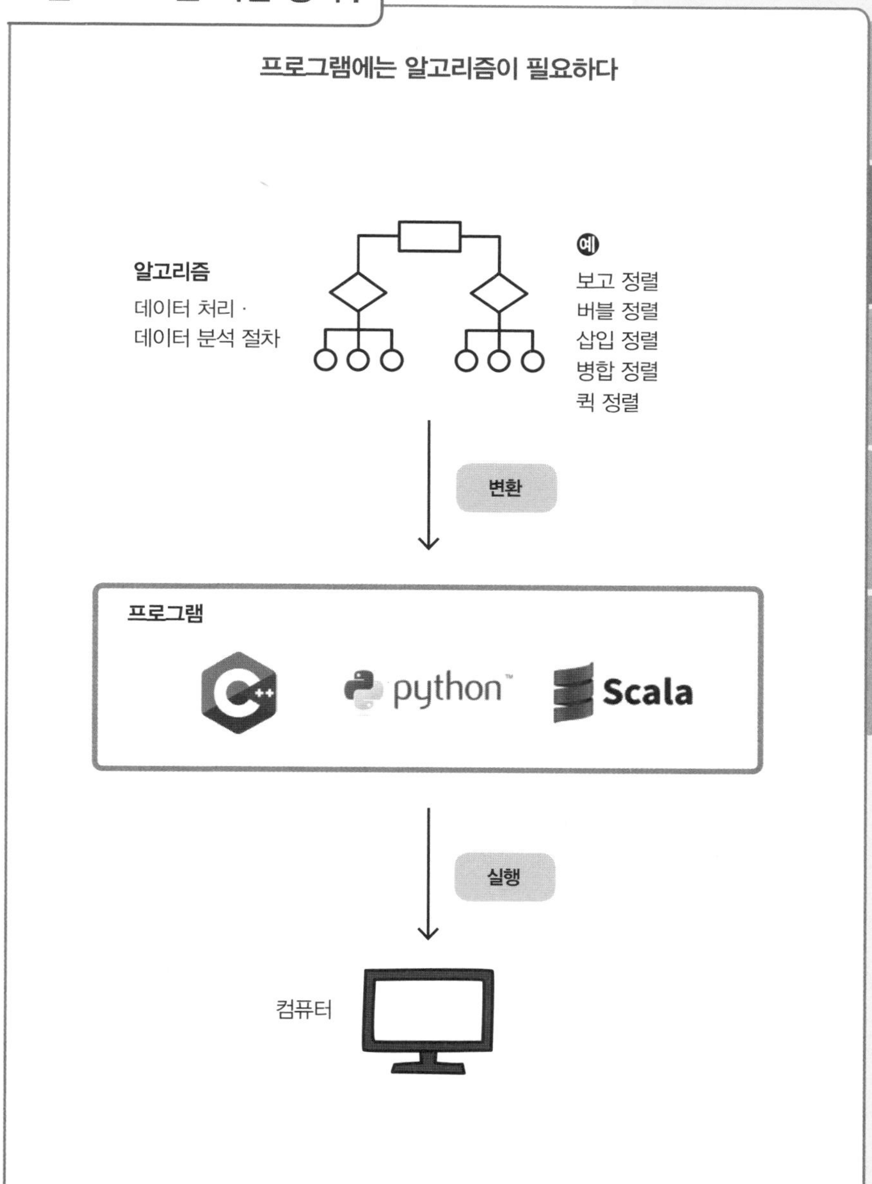
프로그램에는 알고리즘이 필요하다
알고리즘
데이터 처리 ·
데이터 분석 절차
예
보고 정렬
버블 정렬
삽입 정렬
병합 정렬
퀵 정렬
변환
프로그램
python
Scala
실행
컴퓨터

그림으로 배우는 데이터 과학 05

알고리즘 (1)

▶02 시간 복잡도

일반적으로 알고리즘은 '가장 빠르고 최대한 메모리 영역을 낭비하지 않는' 방법을 선택해야만 합니다. 컴퓨터 과학에서는 **처리에 걸리는 시간을 시간 복잡도, 필요한 메모리 영역을 공간 복잡도로 부릅니다.** 통계 알고리즘에서는 '안정적으로 학습하는 데 필요한 데이터양'을 신경 쓰기도 하지만, 여기서는 시간 복잡도에 주목해 봅시다.

우선, 앞에서 설명한 트럼프 정렬 알고리즘에서 두 가지(보고 정렬, 버블 정렬)를 예로 들어 시간 계산량을 생각해 보겠습니다.

보고 정렬은 포커에서 카드를 나눠준 순간에 이길 수 있는 패가 모인 상황과 같습니다. 요컨대 패가 어떻게 들어올지는 완전히 운에 맡겨야만 합니다. **보고 정렬에서 최선 시간 복잡도**는 최초의 카드부터 시작해 나머지 12장의 카드가 오름차순으로 나열되어 있는지 확인하는 시간뿐입니다(13 − 1 = 12 스텝). 하지만, 현실은 그렇게 만만하지 않겠지요. 13장의 카드를 나열하는 방법은 13 팩토리얼(13! = 13 × 12 × 11 × 10 × ~ 1 = 62억) 가지만큼 있고, 그중 정답은 단 하나뿐이므로 평균 시간 복잡도는 13! × (셔플에 걸리는 시간) × (오름차순으로 나열됐는지 확인하는 평균 시간)이 됩니다. **최악 시간 복잡도는 상한이 없습니다.**

그렇다면 버블 정렬을 이용하면 어떨까요? 이 방법도 **최선 시간 복잡도**는 카드의 나열 순서만 확인하는 것이므로 12가 됩니다. **최악 시간 복잡도**는 **13 × (13 − 1) / 2회분의 스왑**하는 시간이 됩니다. 평균 시간 복잡도의 상세한 계산은 생략하지만, 최악 시간 복잡도와 마찬가지로 13 × (13 − 1)에 비례한다는 것은 직감적으로 알 수 있을 것입니다.

이처럼 **최선, 평균, 최악 시간 복잡도를 보고 알고리즘을 평가합니다.**

그림으로 보는 핵심 정리 !

좋은 알고리즘이란

빠르고
(시간 복잡도)

공간을 덜 쓰는 것
(공간 복잡도)

최선, 평균, 최악 시간(공간) 복잡도를
고려해서 평가한다.

▶03 빅오 표기법

복잡도를 평가할 때에는 일반적으로 빅오 표기법(Big-O Notation, 점근 표기법)을 이용합니다. 물론 컴퓨터가 실제로 계산하는 데 걸린 시간을 측정하는 방법도 유효하지만, 그렇게 하면 컴퓨터의 성능에 따른 차이가 발생해, 알고리즘을 비교 평가할 때 성가십니다.

빅오 표기법의 핵심은 복잡도를 근사적으로 평가하는 것입니다. 빅오 표기법을 이용하면, 수학적으로 상세하게 분석하기 어려운 알고리즘의 평가도 가능해집니다. 빅오 표기법은 다음 수식으로 정의됩니다.

$$f(n)=O(g(n)) \Leftrightarrow |f(n)| \leqq M|g(n)|,\ \ \forall n \geqq n_0, \exists M>0$$

여기서 n은 문제의 크기를 나타내는 양(전 항의 예에서는 트럼프의 매수), $f(n)$은 계산 시간, $g(n)$은 **계산 시간을 상한 근사하는 간단한 함수**, M은 양수이고 n_0은 실수입니다(∀는 '모든', ∃는 '있다'를 뜻합니다).

요컨대 엄밀한 차이는 무시하고 계산 시간 증가를 몇 가지 패턴으로 분류하는 것이 빅오 표기법의 특색입니다. 그리고 근사 함수인 $g(n)$은 $f(n)$을 간단히 표현하기 위한 함수이므로 단순한 것을 이용합니다. 일반적으로는 $g(n)=1, n, nlogn, n^2, 2^n, n!$ 등의 함수형을 이용합니다. 각각 상수($O(1)$), 선형($O(n)$), 준선형($O(nlogn)$), 제곱($O(n^2)$), 지수($O(2^n)$), 계승($O(n!)$)이라고 부릅니다.

전항의 버블 정렬에서 최선 시간 복잡도는 카드의 매수 n에 대해 선형 ($O(n)$) 시간입니다. 최악 시간 복잡도는 제곱($O(n^2)$)이 됩니다. 빅오 표기법은 어디까지나 근사이므로, 여기서는 평균 시간 복잡도도 제곱($O(n^2)$)이 됩니다. 보고 정렬의 경우는 최선 시간 복잡도만 선형($O(n)$)이고 평균 시간 복잡도는 계승($O((n+1)!)$)이라 빅오 표기법으로도 매우 계산량이 많다는 것을 알 수 있습니다.

그림으로 보는 핵심 정리 !

빅오 표기법에 의한 복잡도 평가

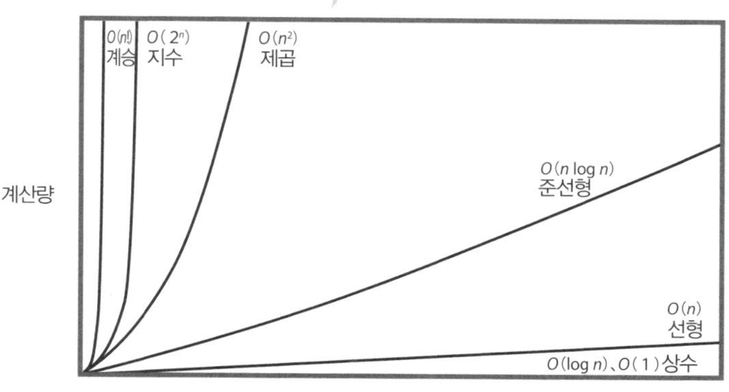

➡ 본문의 예로 말하면 트럼프의 매수

출전: http://bigocheatsheet.com

문제 크기에 따라 계산량이 증가하는 모습을 나타낸 그림입니다. 예를 들어, 선형이라면 문제 크기가 10에서 20이 됐을 때, 계산량도 10에서 20이 됩니다. 하지만 제곱인 경우, 100에서 400이 됩니다.

▶ 04 기초적인 복잡도 계산

잠시 빅오 표기법으로 복잡도를 평가하는 연습을 해봅시다. 예를 들어, **길이 n인 벡터의 값을 for 문으로 하나씩 표시하는 프로그램**을 생각해 보세요. 프로그램이라면 이렇게 작성할 수 있습니다.

```
for i in range(n):
    print(v[i])
```

이 경우, 한 번 표시하는 데 걸리는 시간을 t_{print}라고 하면 처리에 걸리는 시간은 $t_{\mathrm{print}} \times n$입니다. 빅오 표기법은 상한 근사이므로 최선, 평균, 최악 모두 $O(n)$이 됩니다(t_{print}는 상수이므로 무시). 길이 $n \times n$인 행렬의 값을 아래처럼 하나씩 표시해 봅시다.

```
for i in range(n):
    for j in range(n):
        print(v[i,j])
```

이 경우는 $O(n^2)$입니다. 루프 안에서 명령이 실행되는 경우는 곱셈이 된다는 것이 포인트입니다. 다음으로 간단한 탐색 알고리즘을 생각해 봅시다. 오름차순으로 정렬된 단어 목록이 있다고 하겠습니다. 이 중에서 목적 단어가 몇 번째 있는지 찾습니다. 우선 목록에서 한가운데 있는 단어와 목적 단어를 비교해 목적 단어가 뒤쪽에 있다면 후반 부분을 남깁니다. 다음으로 그 후반 부분에서 정중앙에 있는 단어와 비교해서, 다시 전반이나 후반을 남기는 방법을 반복합니다. 이 방법을 **이진탐색**(Binary Search)이라고 합니다.

한 번 조작할 때마다 남는 요소의 수가 절반이 된다는 점에 주목해 봅시다. 카드가 8장이라면, 8이 4가 되고 2가 되고 1이 되므로 세 번 만에 목적 카드를 찾을 수 있습니다. 전체를 둘로 나눌 수 있는 횟수는 $\log_2 x$로 계산할 수 있으므로, 시간 복잡도는 평균과 최악 모두 $\log_2(n)$이 됩니다.

그림으로 보는 핵심 정리 !

벡터 및 행렬과 이진탐색

벡터

하나씩 표시 $O(n)$

$$\begin{bmatrix} 3 \\ 2 \\ 4 \\ \cdots \\ 5 \end{bmatrix}$$

행렬

하나씩 표시 $O(n^2)$

$$\begin{pmatrix} 0 & 1 & \cdots & 2 \\ 3 & 4 & \cdots & 5 \\ & & \cdots & \\ 6 & 7 & \cdots & 8 \end{pmatrix}$$

Platypus라는 단어를 찾는다

1. Cat
2. Dog
3. Duck
4. Pig
5. Platypus
6. Whale
7. Zebra

→

5. Platypus
6. Whale
7. Zebra

→

5. Platypus

Platypus는 Pig보다 뒤

Platypus는 Whale보다 앞

따라서 2번의 탐색으로 찾을 수 있다

원포인트 해설! 로그

A라는 숫자를 몇 제곱하면 B라는 수가 되는지 나타내는 수를 로그라고 합니다. 본문에 등장한 $\log_2 x$란 x가 2를 몇 번 곱한 값인지를 나타냅니다.

그림으로 배우는 데이터 과학 05

알고리즘 (1)

▶05 데이터 구조의 복잡도

50페이지에서 본 **배열과 해시 테이블 안에 어떤 요소가 포함됐는지 판정하는 알고리즘의 시간 복잡도**를 생각해 봅시다. 실용적인 예를 들자면, 이름과 출신지가 기록된 표 A에 이름과 나이가 기록된 표 B의 데이터를 결합하는 경우를 가정합니다(오른쪽 페이지 참조). 표 A는 2개의 배열에 이름과 출신지가 나란히 기록되어 있는 것으로 합니다. 표 B의 데이터를 배열이라면 2개의 배열로 나열해서 저장하고, 해시 테이블이라면 키를 이름, 값을 나이로 해서 저장하는 것으로 합니다. 또 표 A의 길이는 m, 표 B의 길이는 n으로 합니다.

표 A의 첫 번째 이름이 배열의 어디에 있는지 판정해 봅시다. 트럼프의 예와 마찬가지로 배열의 평균 시간 복잡도는 $O(n)$입니다(빅오 표기법은 상한 근사라는 점을 떠올려 보세요).

반면에 해시 테이블의 경우는 50페이지에서 설명한 것처럼 정의한 해시 함수에 요소가 될 문자열을 대입하면, 대입에 걸리는 시간만으로 어디에 그 요소가 있는지 판정할 수 있습니다. 결국, 시간 복잡도는 기본적으로 상수 시간 $O(1)$입니다. 다시 말해 **배열과 해시 테이블에서는 압도적으로 해시 테이블 쪽이 액세스가 빠릅니다**.

이러한 통찰을 바탕으로 최초의 예로 돌아가 봅시다. 표 A의 길이는 m, 표 B의 길이는 n이므로, 배열의 경우 두 표를 결합하는 데 걸리는 시간 복잡도는 $O(mn)$이 됩니다. 그 반면에 해시 테이블의 경우 $O(m)$일 뿐입니다. 만약 m과 n의 길이가 모두 10^6이라고 하면, 배열은 10^{12}(만약 1조작에 걸리는 시간을 초로 하면 약 3만 년)이고 해시 테이블은 10^6(약 11일)으로 해시 테이블을 이용하는 편이 압도적으로 빠르다는 것을 알 수 있습니다.

그림으로 보는 핵심 정리 !

배열과 해시 테이블 중 어느 쪽이 빠를까?

표 B를 데이터 구조로 잘 저장하고 표 A와 표 B를 결합한다

배열→ 2개의 배열로 나열해 저장

해시 테이블 → 키를 이름으로, 값을 나이로 해서 저장

[표A]

이름	출신지
홍길동	서울
김철수	경기
갑순이	전주
갑돌이	대구

길이 m

[표B]

이름	나이
갑순이	14
갑돌이	21
홍길동	34
김철수	29

길이 n

이름	출신지	나이
홍길동	서울	34
김철수	경기	29
갑순이	전주	14
갑돌이	대구	21

시간 복잡도는 어느 쪽이 작은가?

배열 → 시간 복잡도는 $O(mn)$

해시 테이블 → 시간 복잡도는 $O(m)$

해시 테이블 쪽이 압도적으로 빠르다

Part 1 Part 2 Part 3 Part 4 Part 5

그림으로 배우는 데이터 과학 06

알고리즘 (2)

▶ 01 삽입 정렬의 시간 복잡도

66페이지에서 소개한 정렬 알고리즘 중, 여기서는 우선 삽입 정렬의 시간 복잡도를 생각해 보겠습니다.

삽입 정렬이란 반드시 오름차순이 되도록 카드를 한 장씩 추가하며 배치하는 방법입니다. 파이썬 코드로 작성하면 오른쪽 페이지처럼 됩니다. 파이썬 코드이므로 0부터 세는 것에 주의하세요.

코드를 설명하겠습니다. 처음 카드는 0번에 배치됩니다. 다음 카드는 0번 카드와 비교해서 그보다 크면 1번에 배치하고, 그렇지 않으면 0번 카드를 하나 오른쪽으로 이동하고 대신 배치합니다. 다시 다음 카드는 우선 1번 카드와 비교하고 그보다 크면 2번에 배치하고 while 문을 종료하고, 그렇지 않으면 0번 카드와 비교해 배치를 결정합니다. 나머지는 똑같이 진행합니다.

언뜻 복잡한 프로그램으로 보이지만, 시간 복잡도의 대부분은 **루프①이라고 쓴 for 문과 루프②라고 쓴 while 문의 곱으로 발생한다는 것**을 알 수 있습니다.

2번째 카드부터 n번째까지를 최악의 상황이라도 각각 1, 2, 3, … , $n-1$ 회 카드를 오른쪽으로 이동하게 되므로, 계산량은 $\frac{n(n-1)}{2}=\frac{n^2}{2}-\frac{n}{2}\sim O(n^2)$이 되고 최악 시간 복잡도는 $O(n^2)$이 됩니다. 평균 시간 복잡도도 마찬가지로 $O(n^2)$이 됩니다. 최선 시간 복잡도는 카드가 이미 정렬되어 있어 while 문에 전혀 들어가지 않는 상황일 때 실현되며, 이때의 시간 복잡도는 $n-1\sim O(n)$이 됩니다.

그림으로 보는 핵심 정리 !

카드를 오름차순으로 정렬한다

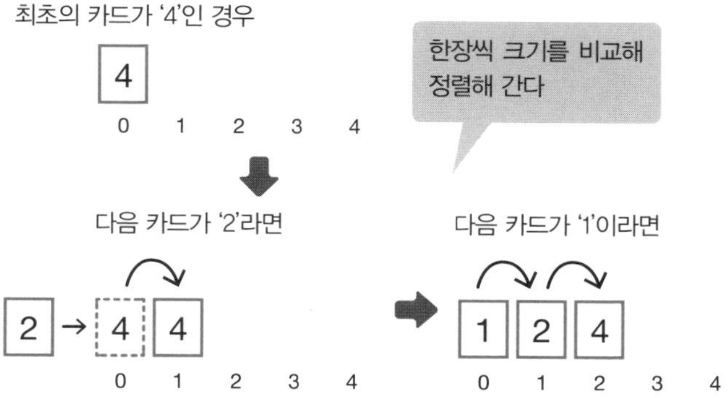

최초의 카드가 '4'인 경우

4

0 1 2 3 4

다음 카드가 '2'라면

2 → 4 4

0 1 2 3 4

다음 카드가 '1'이라면

1 2 4

0 1 2 3 4

한장씩 크기를 비교해 정렬해 간다

삽입 정렬 코드

적당히 나열된 카드

0번째 카드는 이미 배치완료 (파이썬이므로 0부터 세는 점에 주의!)

```
S = {1, 4, 6, 3, 2}
def insertionsort(S):
    for i in range(1, len(S)):      # 루프①
        card = S[i]
        j = i - 1
        while(j>-1 and S[j]>card):  # 루프②
            S[j+i] = S[j]
            j-=1
        S[j+1] = card
    return S
print(insertionsort(S))
```

- for i in range(1, len(S)): ← 0번째 카드는 이미 배치완료
- card = S[i] ← i째번 카드를 새로 배치하려고 한다.
- j = i - 1 ← 이미 배치된 카드는 0부터 i–1번째
- while(j>-1 and S[j]>card): ← 오른쪽부터 판정. j번째 카드가 배치할 카드보다 작아지면 루프를 빠져나간다
- S[j+i] = S[j] ← 배치할 카드보다 큰 카드를 오른쪽으로 옮긴다
- j-=1 ← 판정 위치를 하나 왼쪽으로 옮긴다
- S[j+1] = card ← 새로 카드를 배치한다

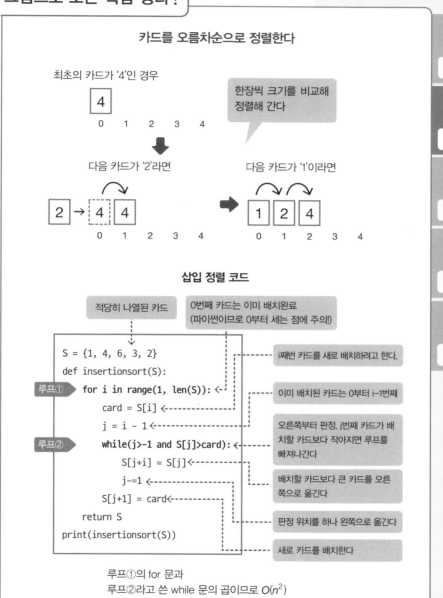

루프①의 for 문과
루프②라고 쓴 while 문의 곱이므로 $O(n^2)$

그림으로 배우는 데이터 과학 06

알고리즘 (2)

▶02 병합 정렬의 시간 복잡도

66페이지에서 소개한 것처럼 병합 정렬이란 카드를 2장씩 묶어, 각각의 그룹을 오름차순으로 나열하고, 이번에는 두 그룹씩 선택해서 4장의 카드가 오름차순이 되도록 결합(merge)하는 동작을 반복하며 정렬하는 방법입니다.

병합 정렬처럼 전체를 부분으로 쪼개서(13장의 카드를 정렬하는 문제에서 2장의 카드를 정렬하는 문제로 분할), 부분 문제에 대한 답을 내고 그 답을 최종적으로 결합해감으로써 해답을 찾는 방법을 **분할정복법**(Divide and Conquer)이라고 부릅니다.

병합 정렬의 경우, 전체 문제의 시간 복잡도는 부분 문제를 푸는 시간과 각 결과를 통합해 가는 시간의 합이 된다고 생각할 수 있습니다. 일반적으로 이런 계산량의 재귀적 성질에 주목해 수학적으로 시간 복잡도를 평가하지만, 여기서는 직감적으로 설명해 보겠습니다.

우선, 함수 mergesort 안에서 문제를 S[:mid], S[mid:]로 분할하고, 부분 문제에 대해 mergesort라는 함수를 호출합니다. 재귀적으로 호출되는 mergesort 함수는 if 문의 조건 대로 길이가 1이 될 때까지 반복됩니다. 이 한 가운데 부분에서 리스트를 길이가 1이 될 때까지 분할해 가는 처리는 72페이지에서 살펴본 이진탐색과 완전히 동일합니다. 다시 말해, $\log_2(n)$번의 조작으로 실행할 수 있습니다. 계산량이 많은 것은 병합할 때 발생하는 while 문 루프로, 이것은 $O(n)$으로 근사할 수 있습니다.

그렇게 **병합 정렬은 2분할과 루프의 곱으로 계산할 수 있고, 시간 복잡도는 $O(n\log n)$인 준선형(70페이지)이 됩니다.**

그림으로 보는 핵심 정리 !

카드를 2장씩 나열한다

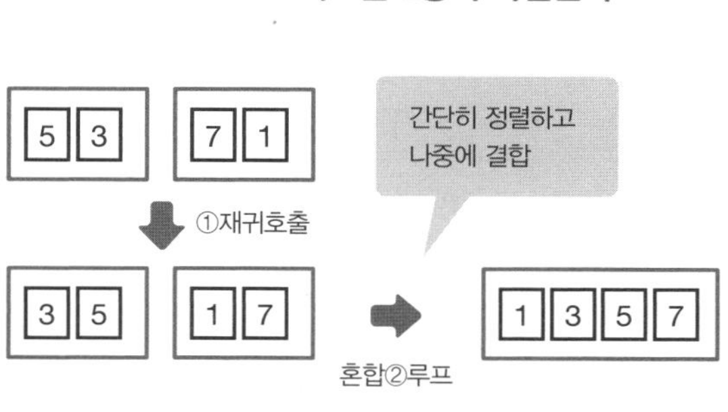
5 3
7 1
간단히 정렬하고
나중에 결합
①재귀호출
3 5
1 7
1 3 5 7
혼합②루프

결합 정렬 코드

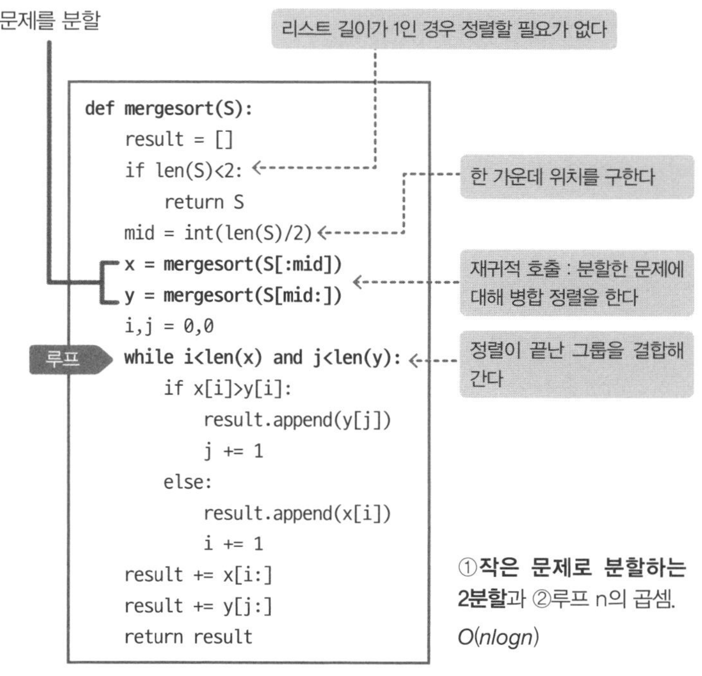
문제를 분할
리스트 길이가 1인 경우 정렬할 필요가 없다
한 가운데 위치를 구한다
재귀적 호출 : 분할한 문제에
대해 병합 정렬을 한다
루프
정렬이 끝난 그룹을 결합해
간다

```
def mergesort(S):
    result = []
    if len(S)<2:
        return S
    mid = int(len(S)/2)
    x = mergesort(S[:mid])
    y = mergesort(S[mid:])
    i,j = 0,0
    while i<len(x) and j<len(y):
        if x[i]>y[i]:
            result.append(y[j])
            j += 1
        else:
            result.append(x[i])
            i += 1
    result += x[i:]
    result += y[j:]
    return result
```

①작은 문제로 분할하는 2분할과 ②루프 n의 곱셈.
O(nlogn)

▶03 퀵 정렬의 시간 복잡도

여기서는 퀵 정렬의 시간 복잡도를 생각해 봅시다.

퀵 정렬은 병합 정렬과 매한가지로 분할정복법을 이용하는 알고리즘입니다. 내용은 어떤 수를 기준으로(이 수를 **피봇**이라고 부릅니다) 해서 그보다 큰 값은 오른쪽에, 그보다 작은 값이 왼쪽에 오도록 스왑하는 동작을 반복하면서 정렬하는 것입니다. 구현 방법은 여러 가지가 있지만, 여기서는 오른쪽 페이지의 구현으로 설명합니다. 퀵 정렬도 분할정복법의 일종이므로 병합 정렬과 마찬가지로 수학적으로 복잡도를 평가할 수 있지만, 여기서도 직감적으로 설명해 보겠습니다.

우선, 피봇으로 선택되는 숫자가 대체로 중앙값에 해당하면, 딱 절반으로 리스트가 분할됩니다. 그래서 72페이지에서 본 이진탐색과 마찬가지로 $\log_2(n)$회 리스트를 분할하게 됩니다. 1회 분할할 때마다 $O(n)$회분의 루프가 있으므로, **평균 시간 복잡도는 $O(nlogn)$**입니다. 오른쪽 페이지의 구현으로는 **최선 시간 복잡도도 $O(nlogn)$이 됩니다**.

최악 시간 복잡도는 리스트가 거의 정렬되어 있을 때 발생합니다. 이 경우, 매번 피봇으로 선택되는 숫자(코드에서는 S[0]으로 선택)가 리스트 안의 최솟값에 대응하므로, 이진탐색처럼 깔끔하게 절반으로 나눌 수 없게 되고 맙니다. 만약 모든 단계에서 최솟값을 선택한 경우, $n-2$회 리스트를 분할할 필요가 있고, 그때마다 $O(n)$분의 루프가 있으므로 **최악 시간 복잡도는 $O(n^2)$이 됩니다.**

그림으로 보는 핵심 정리 !

퀵 정렬 코드

리스트 길이가 1이나 0이므로 정렬할 필요가 없다

```
def quicksort(S):
    if len(S)==1 or len(S)==0:
        return S
    else:
        pivot = S[0]
        place = 0
        for j in ragne(len(S)-1):
            if S[j+1] < pivot:
                S[j+1], S[place+1] = S[place+1],S[j+1]
                place += 1
        S[0], S[place] = S[place], S[0]
        first = quicksort(S[:place])
        second = quicksort(S[place+1:])
        first.append(S[place])
        return first + second
```

루프

피봇은 리스트의 최초의 값으로 한다

①피봇보다 작으면

피봇으로 사용한 값을 적절한 곳에 넣는다

②재귀적 호출 : 분할한 문제에 대해 퀵 정렬을 한다

왼쪽 절반과 오른쪽 절반을 결합

평균 시간 복잡도는 ②작은 문제로 분할하는 2분할과 ①루프 n의 곱셈.
따라서 $O(n\log n)$
평균 시간 복잡도와 최악 시간 복잡도에 차이가 난다.

Part 1 Part 2 Part 3 Part 4 Part 5

그림으로 배우는 데이터 과학 06

알고리즘 (2)

▶04 공간 복잡도

공간 복잡도란 이름 그대로 알고리즘이 얼마만큼 컴퓨터 메모리를 차지하는지 나타내는 양입니다. 간단한 예로는 벡터나 행렬을 들 수 있습니다. 길이 n인 벡터가 차지하는 영역은 $O(n)$입니다. 반면에, n 행 m 열인 행렬이 차지하는 영역은 $O(nm)$입니다.

그럼, 지금까지 살펴본 정렬 알고리즘의 공간 복잡도는 어떨까요? 차이를 알기 쉽게 하려고 정렬하기 전의 리스트를 유지하는 데 필요한 기억 영역은 무시하고, 알고리즘이 만들어 내는 추가 영역에만 초점을 맞춥시다. 또한, 정렬 알고리즘의 공간 복잡도는 구현에 따라 달라지지만, 여기서는 앞에서 작성한 코드를 기반으로 평가합니다.

우선 **보고 정렬, 버블 정렬, 삽입 정렬**은 최악 공간 복잡도일 때라도 추가로 필요한 기억 영역이 전혀 없습니다. 따라서, **공간 복잡도는 최선, 평균, 최악 모두 $O(1)$**이 됩니다. 그렇지만 병합 정렬은 한 번 리스트를 나눈 것을 다시 결합하는 알고리즘이므로, 분할해 갈 때 원래 리스트와 같은 길이의 기억 영역이 추가로 필요합니다. 따라서, **공간 복잡도는 최선, 평균, 최악 모두 $O(n)$**이 됩니다.

퀵 정렬도 전항에서 구현한 예의 경우 $O(n)$이 됩니다. 단, 어디까지나 이 책에서 구현한 방법에 대한 복잡도이며, 정교하게 구현하면 $O(\log(n))$까지 떨어트릴 수 있다는 사실은 유명합니다.

이처럼 **공간 복잡도도 알고리즘에 따라 달라진다**는 것을 알 수 있습니다.

그림으로 보는 핵심 정리 !

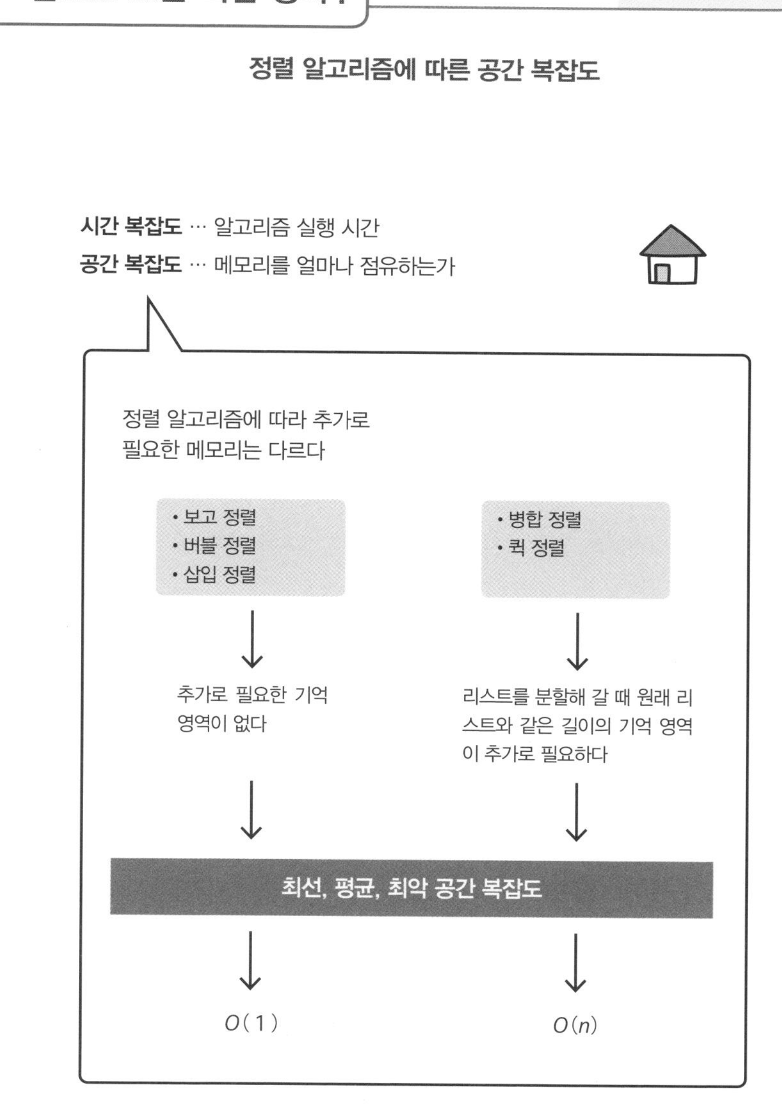
정렬 알고리즘에 따른 공간 복잡도
시간 복잡도 … 알고리즘 실행 시간
공간 복잡도 … 메모리를 얼마나 점유하는가
정렬 알고리즘에 따라 추가로 필요한 메모리는 다르다
• 보고 정렬
• 버블 정렬
• 삽입 정렬
• 병합 정렬
• 퀵 정렬
추가로 필요한 기억 영역이 없다
리스트를 분할해 갈 때 원래 리스트와 같은 길이의 기억 영역이 추가로 필요하다
최선, 평균, 최악 공간 복잡도
O(1)
O(n)

Part 1
Part 2
Part 3
Part 4
Part 5

▶05 정렬 알고리즘 정리

지금까지 알고리즘의 기본과 빅오 표기법으로 시작해 각종 정렬 알고리즘의 시간 복잡도와 공간 복잡도를 살펴봤습니다. 오른쪽 페이지에 지금까지 설명한 정렬 알고리즘의 시간 복잡도와 공간 복잡도를 정리해 두었습니다.

이 표를 보면, 병합 정렬 쪽이 퀵 정렬보다 좋아 보입니다. 하지만, 병합 정렬과 퀵 정렬에서는 실제로 퀵 정렬 쪽이 바람직할 때가 많습니다. 왜냐하면, 80페이지에서 본 것처럼 퀵 정렬의 계산 시간이 최악 복잡도에 가까워진 것은 피봇을 선택할 때 배열 안에서 항상 최솟값에 가까운 숫자를 선택하는 특수한 상황이기 때문입니다. 이 조건을 회피하기는 비교적 쉬워서 거의 $O(nlogn)$으로 실행할 수 있다는 점도 이유 중 하나입니다. 또 이 책의 구현 사례에서는 공간 복잡도가 $O(n)$이었지만, 이는 앞에서 설명한 대로 잘 구현하면 $O(\log n)$으로 줄일 수 있습니다. 이 두 가지가 병합 정렬보다 퀵 정렬을 선호하는 이유로서 자주 거론됩니다.

거듭 말하지만, **빅오 표기법을 기반으로 한 평가는 알고리즘의 계산량을 어림잡아 분류한 것**이고, 실제로는 상황에 따라 선호하는 알고리즘이 다소 다릅니다. 하지만, 그렇더라도 계승이나 지수보다는 준선형 쪽이 바람직한 것은 자명합니다. 이처럼 복잡도의 기준으로서 빅오 표기법이 제 기능을 한다는 것을 알 수 있습니다.

데이터 분석을 하는 데 있어서 다양한 데이터 구조나 알고리즘을 다루게 됩니다. 처음에는 그다지 복잡도를 의식하지 않은 채로 코딩하는 게 편해서 좋지만, **계산량의 벽에 부딪혔을 때는 꼭 복잡도의 개념을 떠올려서 코드를 수정하세요.**

그림으로 보는 핵심 정리 !

정렬 알고리즘의 시간 복잡도와 공간 복잡도

	최선 시간 복잡도	평균 시간 복잡도	최악 시간 복잡도	공간 복잡도
보고 정렬	$O(n)$	$O((n+1)!)$	$O((n+1)!)$	$O(1)$
버블 정렬	$O(n)$	$O(n^2)$	$O(n^2)$	$O(1)$
삽입 정렬	$O(n)$	$O(n^2)$	$O(n^2)$	$O(1)$
병합 정렬	$O(n\log n)$	$O(n\log n)$	$O(n\log n)$	$O(n)$
퀵 정렬	$O(n\log n)$	$O(n\log n)$	$O(n^2)$	$O(n)$ ★

★ 이 책에서 구현한 예의 경우 입니다. $O(\log(n))$일 때도 있습니다.

빅오 표기법은 어림잡아 복잡도를 정리하는 것. 예를 들어, 표를 보면 병합 정렬이 좋아보이지만, 실제로는 퀵 정렬을 선호하는 등 상황에 따라서 선호하는 알고리즘이 다릅니다.

그림으로 배우는 데이터 과학 07

데이터 베이스

▶01 데이터베이스란

개인 수준에서 데이터를 관리하고 분석할 뿐이라면 데이터베이스는 필요 없습니다. 텍스트 파일이나 직렬화(컴퓨터가 로드하기 쉬운 형태로 변환)된 파일을 관리하는 것만으로 충분합니다.

하지만, 여러 사람이 같은 데이터를 이용하거나 여러 갈래에 걸친 데이터에서 필요에 맞게 정보를 검색하고 가공할 때는 그걸로 충분하지 않습니다. 특히 기업에서 어디에 무엇이 있는지 하나하나 다른 사람에게 물어야만 하는 상황은 치명적이겠지요.

예를 들어 전자상거래 시장에서 재고 관리를 생각해 봅시다. 여러분이 재고가 5개 남은 상품을 구매한 다음 순간에는 다른 소비자가 보는 그 상품의 재고 수량이 4가 되어 있지 않으면 판매에 문제가 생깁니다. 웹 사이트 이면에 이런 재고 관리 시스템이 있다는 것은 잘 알 것으로 생각되지만, 구체적으로 어떻게 실현되고 있을까요? 이때 사용되는 것이 **데이터베이스 기술**입니다.

최근 빅데이터 붐에 힘입어 데이터베이스 분야에는 놀라운 기술 혁신이 몇가지나 있었습니다. 구글이든 페이스북이든 아마존이든 **데이터베이스와 관련해 거대한 기술 혁신이 있었기에 비로소 현재 세계를 넘나드는 글로벌 규모의 사업이 가능해졌다**고 해도 과언은 아닙니다.

이 장의 내용은 개인 수준에서 데이터 과학을 하는 관점에서는 조금 사족이 되지만, 데이터 과학 업계를 지탱하는 기술을 학습하는 것은 결코 무의미한 일이 아닙니다. 여기서는 데이터베이스의 기본부터 시작해서 구글의 기술 혁신을 중심으로 최근의 조류를 살펴보기로 합시다.

그림으로 보는 핵심 정리 !

데이터를 공동으로 이용할 때는 데이터베이스가 필요

데이터의 개인 이용

데이터의 공동 이용

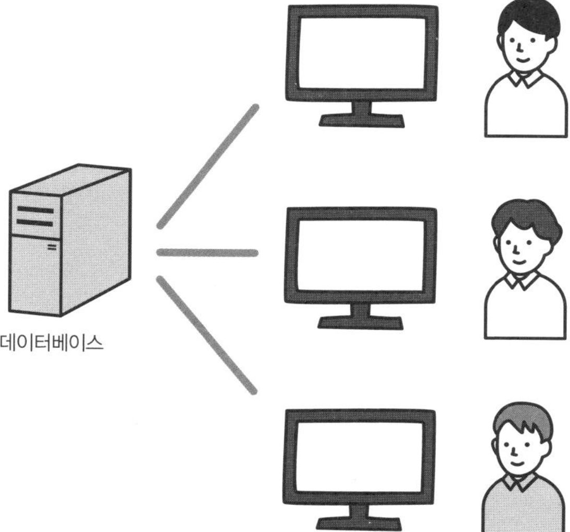

▶02 관계형 데이터베이스와 SQL

관계형 데이터베이스 관리 시스템(RDBMS)이란 **테이블 형식으로 레코드(데이터)와 속성의 관계를 표현하는 관리 시스템**을 말합니다. 엑셀을 상상하면 이해하기 쉬습니다. 각 행으로 레코드를 각 열로 속성값을 표현하는 테이블은 여러분도 한 번은 사용해 본 적이 있을 것입니다.

RDBMS를 특징짓는 조작으로 **결합(Join)**이 있습니다. 예를 들어 엑셀의 시트1에 사원 이름과 소속 부서가 기록되어 있고, 시트2에 소속 부서와 부서의 주소지가 기록되어 있다고 합시다.

결합이란 이때 시트1의 소속 부서와 시트2의 소속 부서를 축으로 두 개의 테이블을 결합해 시트1에 주소지라는 속성값을 추가하는 조작을 말합니다. 처음부터 시트1에 주소지의 정보를 추가해 두면 된다고 생각할지도 모르지만, 시트1과 시트2로 **나눔으로써 필요한 기억 영역이 줄어든다**는 것이 포인트입니다.

또한, 소속 부서와 주소지 데이터를 변경했을 때 결합한 모든 시트를 변경하지 않아도 된다는 것도 특징입니다. 이처럼 **데이터의 중복을 없애고 분할 관리하는 것을 정규화라고 부릅니다**.

RDBMS의 또 한 가지 특징은 표준화된 SQL(Structured Query Language)이라는 쉬운 프로그래밍 언어를 이용해 데이터베이스를 만들고, 레코드를 추가, 변경, 검색, 추출한다는 것입니다. RDBMS나 SQL이 1970년 전후에 개발되기까지 데이터베이스를 다루는 쿼리(데이터를 처리하는 명령)는 난해한 언어로 명령을 보내야 했기에, SQL의 등장은 혁명적이었습니다. 1980년대에 이르자 오라클이나 IBM 등 RDBMS를 상용으로 제공하는 기업도 늘어나, 현대에도 자주 사용되는 데이터베이스의 하나가 되었습니다.

그림으로 보는 핵심 정리 !

엑셀 시트의 결합 조작

시트1

이름	부서
홍길동	인사부
김철수	총무부
갑순이	IT부
갑돌이	인사부

시트2

부서	소재지
인사부	서울
총무부	대전
IT부	대전

결합

소속 부서를 축으로

이름	부서	소재지
홍길동	인사부	서울
김철수	총무부	대전
갑순이	IT부	대전
갑돌이	인사부	서울

정규화 = 중복을 없애고 테이블을 분할 관리하는 것

↓

(1) 소형화
(2) 데이터 갱신이 편하다

그림으로 배우는 데이터 과학 07

데이터 베이스

▶03 구글과 모듈러 데이터센터

구글이 아직 젊은 기업이었을 무렵, 사내 데이터베이스는 네트워크를 통해 특별한 스토리지 서버에 액세스하는 네트워크 결합 스토리지(Network Attached Storage, NAS)나 스토리지 에어리어 네트워크(Storage Area Network, SAN)로 불리는 방법이 주류였습니다. 하지만 웹 상의 방대한 정보를 처리하기 위해서는 그 스토리지 서버의 성능을 스케일업해야만 하는 기술적인 한계가 있었습니다.

그래서 **구글이 개발한 것이 모듈러 데이터 센터**입니다. 고가의 스토리지 서버 하나에만 액세스를 집중시키는 게 아니라, **저가의 서버를 대량으로 설치**해 저장 영역과 컴퓨팅 자원을 모두 효과적으로 활용하는 방식입니다. 이로써 한 대의 스토리지 서버 성능에 한계가 도달해도 서버 수를 늘려 손쉽게 처리 성능을 높이는 **스케일 아웃**이 가능해졌습니다. 실제로 당시 구글이 획득한 특허를 보면, 컨테이너 하나당 대략 1,000대의 서버를 넣고 컨테이너별로 전원이나 공조 시스템을 관리하는 방법이었습니다. 이처럼 대량의 서버를 하나의 컴퓨터처럼 만든 것을 **클러스터**라고 부릅니다.

당연히 이런 시스템을 운영하기 위해서는 기존 RDBMS로는 한계가 있었습니다. 그래서 당시 구글이 만든 독자적인 소프트웨어가 Google File System[1], MapReduce[2], BigTable[3]입니다.

Google File System은 클러스터의 기억 영역을 마치 하나의 서버처럼 사용하기 위한 파일 시스템입니다. MapReduce는 간단히 말하면, 클러스터의 컴퓨팅 자원을 효율적으로 이용해 병렬분산처리를 하는 프레임워크입니다. BigTable은 Google File System에서의 운용을 강하게 의식한 데이터베이스입니다.

그림으로 보는 핵심 정리 !

모듈러 데이터 센터의 구조

PC의 스케일업에는 한계가 있다

스토리지를 공유한다(Google File System)

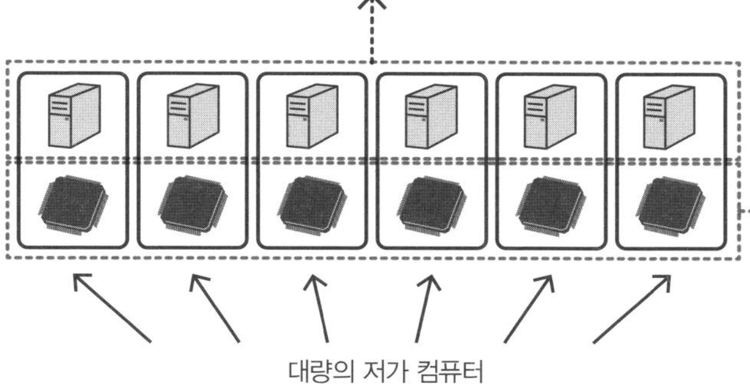

대량의 저가 컴퓨터

컴퓨팅 자원을 공유한다(MapReduce)

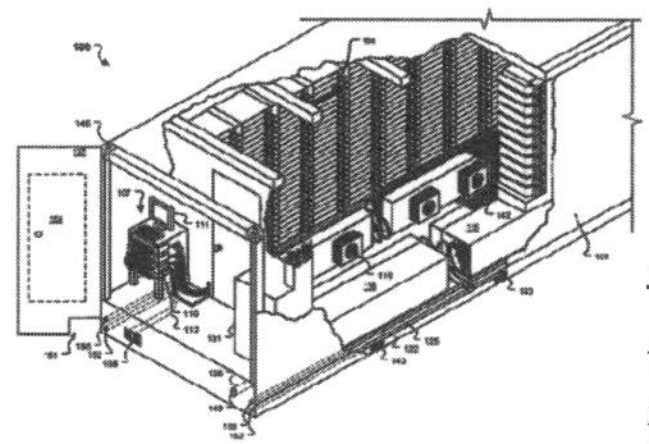

구글의 특허

1000대의 서버를 컨테이너에 넣고 전원과 공조 시스템을 갖춘다.

[1] https://research.google.com/archive/gfs.html

[2] https://research.google.com/archive/mapreduce.html

[3] https://research.google.com/archive/bigtable.html

그림으로 배우는 데이터 과학 07

데이터 베이스

▶04 MapReduce와 Hadoop

MapReduce는 클러스터를 이용해서 병렬분산처리를 효율적으로 실행할 수 있는 프레임워크입니다. MapReduce는 데이터를 추출하는 Map 처리와 동기 페이즈인 Shuffle 처리, 결과를 집계하는 Reduce 처리라는 세 가지 스테이지로 나뉩니다. 그럼, 하나하나 살펴보기로 합시다.

Map 처리에서는 클러스터 내 각 서버에 분산된 데이터에서 필요한 데이터를 추출합니다. 예를 들어 대량의 문서에서 단어의 출현 빈도를 센다고 합시다. Map 처리에서는 클러스터를 구성하는 각 서버에서 단어를 추출해, 50페이지에서 본 해시 테이블처럼 키-값으로 정리합니다. 그 결과 오른쪽 페이지의 그림처럼 되었다고 하겠습니다.

Shuffle 처리에서는 이 결과를 받아서 각 서버의 키를 Reduce 할 때 어느 서버에 할당할지 결정하고, 키 순서에 따라 정렬합니다. 대개 Shuffle 처리는 Map 처리가 실행된 후에 자동으로 이루어지는 경우가 많습니다.

마지막으로 **Reduce 처리**에서는 Shuffle 처리로 할당된 데이터를 각 서버에서 받아와 집계 등의 처리를 합니다. Reduce 처리 단계에서는 특정 키에 관련된 정보는 모두 하나의 로컬 서버 내에 저장되어 있습니다. 그러므로 각 서버에서 집계하는 것만으로 원하는 태스크가 완료됩니다. 이처럼 데이터를 추출하고, 동기하고, 집계하는 3단계로 처리하는 것이 MapReduce입니다.

MapReduce의 개요는 논문을 통해 널리 세상에 알려졌지만, 코드는 공개되지 않았습니다. 그래서 **오픈 소스로 개발된 것이 Hadoop**입니다. 또 Pig 등 Hadoop을 다루기 쉽게 하는 프로그래밍 언어도 있습니다.

그림으로 보는 핵심 정리 !

MapReduce의 3가지 스테이지

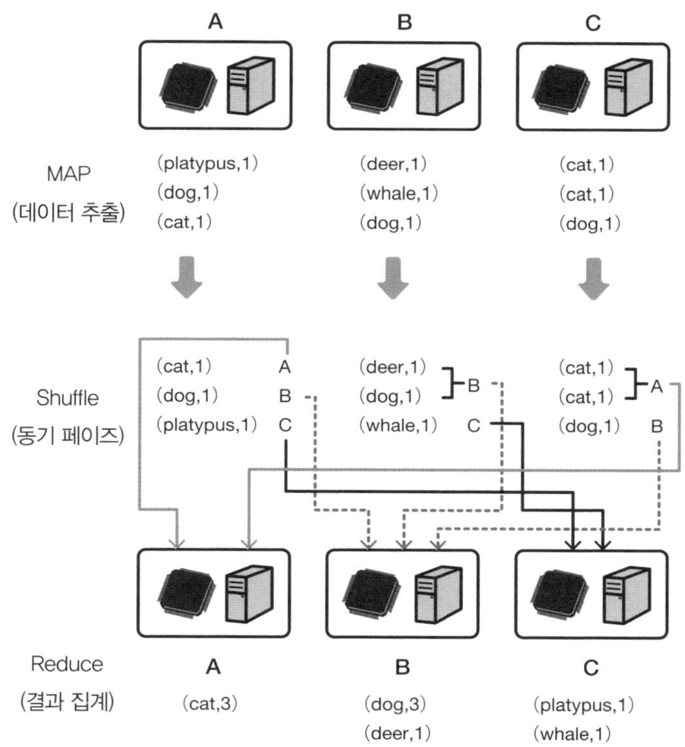

원포인트 해설!

직접 클러스터를 가지고 있지 않아도 Amazon Web Service 등의 클라우드로도 시험할 수 있으므로 흥미가 있는 분은 공부해 봐도 좋습니다.

▶05 NoSQL

빅데이터 환경에 대응하고자 새롭게 개발된 데이터베이스를 총칭해 NoSQL이라고 부릅니다. BigTable도 그 한 예입니다.

구글이 논문으로 사내 데이터베이스 기술을 공개한 이후로 상용 · 오픈 소스를 불문하고, 새로운 데이터베이스가 많이 만들어졌습니다. 새로 만들어진 데이터베이스는 키-값, 칼럼 패밀리, 도큐먼트, 그래프로 크게 4종류로 분류할 수 있습니다.

키-값 모델은 50페이지의 해시 테이블처럼 고유한 키를 이용해서 값을 반환합니다. 대량의 서버에서도 스케일 아웃할 수 있도록 다양한 연구가 되어 있으며, 대표적인 것으로는 Amazon의 Dynamo를 들 수 있습니다.

칼럼 패밀리 모델은 키로 직접 값을 반환하는 게 아니라, 칼럼 패밀리를 정의해서 칼럼 패밀리 항목의 정보와 원래 키 정보를 합쳐 값을 반환합니다. 이렇게 함으로써, '사용자 주소'라는 칼럼 패밀리에 우편번호와 행정구역이 정보로서 저장된 경우, 필요에 따라 우편번호를 추출할 수 있습니다. 또 각 값에는 타임스탬프를 부여해 최신 순서대로 버전이 다른 값을 저장할 수도 있습니다. 90페이지에서 언급한 BigTable이 칼럼 패밀리의 대표적인 예입니다.

도큐먼트 모델은 26페이지에서 설명한 JSON 형식 등을 저장하는 데에 특화됐습니다. 대표적인 것으로 MongoDB가 있습니다.

끝으로 **그래프** 모델은 RDBMS의 결합 조작을 빠르게 할 수 있도록 고안된 것으로, 데이터를 네트워크처럼 그래프로 저장합니다. 그렇게 해서 최단 경로 길이 등 네트워크 계열의 연산을 빠르게 할 수 있습니다. Neo4j나 Dgraph가 대표적입니다.

그림으로 보는 핵심 정리 !

빅데이터를 위한 데이터베이스

NoSQL · · · 최근 개발된 비관계형 데이터베이스의 총칭

4가지로 분류 가능

- 키-값
- 칼럼 패밀리
- 도큐먼트
- 그래프

스케일 아웃을 전제로 한다.

최근에는 클라우드에서 사용할 수 있는 경우도 많으므로, 일반 사용자가 NoSQL과 같은 데이터베이스를 사용하는 날도 멀지 않았을지 모릅니다.

그림으로 배우는 데이터 과학 08

최적화 방법

▶ 01 최적화란

최적화 문제란 정해진 조건 아래서 목적 함수를 최대화 혹은 최소화하는 해를 구하는 것을 말합니다. 예를 들어 연속 함수의 최대화 문제라면, 일반적으로 다음과 같이 기술할 수 있습니다.

$$\hat{\theta} = \mathrm{argmax}_{\theta} f(\theta)$$

이 문제의 어려움은 함수 f의 형태와 파라미터 θ(세타) 수에 따릅니다. 예를 들어, 다음과 같은 식을 생각해 봅시다.

$$f(\theta) = -\theta^2 + 2\theta - 1$$

여기서 1계 미분을 취해 0으로 놓으면 다음과 같이 됩니다.

$$-2\theta + 2 = 0$$

θ=1이 전체 최적해라는 사실은 고등학교 수학 수준으로도 알 수 있을 것입니다.

다음으로 함수 형태에 주목해 봅시다. 상기 함수는 오른쪽 페이지 그림처럼 전체에 큰 봉우리가 하나 있어, 함수의 어느 위치에 있든 전체 최적해의 방향을 국소적 정보(미분 정보)로 알 수 있다는 특성을 가지고 있습니다. 이런 문제를 **볼록 문제**라고 합니다. 예를 들어, 볼록 문제는 오른쪽 페이지의 또 하나의 그림과 비교할 때 전체 최적해 계산이 편하다는 장점이 있습니다. 전체 최적해가 아니지만, 국소적으로 최적해가 되는 해를 국부 최적해라고 부릅니다. 현실 문제는 국부 최적해를 다수 포함하는 경우가 많아, 볼록 문제가 가진 **전체 최적해를 반드시 찾을 수 있다는 보증은 매우 강력**한 것입니다. 그런데 위와 같이 간단히 해석적으로 풀 수 있는 문제뿐이라면 만사 해결이지만, 현실은 그렇지 않습니다. 그래서 문제에 맞는 다양한 최적화 기법이 있습니다. 여기서 그 모두를 소개하는 것은 불가능하지만, 중요한 기본 기법을 몇 가지 살펴보겠습니다.

그림으로 보는 핵심 정리 !

최대화 문제, 볼록 문제, 비볼록 문제

최대화 문제

$$\hat{\theta} = argmax_{\theta} f(\theta)$$

$\rightarrow f(\theta)$ 를 최대화하는 θ

볼록 문제

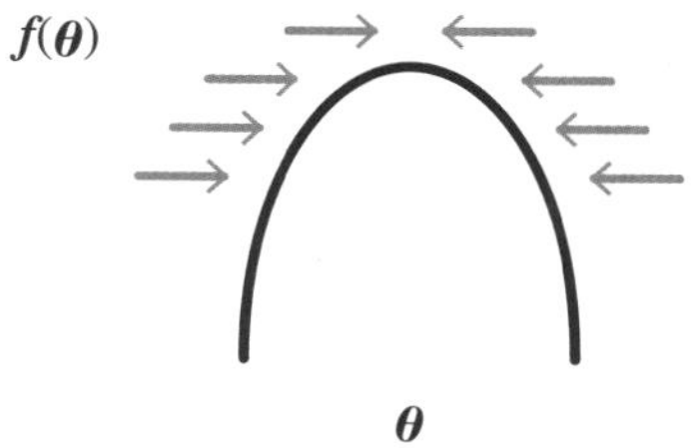

전체에 커다란 봉우리가 하나 있다

전체 최적해를 계산하기 편하다

비볼록 문제

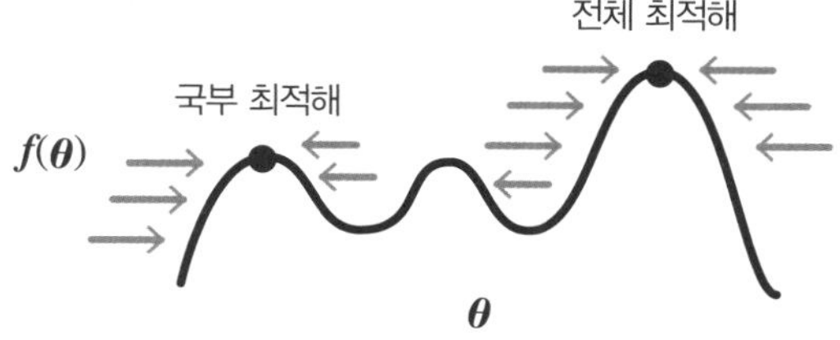

현실 문제는 국부 최적해를 포함하는 경우가 많다

▶02 경사법

앞 절의 예와 같이 해석적으로 전체 최적해를 구할 수 있는 경우는 드뭅니다. 하지만, 각 점에서의 미분 정보를 계산하기는 용이한 경우가 있습니다. 그때 사용되는 것이 경사법입니다. 여기서는 경사법 중에서도 가장 간단한 **최급강하법**을 살펴보겠습니다. 다음 함수를 최소화하고 싶습니다.

$$f(x, y) = \exp\{0.5x^2 + 0.2y^2\}$$

해석적으로 최소해가 x=0, y=0에 있다는 것은 자명하지만, 설명을 위해서 이 함수 f를 이용합니다. 최급강하법은 적절하게 정한 초깃값부터 시작해 함수 f의 1차 미분 정보만 이용하여 **조금씩 최적해에 접근하는 방법입니다.** 오른쪽 페이지에 초깃값이 x=−0.8, y=1.9인 경우의 알고리즘 진행 예를 실었으므로 이 그림을 바탕으로 설명합니다.

우선 초깃값에 대해 기울기를 계산하면, 해는 실선 화살표로 표시된 만큼 수정되게 됩니다. 여기서 중요한 것은 이 직선을 그대로 연장해도 극대값인 x=0, y=0에는 도달하지 않는다는 점입니다. 그래서 조금 수정한 해 부분에서 한 번 더 기울기를 평가하고 다시 해를 수정합니다. 두 번째 화살표의 경우에도 최적해에는 도달하지 않지만, 초깃값보다는 꽤 좋아졌다는 걸 알 수 있습니다. 이 과정을 반복함으로써 해가 조금씩 수정되고, 이윽고 최적해에 도달하게 됩니다.

최급강하법에서 **해의 수정 폭을 제어하는 파라미터를 학습률이라고 합니다**(오른쪽 페이지에서는 η 에타). 이 값이 지나치게 높으면 최적해 부근에서 왔다 갔다를 반복하게 되고, 작으면 최적해에 도달하는 데에 오랜 시간이 걸리게 됩니다. 따라서 학습률을 적절히 설정하는 것이 중요합니다.

그림으로 보는 핵심 정리 !

최급강하법을 이용한 최적해 구하기

최급강하법

적절히 초깃값을 정한다

while(아직 충분히 개선):
　　$\nabla f(\theta)$를 계산
　　$\theta \leftarrow \theta - \eta \nabla f(\theta)$
return θ

∇f란 함수 f의 기울기 벡터. 지금 있는 점에서 조금 움직였을 때 함수의 값이 가장 커지는 방향이다. η는 해의 수정 폭을 제어하는 학습률이다.

알고리즘의 진행 예

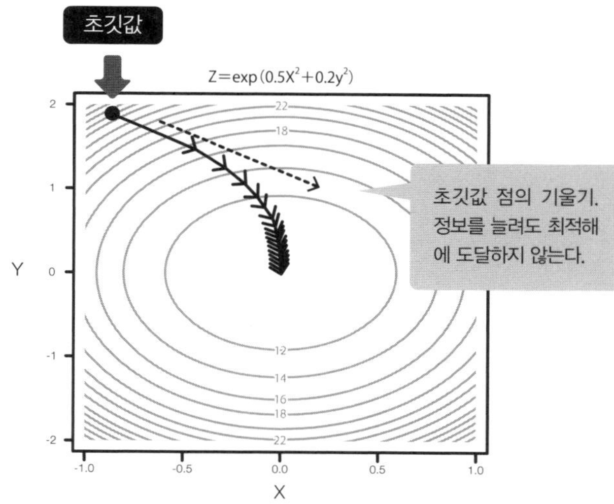

원포인트 해설!

경사법은 이밖에도 좌표 하강법, 켤레 기울기법 등 다양한 종류가 있지만, 기본적인 개념은 위에서 설명한 것과 같습니다. 문제에 따라 적절한 방법을 사용하는 것이 중요합니다.

▶03
제약 조건부 극대화

예를 들어, 다음과 같이 극대화 문제에 조건이 있는 상황을 생각해 보겠습니다.

$$\max_{\theta} \Sigma_{i=1}^{3} n_i \log \theta_i$$
$$subject\ to\ \ \Sigma_{i=1}^{3} \theta_i = 1$$

여기서 $n_1 = 3$, $n_2 = 2$, $n_3 = 4$라고 합시다. 어떻게 하면 이 조건을 만족하는 극대해를 계산할 수 있을까요? 제약식을 변형해 대입하는 방법도 간단해 보이지만, 그밖에도 **제약식 부분을 페널티로써 원래 식에 포함해 버리는 방법**도 생각할 수 있습니다. 다음과 같이 나타낼 수 있습니다.

$$L_1 = \max_{\theta} \Sigma_{i=1}^{3} n_i log\theta_i - \lambda\,(\Sigma_{i=1}^{3} \theta_i - 1)^2$$

여기서 2항째가 페널티에 해당하는 부분으로, 제약식이 만족하지 않을수록 최대화하고 싶은 목적 함수의 값이 줄어드는 효과를 낳습니다. 나머지는 λ(람다)에 적당한 값을 설정하면 제약 없는 극대화 문제와 같은 구조의 문제가 됩니다. 실제로 λ=1000이라고 하고, 최급강하법으로 극대화하면, $\theta_1 = 0.335$, $\theta_2 = 0.223$, $\theta_3 = 0.446$으로 계산됩니다. 그런데 이 해는 어느 정도 정확할까요? 사실 이 문제는 해석적으로 풀 수도 있습니다. 이때 사용하는 것이 **라그랑주 승수법**으로, 이 방법을 이용하면 위와 달리 **제약을 제곱하지 않고** 그대로 포함할 수 있습니다.

$$L_2 = \max_{\theta} \Sigma_{i=1}^{3} n_i log\theta_i - \lambda\,(\Sigma_{i=1}^{3} \theta_i - 1)$$

이 $L2$에 대해 θ와 λ로 번갈아 1차 미분하여 0으로 놓았을 때의 해를 조합하면 오른쪽 페이지처럼 계산할 수 있습니다.

$$\theta_1 = \frac{n_1}{\Sigma_{i=1}^{3} n i} = 0.333,\ \theta_2 = \frac{n_2}{\Sigma_{i=1}^{3} n i} = 0.222,\ \theta_3 = \frac{n_3}{\Sigma_{i=1}^{3} n i} = 0.444$$

따라서, 위의 해답은 크게 어긋나지 않았다는 것을 알 수 있습니다.

그림으로 보는 핵심 정리 !

제약 조건부 극대화 문제 풀이법

제약 있는 극대화 문제를 해석적으로 풀어보자!

라그랑주 승수법을 사용한다

라그랑주 승수법의 해법

$$\frac{\partial L_2}{\partial \theta_i} = \frac{n_i}{\theta_i} - \lambda = 0 \Longleftrightarrow \theta_i = \frac{n_i}{\lambda} \cdots (1)$$

대입

$$\frac{\partial L_2}{\partial \lambda} = \Sigma_{i=1}^{3} \theta_i - 1 = 0 \Longleftrightarrow \Sigma_{i=1}^{3} \frac{n_i}{\lambda} - 1 = 0 \Longleftrightarrow \lambda = \Sigma_{i=1}^{3} n_i \cdots (2)$$

(2)를 (1)에 대입

$$\theta_i = \frac{n_i}{\Sigma_{k=1}^{3} n_k}$$

원포인트 해설!

제약 조건부 극대화는 이밖에도 문제 설정에 따라서 다양한 해법이 있습니다. 상황에 맞게 적절한 방법을 이용하는 게 중요합니다.

▶04
조합 최적화 (1) 최소 전역 트리

고등학교 수학을 떠올리면 알 수 있듯이, 미분하는 데 중요한 것은 함수가 연속이라는 것입니다. 다시 말해, 지금까지 사용해 온 방법은 미분 가능한 함수를 정의할 수 있는 문제에만 적용할 수 있습니다. 하지만, 조합 등 미분 가능한 함수를 정의하기 어려운 문제를 대상으로 한 최적화 문제도 존재합니다. 이를 **조합 최적화(이산 최적화)**라고 합니다. 여기서는 최소 전역 트리 문제를 통해 조합 최적화를 대략 살펴보겠습니다.

최소 전역 트리 문제란 송전선 설계 등에 응용되는 문제로, 오른쪽 페이지의 표처럼 발전소끼리 연결하는 비용이 주어졌을 때 전체를 연결하는 총비용이 가장 낮아지도록 모든 발전소를 연결하는 방법을 찾는 것입니다. 발전소의 개수는 7이므로 2개의 발전소를 연결하는 방법은 $\frac{7\times6}{2}$ = 21가지가 있습니다. 이 21가지 변 중에서 적절한 6개를 찾아내는 것이 최소 전역 문제입니다(약 5.4만 가지가 됩니다). **조합 최적화의 핵심은 이 약 5.4만 가지를 모두 확인하면 반드시 최적해가 발견된다는 것**입니다. 하지만 이 숫자가 크면 클수록 계산량은 막대하게 증가합니다. 그러므로, 계산량이 적은 해법을 내는 것이 조합 최적화의 포인트입니다.

최소 전역 문제의 경우, 다음과 같이 풀 수 있습니다. 우선 어떤 발전소를 임의로 선택합니다(가령 발전소 A라고 합니다). 그곳에서 가장 가까운 발전소를 선택합니다(이 경우엔 발전소 F입니다). 다음으로 발전소 A와 발전소 F에서 나온 송전선 중, A와 F 이외의 발전소와 연결되는 1 송전선 중 가장 작은 것을 선택합니다(이 경우 발전소 C입니다). 나머지는 이 조작을 반복하면서 차례로 증가해 갑니다. 이 방법을 **프림 알고리즘**이라고 합니다.

그림으로 보는 핵심 정리 !

최소 전역 트리 문제의 최적화 찾는 법

발전소간의 거리

	A	B	C	D	E	F
A	0	11	3	5	1	5
B	11	0	4	5	7	2
C	3	4	0	4	3	4
D	5	5	4	0	7	5
E	6	9	7	3	6	4
F	1	7	3	7	0	11
G	5	2	4	5	11	0

발전소 두 개를 연결하는 방법

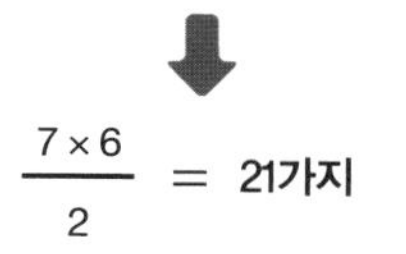

전체를 연결하기 위해서는 여섯 개의 변을 만들 필요가 있다. 약 5.4만 가지 경우에서 최적의 연결법을 찾는다.

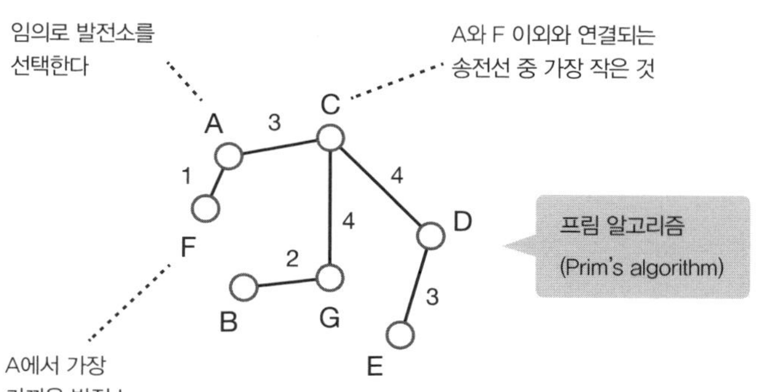

그림으로 배우는 데이터 과학 08

최적화 방법

▶05 조합 최적화 (2) 배낭 문제

배낭 문제(Knapsack problem)란 무게와 가치를 알고 있는 n개의 상품 중 배낭에 담을 수 있는 최대 무게가 K 이하라는 제약을 지키면서도 가치의 합이 최대가 되는 상품 조합을 찾는 문제입니다. 수학적으로는 다음과 같습니다.

$$\max\ \Sigma_i v_i x_i \quad subject\ to\ \Sigma_i w_i x_i \leqq K$$

여기서 v_i는 상품 i의 가치, w_i는 상품 i의 무게, x_i는 0이나 1을 취하는 숫자로 상품 i를 포함하는지를 나타냅니다. 이 문제도 모든 가능성을 시험하면 반드시 최적해를 얻을 수 있습니다. 하지만 모든 가능성은 2^n가지이므로, 가령 n=20이라고 하면 경우의 수는 100만을 넘어갑니다. 그러므로, 배낭 문제는 **동적 계획법(Dynamic Programming)**이라는 방법으로 푸는 것이 일반적입니다. 동적 계획법은 78페이지에서 본 **분할정복법과 마찬가지로 문제를 부분 문제로 나누어 푸는 방법입니다**. 오른쪽 페이지의 예를 이용해서 설명합니다.

m개의 상품 중 총중량 제약이 0, … , K인 제약 아래서 최적해를 선택하는 계산은 m+1 개째의 상품을 선택할지 판정하는 계산에 재이용할 수 있는 성질이 있습니다. 이 점에 주목하여 어떤 상품을 새로 포함할지 말지 평가할 수 있습니다. 무게 j 이하라는 제한으로 i번째까지의 상품에서 조합을 선택했을 때 최대 가치는 오른쪽 페이지의 식(1)의 dp로 계산할 수 있습니다(첫 번째 상품은 비었음을 나타내는 것으로 한다). dp [i, j]의 i를 행, j를 열에 대응시켜 표로 나타낸 것이 [표1]입니다. 식은 복잡하지만, 요컨대 [표1]처럼 **표 형식으로 정보를 관리해서 효율적으로 계산하는 것이 동적 계획법의 핵심입니다**.

동적 계획법을 이용함으로써 전체 $O(2^n)$에서 계산량이 $O(nK)$가 됩니다.

그림으로 보는 핵심 정리 !

동적 계획법을 이용하는 배낭 문제 풀이법

상품	A	B	C	D	E
중량	1	3	2	7	4
가치	3	2	4	6	3

포인트

상품을 포함할 때는 중량만큼 오른쪽 아래로 이동한 칸에 새로 포함할 상품의 가치를 더하고 바로 위 칸과 비교해 큰 쪽을 선택한다.

$$dp[i,j] = \max\{dp[i-1,\ j-w[i]] + v[i], dp[i-1,\ j]\} \qquad \text{식(1)}$$

- 3행 5열(상품세트AB, 중량4)은 3(가치)+2(가치)>3(중량)이므로 상품 B를 더한다.
- 2행 2열(상품세트A, 중량1)에서 A가 선택된 곳에 B를 더함으로써 3행 5열은 AB 양쪽이 선택된다.

화살표는 계산의 흐름을 나타낸다

위에서부터 차례로 포함할지 판정한다

상품 \ 중량	0	1	2	3	4	5	6	7	8	9
비었음	0	0	0	0	0	0	0	0	0	0
A	0	3 A	3 A	3 A	3 A	3 A	3 A	3 A	3 A	3 A
B	0	3 A	3 A	3 A	5 AB	5 AB	5 AB	5 AB	5 AB	5 AB
C	0	3 A	4 C	7 AC	7 AC	7 AC	9 ABC	9 ABC	9 ABC	9 ABC
D	0	3 A	4 C	7 AC	7 AC	7 AC	9 ABC	9 ABC	9 ABC	10 CD
E	0	3 A	4 C	7 AC	7 AC	7 AC	9 ABC	10 ACE	10 ACE	10 ACE

A, C, E라면 중량 7이고 (인 경로)

C, D라면 중량 9이고 10인 가치가 된다(인 경로)

part 3

통계학 · 머신러닝의 기초

총괄_

2부에서는 데이터 과학을 지탱하는 기초 기술을 학습했습니다. '통계 기술 따윈 평균이나 분산만 알아도 충분해. 흥미로운 데이터를 수집하는 게 전부야.' 라는 급진적인 입장에 서있다면 더 공부할 필요가 없을지도 모르지만, 그래서는 너무 활용도가 떨어집니다.

그래서 3부에서는 데이터의 특징을 통계 모델화하는 다양한 방법을 소개합니다. 특히 '컴퓨팅 기술을 활용한 통계학'이라고 불리는 머신러닝의 기본을 살펴봄으로써, 통계 모델을 작성할 때의 힌트를 배울 수 있습니다.

머신러닝 자체도 매우 광범위한 분야이지만, 여기서는 주로 (1) 예측 정밀도가 높은 모델을 만들기 위해선 어떻게 하면 좋을까? (2) 학습한 모델에서 무엇을 읽어낼 수 있는가 하는 두 가지 질문을 축으로 설명을 진행합니다.

9장_ 머신러닝 기초

머신러닝이란 학습 시나리오(문제 설정)를 컴퓨터에 주고, 문제를 풀도록 기계를 훈련하는 방법이라고 할 수 있습니다.

이 장에서는 우선 머신러닝이란 무엇인지 간단히 설명합니다. 머신러닝의 기본이 되는 3가지 학습 시나리오(지도학습, 비지도학습, 준지도학습)의 설명부터 시작해, 애초에 왜 통계 모델을 구축하고 싶은지 등 근본적인 부분부터 설명해 갑니다.

다음으로 머신러닝에서 중요한 일반화 성능을 언급하고, 왜 학습 데이터와 테스트 데이터가 나뉘는가, 어떤 종류의 모델이 있는가, 어떻게 학습해야 하는가 등 지도학습의 기본적인 사항을 간단히 설명합니다.

10장_ 과적합과 모델 선택

머신러닝에서는 일반적으로 학습 능력(캐퍼시티)이 높은 모델을 다루는 경우가 많습니다. 그런 모델은 성능이 좋아서 자신도 모르게 자주 사용하기 십상이지만, 데이터 수가 적을 때 그런 복잡한 모델을 사용하면, 간단한 모델보다 예측 정밀도가 나빠지는 상황에 종종 빠집니다. 언뜻 봐선 잘 이해되지 않는 이런 상황을 일으키는 원인은 과적합(overfitting)입니다.

단적으로 말하자면, 과적합이란 모델이 노이즈를 포함해 데이터를 학습하는 것으로, 편향–분산 트레이드오프(Bias–variance tradeoff)라는 사고방식을 이해하면 그 본질을 잘 알 수 있습니다. 그러므로 이 책에서도 편향–분산 트레이드오프를 통해 설명해 갑니다. 편향–분산 트레이드오프를 이해함으로써 그냥 아무렇게나 고도의 모델을 적용하면 되는 게 아니라는 사실을 알면 충분합니다.

11장_ 회귀 문제와 주택가격

10장까지의 설명을 바탕으로 2011년 미국 주택 가격 데이터를 지도학습 문제로써 실제로 분석해 봅시다.

일차분석과 선형회귀 등의 소박한 통찰과 간단한 모델부터 시작해, 다양한 모델 적용함으로써 어느 정도 예측 정밀도가 개선되는지 살펴봅니다. 또 각 모델의 장단점, 기억해 두면 좋을 토막 지식도 함께 설명합니다. 이를 통해 같은 데이터라도 모델에 따라, 예측 정밀도나 얻을 수 있는 통찰이 달라지는 모습을 실감할 수 있습니다.

12장_ 앙상블 학습과 주택가격

12장에서 소개할 앙상블 학습이란 추정이 간단해서 그다지 성능이 나오지 않는 모델을 잘 조합함으로써 강력한 성능을 끌어내는 기법입니다. 데이터 과학 경진대회 등에서도 많이 이용되는 기법이므로, 잘 이용하면 독자 여러분도 상금을 획득할 수 있게 될지도 모릅니다.

13장_ 분류 문제

이제까지 한 설명은 모두 목표변수가 실수인 회귀 문제를 대상으로 했습니다. 하지만, 도착한 메일이 스팸인지 판정하는 것처럼 목표변수가 바이너리 등 몇 가지 정해진 분류로 되는 경우도 많습니다. 이런 문제를 분류 문제라고 부르고, 데이터 과학자라면 다양한 상황에서 만나게 됩니다.

시각적으로 이해하기 쉽게 하고자 이진 분류 문제에 초점을 맞췄지만, 이 장에서는 11장에서 본 선형회귀 모델의 확장인 로지스틱 회귀부터 시작해, 선형 서포트 벡터 머신, 서포트 벡터 머신으로 설명해 갑니다. 서포트 벡터 머신은 인기 있는 방법이므로 기억해 둬서 손해 볼 일은 없습니다.

14장_ 비지도 학습

비지도 학습(Unsupervised Learning)의 기본으로 우선 K-평균법과 계층적 클러스터링을 살펴봅시다. 양쪽 다 같은 2차원 문제를 대상으로 하므로, 시각적으로 파악하기 쉬울 거라고 생각합니다. 다음으로 주성분 분석과 특잇값 분해를 설명합니다. 주성분 분석은 단순한 선형 분석에 지나지 않음에도 불구하고 매우 강력한 기법으로, 복잡한 데이터라도 잘 분해할 수 있습니다. 처음에 2차원 문제를 통해 설명하고, 다음으로 같은 문제를 수학을 통해 설명합니다. 조금 어려울 거라고 생각하지만, 주성분 분석과 특잇값 분해가 수학적으로 닮은 문제를 푼다는 것을 알면 그걸로 충분합니다.

실제 사례가 없으면 재미없을 것 같아, 14장 끝에서는 실제 주가 데이터를 분석함으로써 특잇값 분해의 유용성을 살펴봅니다. 주가 데이터 분석을 통해, 비교적 간단한 행렬분해 기법으로도 비교적 명확한 통찰을 얻을 수 있다는 것을 실감할 수 있을 것입니다.

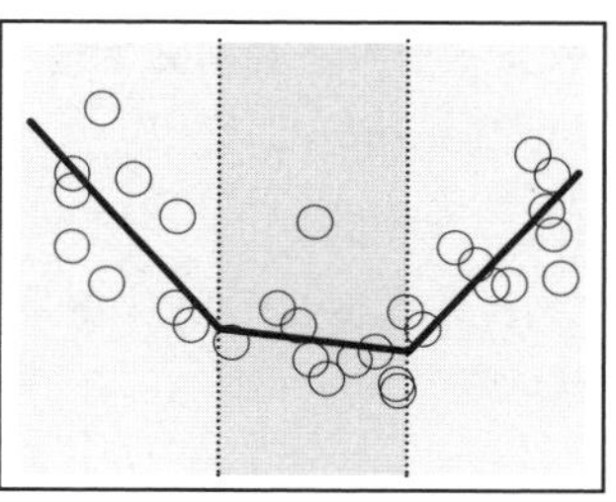

Part 1 Part 2 Part 3 Part 4 Part 5

그림으로 배우는 데이터 과학 09

머신러닝의 기본

▶01 머신러닝이란

머신러닝이란 한마디로 말하면 컴퓨터 과학에서 컴퓨터를 적극적으로 이용한 통계학을 말합니다. 통계학과 중복되는 부분도 있지만, 컴퓨팅에 중점을 둔 기법이나 정보 이론에 뿌리박은 기법 등 다른 전개를 보이는 부분도 많습니다.

머신러닝에서는 **문제 설정을 학습 시나리오**라고 부릅니다. 학습 시나리오에는 크게 나눠 **지도 학습**과 **비지도 학습**이 있습니다.

지도 학습에서는 입력 데이터와 출력 데이터가 세트로 되어 있는 데이터를 다룹니다. 주택 가격을 방의 개수, 대지 면적, 주택환경지수 등의 특징량을 이용해 회귀 모델(통계적 기법으로 추계한 식)로 예측하는 문제가 그 한 예입니다. 지도 학습에 포함되는 태스크로는 회귀, 분류, 랭킹 등이 있습니다.

비지도 학습이란 입력 데이터만 주어진 상황을 가리킵니다. GPS를 통해 수집된 어떤 사용자의 앱의 실행 기록을 위도와 경도로 수집한 데이터를 생각해 봅시다. 오른쪽 페이지에서 볼 수 있듯이 복수의 중심점으로 밀집하여 실행 기록이 남았습니다.

이런 데이터를 이용해서 그 중심점을 찾는 문제가 비지도 학습의 예입니다. 비지도 학습에 포함되는 태스크로는 클러스터링, 차원삭감, 행렬보완, 다양체학습 등이 있습니다.

그 양쪽 측면을 포함하는 **준지도 학습**이라는 것도 있습니다. 준지도 학습이란 일부 데이터에는 출력 데이터가 있지만, 나머지는 출력 데이터가 없는 상황을 가리킵니다. 예를 들어, SNS 등에서 수집된 우호 관계 네트워크와 일부 성별이 판명된 데이터 세트가 있는 경우입니다. 이런 경우 우호 관계 네트워크를 활용해, 나머지 사람의 성별을 예측할 수 있습니다.

그림으로 보는 핵심 정리 !

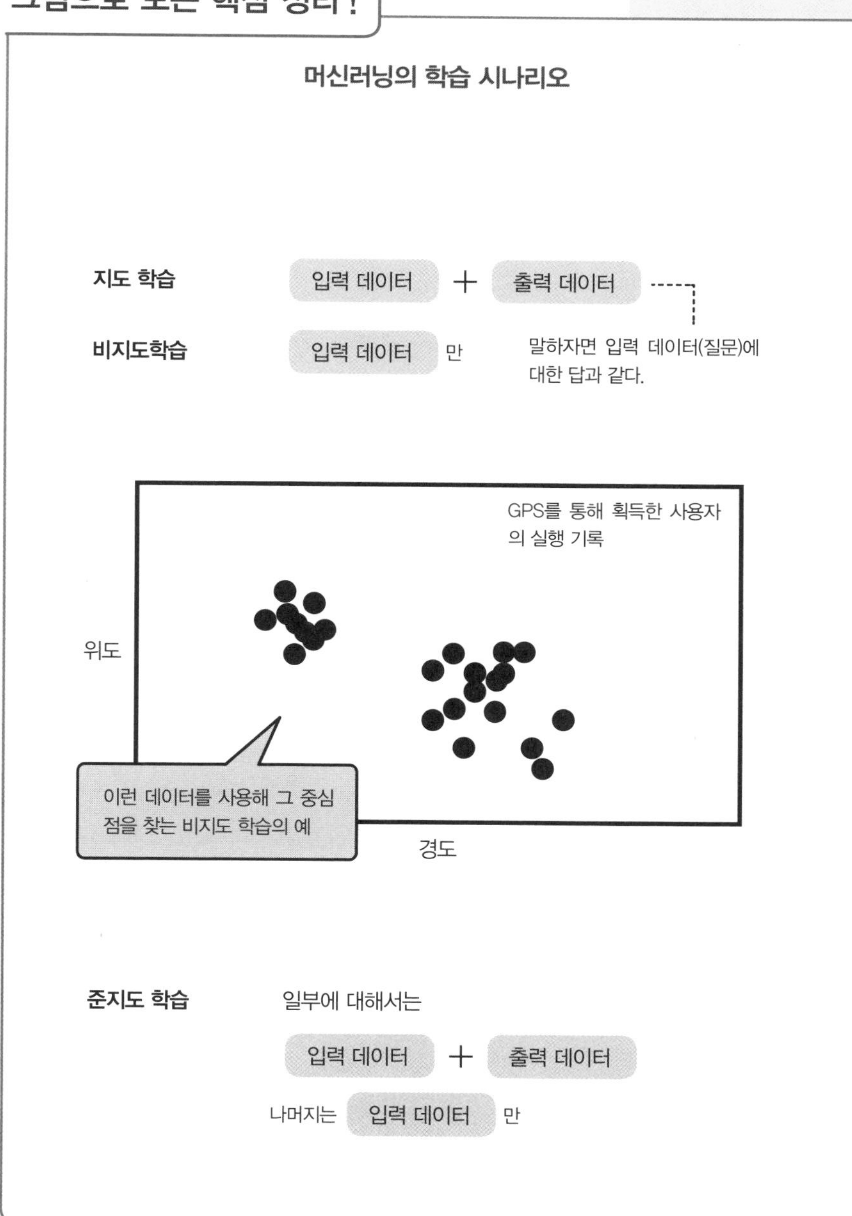
머신러닝의 학습 시나리오
지도 학습
입력 데이터
+
출력 데이터
비지도학습
입력 데이터
만
말하자면 입력 데이터(질문)에 대한 답과 같다.
GPS를 통해 획득한 사용자의 실행 기록
위도
경도
이런 데이터를 사용해 그 중심점을 찾는 비지도 학습의 예
준지도 학습
일부에 대해서는
입력 데이터
+
출력 데이터
나머지는
입력 데이터
만

그림으로 배우는 데이터 과학 09

머신러닝의 기본

▶02 지도 학습

우선 기본적인 회귀 문제를 살펴보는 것부터 시작합니다. 예를 들어, 주택 가격을 예측하고 싶다고 합시다. 우리에게 주어진 **특징량**(통계학에서는 설명 변수라고도 합니다)은 방의 개수, 대지 면적, 주택환경지수입니다. 주택 가격을 Y, 특징량을 X로 표현하겠습니다.

수학적으로 이 문제는 다음과 같이 쓸 수 있습니다.

$$Y = f(X) + \epsilon \qquad (식1)$$

여기서 f는 Y와 X를 연결하는 함수, ε(엡실론)은 오차항(X와는 관계 없는 랜덤 노이즈)을 나타냅니다. **지도 학습의 목적은 이 f를 추정하는 것**입니다.

왜 f를 추정하고 싶은 걸까요? 우선 f를 추정함으로써 **예측할 수 있게** 됩니다. 처음에 주어진 데이터(**학습 데이터**)를 이용해 추정한 f_{est}(est는 추정 함수를 나타내는 첨자입니다)를 바탕으로 주택 가격이 불분명한 주거에 대해 예측할 수 있게 됩니다.

이런 사실이 부동산을 감정하는 관점에서 중요하다는 것은 말할 나위도 없습니다. 가령, 어떤 구조로 가격이 정해지는지 분석자가 전혀 몰라도 예측 정밀도만 좋으면 되는 경우도 있습니다. 그래서 머신러닝의 일부 기법에서는 해석 가능성을 희생해서 예측 정밀도를 높이는 것이 중시됩니다.

f를 추정하는 다른 이유는 **데이터 해석**입니다. 만약 f가 **선형회귀**처럼 아주 이해하기 쉬운 모델이라면 상관관계를 분석하기도 쉽습니다. 또한 선형회귀의 경우, 계수를 보기만 해도 각 변수가 양의 상관을 가지는지 음의 상관을 가지는지도 한눈에 알 수 있습니다. 모델에 따라서는 예를 들어 '주택환경지수가 어느 정도 이상이면 건축 연도가 오래돼도 비싸다' 등 복수의 변수가 만들어 내는 상관관계도 검출할 수 있습니다.

그림으로 보는 핵심 정리 !

지도 학습의 목적

회귀 문제 → 지도 학습

출력 데이터와 입력 데이터를 연결하는 함수를 학습하면
(1) 예측할 수 있게 된다
(2) 데이터를 해석할 수 있게 된다

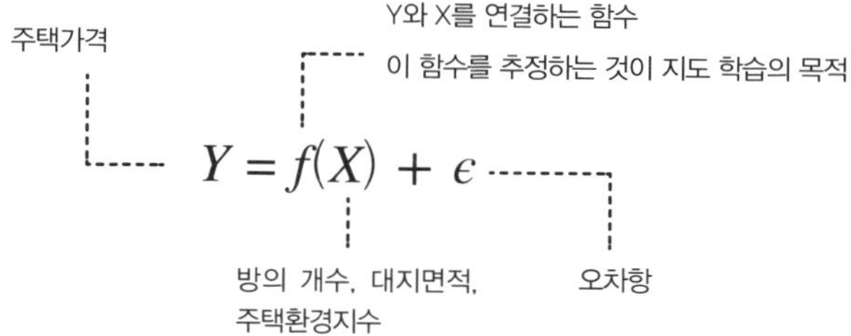

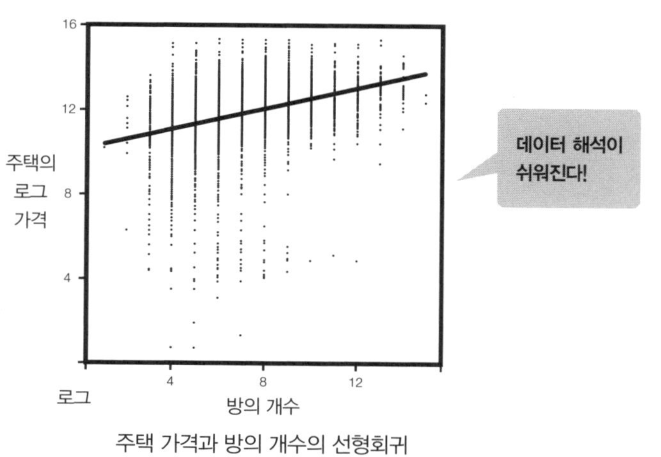

주택 가격과 방의 개수의 선형회귀

Part 1 Part 2 Part 3 Part 4 Part 5

그림으로 배우는 데이터 과학 09

머신러닝의 기본

▶03 훈련 오차 · 테스트 오차

머신러닝에서 중요해지는 것이 **일반화 성능**입니다. 예를 들어, 슈퍼에 배치된 로봇이 과거 고객의 구매 정보를 분석해서 어떤 패턴을 발견했다고 합시다. 그 패턴에 기반한 예측의 유용성을 측정하려면 어떻게 하는 게 좋을까요?

패턴을 발견한 동일한 과거 데이터를 이용해서 유용성을 측정해야 할까요? 그렇지 않으면, 학습할 때는 없던 미래의 데이터를 이용해서 검증해야 할까요? 과거 데이터에서 발견한 패턴을 같은 데이터로 검증하면, 당연히 잘 될 거라는 건 누구나 상상할 수 있습니다. 극단적으로 과거 데이터 자체를 기억하면, 과거 데이터 범위에서는 완전하게 예측할 수 있습니다. 그러므로 학습에 사용하지 않은 데이터로 검증하는 것이 일반적입니다. 이처럼 **추정 시에는 사용하지 않았던 데이터로 측정한 성능이 일반화 성능**입니다.

머신러닝에서는 데이터를 **학습 데이터와 시험 데이터로 구별**하는 것이 일반적입니다. 물론 데이터를 입수할 때 그렇게 구별된 경우는 거의 없으므로, 분석자가 타당한 형태로 구별해서 의사적으로 시험 데이터를 작성합니다. 데이터를 생성한 배후 모델이 항상 같다고 여겨지면 학습 데이터와 시험 데이터를 랜덤하게 원하는 비율로 나누는 방법을 생각해 볼 수 있습니다. 시점 정보를 포함해 각 레코드를 생성한 배후 모델이 시점에 따라 변화하는 것이 전제라면 과거 데이터와 미래 데이터로 나누는 것이 타당합니다.

이처럼 학습 데이터와 시험 데이터를 나누는 이유는 10장에서 설명할 **과적합**(overfitting)과 많은 관련이 있습니다. 또 이 책 후반에서 살펴볼 복잡한 모델을 학습할 때는 학습 데이터를 다시 학습 데이터와 검증 데이터로 나누기도 합니다.

그림으로 보는 핵심 정리 !

일반화 성능 측정 방법

어떤 데이터에서 발견한 패턴(규칙성)이
그 데이터로 잘 맞는 건 당연하다

미지의 데이터로

잘 맞는지 검증한다

모델의 일반화 성능을 측정한다

시험 데이터(추정할 때 사용하지 않은 미지의 데이터)에 잘 들어맞는가?

그림으로 배우는 데이터 과학 09

머신러닝의 기본

▶04 모수적 모델과 비모수적 모델

114페이지에서 살펴본 함수 f를 어떻게 모델링하면 좋을까요? f에 생각할 수 있는 모델은 크게 **모수적 모델(parametric)**과 **비모수적 모델(Non-parametric)** 두 가지로 나눌 수 있습니다. 모수적 모델이란 수식을 이용해, 명시적으로 함수를 정의한 모델을 가리킵니다. 예를 들면 다음 선형회귀 모델 등은 모수적 모델의 좋은 예입니다.

$$f(X)=\beta_0+\beta_1X_1+\beta_2X_2+\beta_2X_2+\cdots+\beta_pX_p$$

물론 선형성에 구애될 필요 없이, 다음과 같이 비선형으로 할 수도 있습니다.

$$f(X)=\beta_0+\beta_1\sqrt{X_1}+\beta_2X_1X_2+\beta_3X_2$$

모수적 모델의 장점은 일반적으로 비모수적 모델보다 안정적으로 적합하는 데 필요한 데이터양이 비교적 적고 모델을 추정하기가 쉬운 점입니다. 또 과학 이론 등에 기반해서 모델을 정한 경우는 계수 자체에 해석할 수 있는 의미가 부여되는 일이 많아, 그런 경우에는 해석 가능성이 매우 높아집니다. 이는 계수가 단순한 수치가 아니라, 배경 이론 속에서 의미를 갖게 되기 때문입니다.

반면에 f의 **함수형에 대해 명시적인 가정을 두지 않는 모델을 비모수적 모델**이라고 부릅니다. 비모수적 모델은 데이터에 맞추는 형태로 모델을 구성하므로 실제 모델에 가까울 가능성이 높다는 보증이 있습니다. 하지만 모수적 모델보다 안정적으로 모델을 추정하는 데 필요한 데이터양은 많아집니다. 또 방법에 따라서는 모델을 추정하기도 결코 쉽지 않습니다.

그림으로 보는 핵심 정리 !

모수적 모델과 비모수적 모델의 장단점

모수적 모델

모델을 수식으로 명시

장점

- 안정적으로 추정하는 데 필요한 데이터가 비교적 적다
- 모델 추정도 간단하다
- 해석 가능성이 높은 경우가 많다

단점

- 모델 가정이 나쁘면, 체계적으로 예측을 벗어나게 된다

비모수적 모델

데이터에 맞춰 모델을 구축

장점

- 실제 모델에 가까운 형태로 모델을 구성할 수 있다

단점

- 안정적으로 추정하는 데 필요한 데이터가 비교적 많다
- 모델 추정이 어려운 경우가 많다
- 해석 가능성이 희생되기도 한다

▶05 추정법

모델 f를 어떻게 추정하면 좋을까요? 예측이 목적이라면 시험 데이터의 손실(모델 예측과 데이터 사이의 괴리)을 최소화하는 모델이 가장 좋은 모델이 됩니다. 예를 들어, 야구 선수의 연봉 추정에서는 금액과 그 예측값의 **평균제곱오차(아래에서 정의)로 그 손실을 측정하는 것**이 좋겠지요.

$$MSE_{test} = \frac{1}{|test|} \Sigma_{i \in test} (y_i - \hat{f}(x_i))^2$$

물론 이 양은 시험 데이터에 연봉 데이터가 없으므로, 학습 시에는 평가할 수 없습니다. 그래서 학습 데이터로 같은 것을 계산해 이를 최소화함으로써 모델을 추정합니다.

$$MSE_{train} = \frac{1}{|train|} \Sigma_{i \in train} (y_i - \hat{f}(x_i))^2$$

여기서 중요한 점이 2가지 있습니다. 첫 번째로 **학습 데이터와 시험 데이터가 같은 성질**을 가진(데이터를 생성한 배후 모델이 같다) 데이터가 아니면 아무리 학습 데이터로 손실을 최소화해도 시험 데이터상에서는 도움이 되지 않습니다.

두 번째로 모델 f가 지나치게 유연하면, 학습 데이터에 과잉 적합해 버려, **과적합(overfitting)으로 불리는 상태가 발생**합니다. 과적합이란 모델이 오차항(재현성이 없는 완전히 랜덤한 부분)을 재현하려고 하는 상황입니다. 114페이지의 식 (1)처럼 회귀 문제에서 데이터는 결정적인 함수와 재현성이 없는 오차항(노이즈)의 합으로 생성된다고 생각합니다. 모델이 재현하려는 것은 전자인 일반화할 수 있는 함수 부분이고, 노이즈를 학습해도 아무 의미도 없습니다. 이 과적합 개념은 매우 중요하므로 다음 장에서 설명하겠습니다.

그림으로 보는 핵심 정리 !

모델 추정 방법과 주의점

모델의 예측과 데이터 사이의 괴리

모델은 손실 함수를 최소화 하거나

우도(176페이지)를 최대화해서 추정한다

모델이 데이터에 어느 정도
들어맞는지 나타내는 지수

주의점1 학습 데이터와 시험 데이터는 데이터를 생성한 배후 모델이 같지 않으면 일반화 성능은 나오기 힘들다

예 야구 선수 연봉 예측을 하고 싶은데, 축구 선수 연봉으로 학습한 모델로 예측한다.

주의점2 모델이 너무 유연하면 과적합을 일으킨다

예 과거 판매 패턴 전부를 학습해 버린 모델. 데이터 자체를 학습해도 새로운 데이터에는 대응할 수 없다.

그림으로 배우는 데이터 과학 10

과적합과 모델 선택

▶ 01 기댓값과 분산

여기서는 10장을 이해하는 데 필요한 수학 이론을 가볍게 설명합니다. 주사위를 한 번 던지는 문제를 생각해 봅시다. 주사위이므로 나오는 눈은 1부터 6까지의 정수입니다. 주사위를 한 번 던진 결과로 나오는 눈을 확률변수 X로 표현해 봅시다. 그렇게 하면, 예를 들어 주사위에서 4가 나올 확률은 다음처럼 표현됩니다.

$$P(X=4)=\frac{1}{6}$$

확률변수의 기댓값(평균값)은 다음처럼 정의됩니다.

$$E[X]=\Sigma_{i=1}^{n} P(X=x_i)x_i$$

주사위의 예에서는 $\frac{1}{6}+\frac{2}{6}+\frac{3}{6}+\frac{4}{6}+\frac{5}{6}+\frac{6}{6}=\frac{7}{2}$ 확률로 가중치를 준 주사위 눈의 평균값이라는 점을 알 수 있습니다. **분산**은 확률변수의 값이 어느 정도 퍼져 있는지 나타내는 것으로, 다음처럼 정의됩니다.

$$Var[X]=E[(X-E[X])^2]=E[X^2]-(E[X])^2$$

평균이나 분산은 주사위의 예처럼 이산변수(서로 분리된 정해진 단위의 값만 갖는 변수)가 아니라, 연속변수로도 정의할 수 있습니다. 예를 들면, 어떤 점을 최빈값으로 생기는 확률이 양방향으로 지수적으로 감소해가는 **정규분포**가 있다고 합시다.

$$P(X=x)=\frac{1}{\sqrt{2\pi\sigma^2}}\exp\left(-\frac{(x-\mu)^2}{2\sigma^2}\right)$$

위 식과 달리 계산에는 적분이 필요하지만, 기댓값은 μ(뮤), 분산 σ^2(시그마)이 되는 것을 알 수 있습니다.

그림으로 보는 핵심 정리 !

기댓값과 분산, 정규분포의 예

기댓값 → 확률변수가 취하는 값을 확률로 가중치를 둔 평균값

분산 → 확률변수가 취하는 값이 어느 정도 퍼져 있는지 나타낸 것

정규 분포의 예

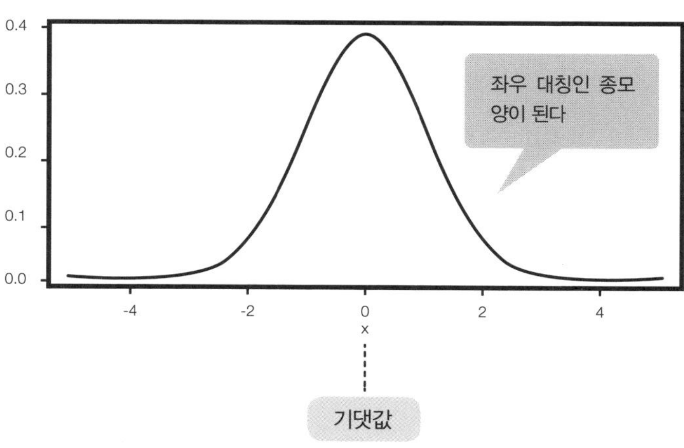

▶02 배리언스

회귀 문제를 낳는 **실제 함수**를 f_{true}라고 표시합시다. 이 함수는 신만이 아는 함수지만, 여기서는 설명을 위해서 판명된 것으로 합니다. 학습 데이터는 다음 식으로 생성됩니다.

$$y = f_{true}(x) + \varepsilon$$

실제 함수 f_{true}는 알 수 없으므로, 추정한 모델 f_{est}를 사용해 다음 식으로 예측합니다.

$$y_{est} = f_{est}(x)$$

여기서 중요한 것은 추정 모델 f_{est}는 학습 데이터를 생성한 실제 함수가 공통이라고 해도, 노이즈(위 식의 ε)에 따라서 매번 같아진다고 할 수만은 없다는 점입니다. 다시 말해, f_{est}도 확률변수가 됩니다. 만일 f_{true}는 3차원 다항식(x^3, x^2, x, 1을 이용하여 만들어지는 함수), ε는 평균 0, 표준편차 1인 정규분포를 따른다고 합시다.

$$f_{true} = 0.000028x^3 + 0.0037x^2 - 0.07x + 4.5, \varepsilon \sim N(0,1)$$

또한 f_{est}를 20차원 다항식이라고 하고 100개의 학습 데이터를 바탕으로 추정했다고 합시다.

$$f_{est} = \Sigma_{i=0}^{20} \hat{\beta}_i x^i$$

만일 랜덤하게 몇 개의 학습 데이터를 손에 넣었다고 하면, 학습 데이터를 생성한 실제 함수 f_{true}가 공통이라도 각 데이터의 세부 모양은 노이즈의 영향으로 달라집니다. 이 노이즈의 영향으로 데이터에 의해 추정되는 f_{est}도 흩어집니다. 이 **흩어진 정도를 평가**하기 위해 어떤 점 x_0에서의 $f_{est}(x_0)$으로 학습 데이터간의 분산을 계산합니다. 이를 **배리언스(Variance)**라고 하고 다음과 같이 기술합니다.

$$Var[f_{est}(x_0)]$$

그림으로 보는 핵심 정리 !

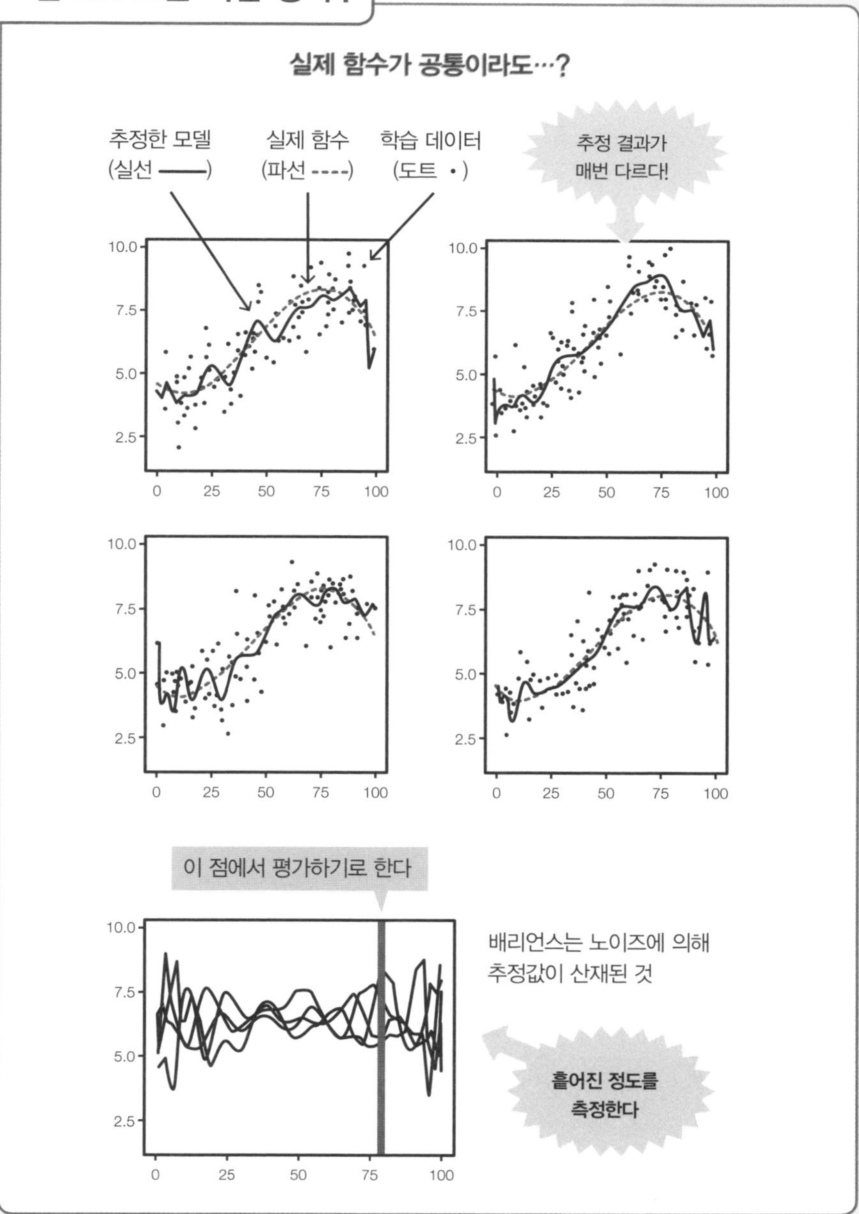

실제 함수가 공통이라도…?
추정한 모델
(실선 ——)
실제 함수
(파선 ----)
학습 데이터
(도트 •)
추정 결과가
매번 다르다!
10.0
7.5
5.0
2.5
0
25
50
75
100
이 점에서 평가하기로 한다
배리언스는 노이즈에 의해
추정값이 산재된 것
흩어진 정도를
측정한다

▸03 편향-분산 분해

과적합을 이해할 때 **편향-분산 분해**는 중요한 역할을 합니다. 상세한 수학적 도출 과정은 생략하지만, **어떤 평가점 x_0에 대해 시험 데이터 상의 기대 평균제곱오차는 반드시 다음 3가지: f_{est}의 편향의 제곱, f_{est}의 배리언스, 오차항의 분산으로 분해할 수 있습니다.**

$$E[(y_0-f_{est}(x_0))^2]=(f_{true}(x_0)-E[f_{est}(x_0)])^2 + Var[f_{est}(x_0)]+Var[\varepsilon]$$

이것을 **편향-분산(바이어스-배리언스) 분해**라고 부릅니다.

우선 1항은 실제 함수와 추정에 사용하는 **함수의 차이를 제곱오차로 수치화**한 편향입니다. f_{est}가 f_{true}를 표현하는 데 유연성이 결여된 함수라면 아무리 고생해서 모델을 학습해도 이 부분은 양수가 됩니다. 반대로 f_{est}가 비모수적이고 유연한 방법인 경우는 기본적으로 편향이 0에 가까워집니다.

다음으로 2항은 앞 절에서 본 **배리언스**입니다. 실은 배리언스는 f_{est}가 유연해질수록 높아집니다. 앞 절에서 본 다항식 모델의 차수에 대한 배리언스를 기록한 것이 오른쪽 페이지 아래 그림입니다. 차수가 높아지면, 다시 말해 유연한 함수가 되면 될수록 배리언스가 높아지는 것을 알 수 있습니다.

3항은 **랜덤 노이즈의 분산**입니다. 이 부분은 모델 f_{est}와는 관계없이 존재하며, 어떤 추정 기법을 써도 줄일 수 없습니다. 반대로 1항과 2항도 양수인 점에서도 알 수 있듯이 3항은 시험 데이터상의 기대 평균 제곱 오차의 하한값이 되어 있습니다.

그림으로 보는 핵심 정리 !

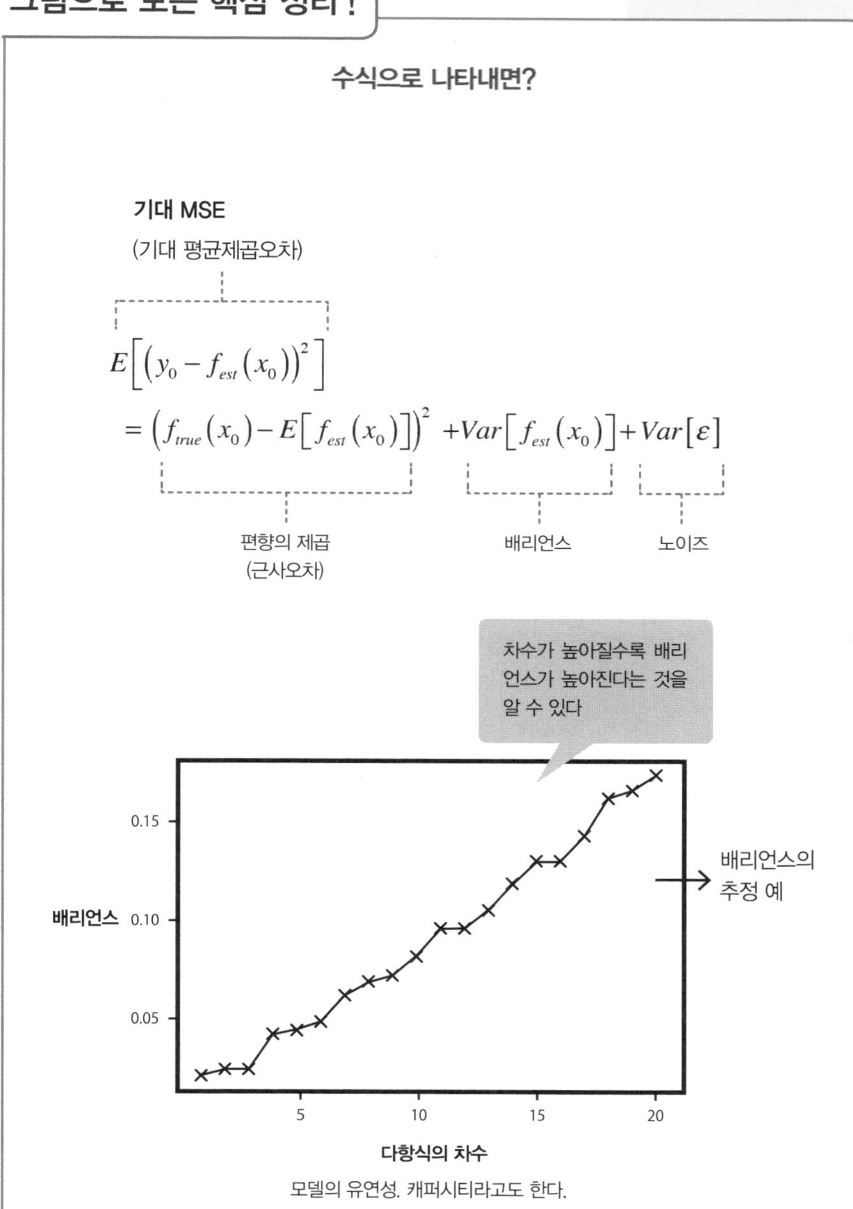

모델의 유연성. 캐퍼시티라고도 한다.

그림으로 배우는 데이터 과학 10

과적합과 모델 선택

04 편향-분산 트레이드오프

편향-분산(바이어스-배리언스) 트레이드오프란 f_{est}의 유연성(캐퍼시티)을 높여 근사오차를 낮추려고 할수록 배리언스가 상승하는 상관관계를 가리킵니다. 앞 절에서 사용한 다항식 모델로 이 관계를 살펴봅시다. 다항식 모델은 모수적이지만, 비모수적으로도 기본은 같습니다.

오른쪽 페이지 [그림1]은 **차수별 편향의 제곱**을 나타냈습니다. 이 경우는 실제 모델이 차수가 3인 다항식이므로, 차수는 3 이상이고 편향은 0에 가까운 것을 알 수 있습니다. [그림2]는 **차수별 배리언스**를 나타냈습니다. 차수가 커짐에 따라 그래프가 우상향하는 모습을 알 수 있습니다. 이 두 개의 항에 데이터가 포함하는 노이즈의 분산을 더하면 **기대 시험 평균제곱오차와 일치**한다는 것이 앞 절에서 소개한 편향-분산 분해의 의미입니다. 이 예제에서는 예상대로 실제 모델과 같은 차수를 가진 차수가 3인 모델이 가장 기대 제곱오차가 낮은 모델입니다.

여기서 다룬 예제는 인위적으로 작성한 것이라서 편향, 배리언스, 노이즈 분산에 이르기까지 모두 추정할 수 있었지만, 이는 현실 문제에서는 일반적으로 불가능합니다. 하지만 편향-분산 트레이드오프가 주는 교훈은 보편적이고 매우 중요합니다. 이 책에서는 11장 이후로 다양한 고급 비모수적 기법을 소개합니다. 이런 모델은 자주 이용하게 되지만, 만약 정말 실제 함수 f_{true}가 아주 간단한 함수인 경우(예를 들어 선형 모델), 단순한 모델 쪽이 배리언스가 낮은 만큼 예측 정밀도에서 뛰어납니다. 이런 경향은 데이터양이 적을 때 한층 두드러집니다. 그러므로 일반적으로 모델을 구성할 때는 **간단한 모델부터 시도하는 것이 정석**입니다.

그림으로 보는 핵심 정리 !

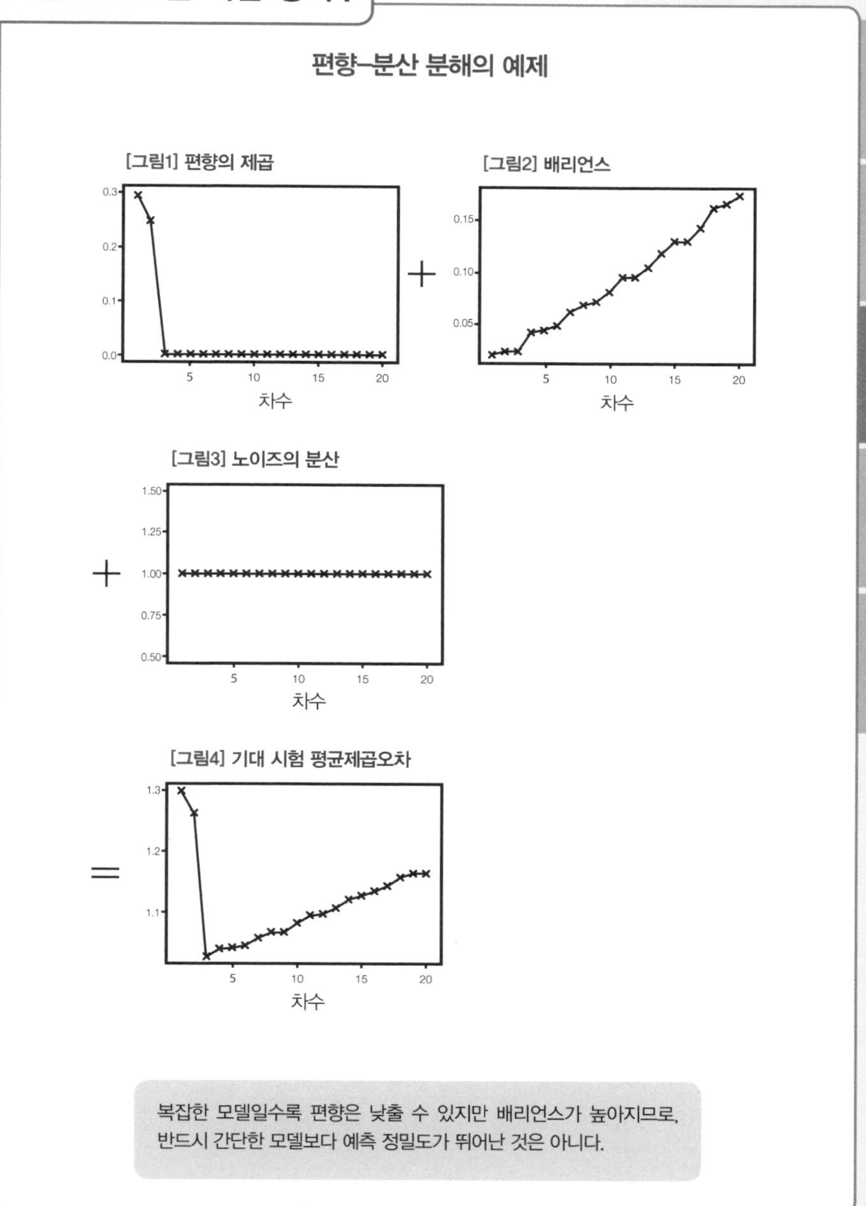

편향–분산 분해의 예제
[그림1] 편향의 제곱
0.3
0.2
0.1
0.0
5
10
15
20
차수
+
[그림2] 배리언스
0.15
0.10
0.05
5
10
15
20
차수
+
[그림3] 노이즈의 분산
1.50
1.25
1.00
0.75
0.50
5
10
15
20
차수
=
[그림4] 기대 시험 평균제곱오차
1.3
1.2
1.1
5
10
15
20
차수
복잡한 모델일수록 편향은 낮출 수 있지만 배리언스가 높아지므로,
반드시 간단한 모델보다 예측 정밀도가 뛰어난 것은 아니다.

▶05 교차검증법

지금까지의 논의는 모두 실제 함수를 알고 있고, 시험 데이터도 간단히 생성할 수 있는 상황을 가정한 것이었습니다. 하지만, 현실적으로 데이터를 분석할 때 실제 시험 데이터를 가지고 있는 경우는 드뭅니다. 그렇다면 어떻게 최적의 모델을 선택하면 좋을까요? 설명을 쉽게 하기 위해, 여기서는 조금 전 다항식 모델에서 차수 선택에 초점을 맞춥니다.

116페이지에서 본 것처럼 시험 데이터를 구할 수 없는 경우, 의사적으로 학습 데이터와 시험 데이터를 나누는 게 일반적입니다. 이 발상을 단순하게 확장해서 우선 N개의 데이터를 K 분할하고 (K−1)개의 데이터를 학습 데이터로 취급해 모델을 추정합니다. 다음으로 여기서 얻어진 모델을 이용해, 나머지 하나를 시험 데이터로 간주하고 평균오차를 측정합니다. 이 과정을 K번 반복해 **평균오차의 평균값**을 취하면 시험 오류의 근삿값을 계산할 수 있습니다. 이 방법을 **교차검증법**(Cross Validation)이라고 합니다.

이 방법은 언뜻 간단해 보이지만, 매우 효과적인 방법입니다. 예를 들어, 통계학을 공부했다면, 수정 R^2나 아카이케 정보량기준(AIC) 등 다양한 모델 선택 기준을 학습한 적이 있을지도 모릅니다. 그런 방법은 선형 모델일 때만 사용할 수 있는 등 범용성에 결점을 안고 있습니다. 반면에 교차검증법은 **학습할 때와 시험할 때 데이터를 생성하는 배후 모델이 같다고 가정할 수 있으면 어떤 상황에서도 사용할 수 있습니다.**

참고로 앞에 나온 다항식 모델의 차수 선택에서 10분할한 교차검증법을 10회 수행한 경우의 결과를 오른쪽 페이지에 실어두었습니다. 보면 알 수 있듯이 차수 3일 때 가장 오류가 적어집니다.

그림으로 보는 핵심 정리 !

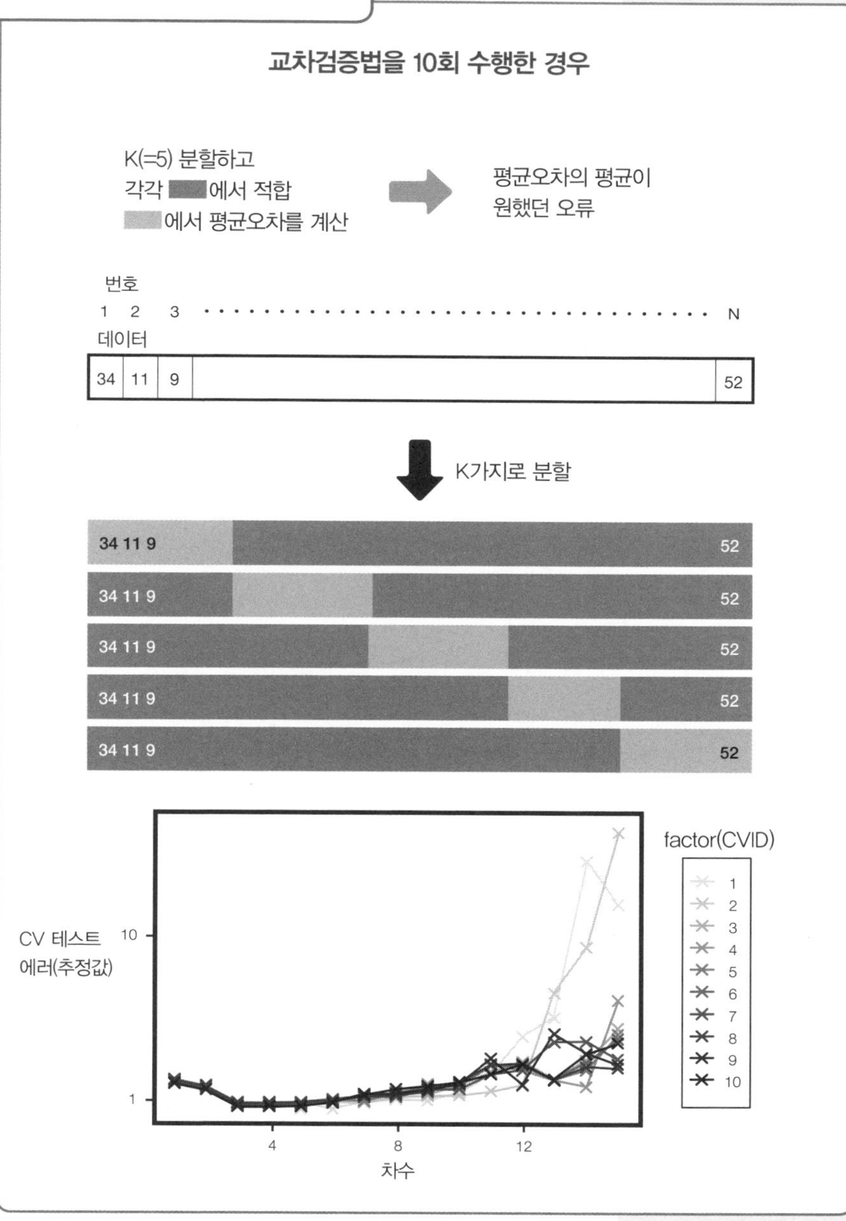

교차검증법을 10회 수행한 경우
K(=5) 분할하고
각각 에서 적합
에서 평균오차를 계산
평균오차의 평균이
원했던 오류
번호
1 2 3 N
데이터
34 11 9 52
K가지로 분할
34 11 9 52
34 11 9 52
34 11 9 52
34 11 9 52
34 11 9 52
CV 테스트
에러(추정값)
10
1
4
8
12
차수
factor(CVID)
1
2
3
4
5
6
7
8
9
10

그림으로 배우는 데이터 과학 11

회귀 문제와 주택가격

▶01 일차분석과 시각화

여기서는 다음 절 이후에서도 사용할 2011년 미국 주택가격 데이터를 준비해, 일차 분석의 간단한 예를 살펴봅시다.

미국 주택가격 데이터는 미국 전역의 주택가격(약 5만 건)과 그와 관련된 특징량 150가지 정도를 모은 것입니다. 처음 데이터를 입수하면, 결손값이나 특잇값의 유무와 동시에 변수 종류나 스케일을 파악하는 것이 정석입니다. 이번처럼 특징량이 많은 데이터의 경우, Pandas(62페이지)에서는 describe 함수를 이용하여 평균, 표준편차, 최솟값, 25, 50, 74 분위수점 등 변수의 기본적인 통계량을 확인할 수 있습니다. 이 데이터는 카테고리 변수가 많으므로 평균이나 표준편차는 의미가 없지만, 표와 같이 수치 변수에 대해서는 유효하게 기능합니다.

데이터 내의 수치 변수를 몇 개 살펴봅시다. LOGVALUE(주택가격의 로그값), BUILT(건축 연도), LOT(토지면적), UNITSF(주택면적), CLIMB(층수)라는 다섯 개의 히스토그램과 산포도를 그린 것이 오른쪽 페이지입니다(변수의 의미는 오른쪽 페이지③에서도 확인할 수 있습니다). 우선 첫 번째 행의 세로축은 주택가격을 나타낸 것입니다. 건축 연도와는 별로 상관이 없어 보이지만, 다른 변수와는 상관이 있어 보입니다. 이 데이터에 관하여 전반적으로도 말할 수 있는 것은 1행 4열을 보면 알 수 있듯이 선형이라고 부를 수 없는 관계가 있다는 것입니다. 토지면적에 관해서는 데이터가 낮은 값으로 편중된 것을 알 수 있습니다. 실제 기초통계량을 살펴봐도 표준편차(분산에 루트를 씌운 것)가 높고, 최댓값도 93만 평방 피트(2만 6천평~축구장 10배 면적)로 매우 높다는 것을 알 수 있습니다.

이처럼 **데이터의 기초통계량을 파악하고 기본적인 그래프로 그려 데이터의 개요를 이해하는 것을 일차분석이라고 부릅니다.**

그림으로 보는 핵심 정리 !

미국 주택가격 데이터를 이용한 일차분석의 예

df.describe()의 결과: 주요 수치변수

	LOGVALUE	BUILT	LOT	UNITSF	CLIMB
Count	51759	51759	51759	51759	51759
mean	12.074647	1970.8833	44455.221	2325.2591	1.9769155
Std	1.0063916	25.521562	114619.33	1910.6273	0.4815761
min	0.6931472	1919	200	99	0
25%	11.561716	1950	6000	1400	2.0119522
50%	12.100712	1975	11000	2000	2.0119522
75%	12.611538	1990	43925.934	2500	2.0119522
max	15.476535	2011	933185	20159	21

- Count는 데이터 수
- mean은 평균
- std는 표준편차
- 25, 50, 75는 분위수점
- max는 최댓값
- min은 최솟값

[그림1]

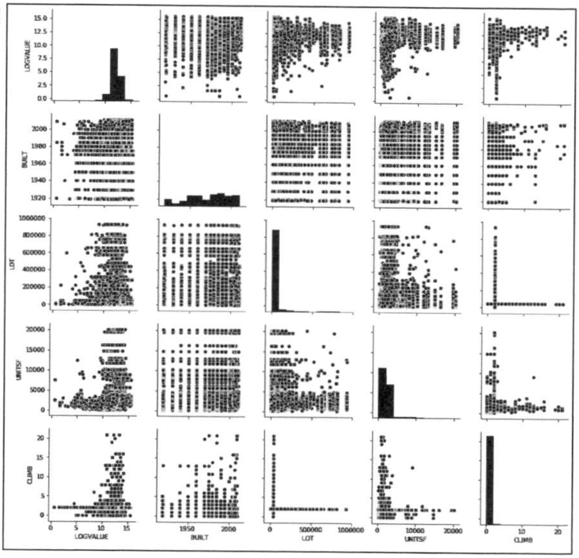

미국 주택가격 데이터는 아래 ①에서도 사용된 것으로, ②에서 다운로드할 수 있습니다.

① Sendhil Mullainathan and Jann Spiess, Machine Learning: An Applied Econometric Approach, Journal of Economic Perspectives, Vol 31, Number 2, Spring 2017, pages 87–106.

② https://www.aeaweb.org/articles?id=10.1257/jep.31.2.87

③ https://www.census.gov/data-tools/demo/codebook/ahs/ahsdict.html

▶02 선형회귀

여기서는 미국 주택가격 데이터로 주택가격을 예측하는 **선형회귀(중회귀) 분석**을 합니다. **선형회귀란 목표 변수와 특징량을 선형함수로 연결한 것**입니다.

$$y=\beta_0+\beta_1X_1+\beta_2X_2+\cdots+\beta_pX_p$$

여기서 y는 목표 변수, β는 계수, $X_{1:p}$는 각 특징량을 나타냅니다. 선형회귀 모델의 경우는 선형대수로 파라미터를 추정할 수도 있지만, 여기서는 좀더 일반적으로 손실을 평균제곱오차로 하고 다음 식을 최소화하도록 파라미터를 결정합니다.

$$MSE_{train}=\frac{1}{|train|}\Sigma_{i\in train}\ (y_i-\beta_0-\Sigma_{j=1}^{p}\beta_jX_{ij})^2$$

이 장에서는 가법 모델(140페이지)과의 비교를 의식해 수치 변수인 15개의 특징량만 이용합니다. 또 모델의 예측 정밀도는 교차검증법으로 계산할 수도 있지만, 50%를 학습 데이터로 하고 나머지를 시험 데이터로 해서 시험 데이터의 평균 제곱 오차로 측정하기로 합니다. 이 모델의 경우, 시험 오류는 0.828이 됐습니다. 이 값이 다른 모델과의 예측 정밀도를 측정할 때 벤치마크가 됩니다.

오른쪽 페이지의 표는 추정된 각 변수의 계수를 나타냅니다. 선형회귀의 경우, 일반적으로 계수의 유의성(각 계수가 0에서 충분히 떨어져 있는가)은 t 테스트로 불리는 기법으로 검증합니다.

여기서 결과를 살펴보면, BUILT, UNITSF, BUSPER, FLOORS, NUNITS, ROOMS, HOWH, NUMCOLD, NUMSEW가 5% 수준에서 유의, 즉 가격과 관계성을 가진다고 판정됩니다. 변수의 부호도 '건축 연도(BUILT)가 새로울수록 가격은 높아진다.' 등 직감적으로도 들어맞는다는 것을 알 수 있습니다. 이처럼 **이해하기 쉬운 점이 선형회귀의 특징 중 하나**입니다.

그림으로 보는 핵심 정리 !

선형회귀로 추정된 각 변수의 계수

특징량	추정값	표준편차	t값	p값	…
절편	7.096e+00	8.888e-01	7.985	1.47e-15	★★★
BUILT(건축연도)	1.522e-03	2.491e-04	6.108	1.02e-09	★★★
LOT(토지면적)	-6.723e-08	5.002e-08	-1.344	0.1790	
UNITSF(주택면적)	4.536e-05	3.407e-06	13.314	< 2e-16	★★★
CLIMB(현관 계단수)	-2.282e-02	1.219e-02	-1.872	0.0612 .	
BUSPER (업무용 개인용 비율)	8.601e-02	9.790e-03	8.785	< 2e-16	★★★
FLOOR(층수)	2.855e-02	6.255e-03	4.565	5.02e-06	★★★
EXCLUS(업무용 방수)	4.325e-03	1.237e-02	0.350	0.7265	
WHNGET(구입연도)	-4.202e-06	4.712e-04	-0.009	0.9929	
NUNIT(건물내 아파트수)	2.310e-03	4.166e-04	5.546	2.95e-08	★★★
ROOMS(방수)	1.860e-01	4.000e-03	46.508	< 2e-16	★★★
HOWH (주택환경지수)	8.866e-02	4.071e-03	21.777	< 2e-16	★★★
NUMCOLD (난방설비 고장회수)	-3.920e-02	1.713e-02	-2.288	0.0221	★
NUMDRY (수도 문제 발생회수)	-1.723e-02	2.095e-02	-0.822	0.4109	
NUMSEW (하수도 문제 발생회수)	-5.469e-02	2.730e-02	-2.004	0.0451	★
NUMTLT (화장실 문제 발생회수)	3.359e-02	2.868e-02	1.171	0.2416	
…					
유의수준코드	0 '***'	0.001 '**'	0.01 '*'	0.05 '.'	0.1 ' ' 1

- 계수의 유용성은 일반적으로 t 테스트(몇 가지 가정을 바탕으로 그 계수가 유의한지 판정하는 방법)로 검증한다.
- 128페이지에서도 언급한 대로 모델은 간단한 모델부터 추정해가는 게 기본이다.

그림으로 배우는 데이터 과학 11

회귀 문제와 주택가격

▶03 정규화

앞 절의 선형회귀 모델을 적용할 때 통계학에서는 **공선성**에 신경을 써야 합니다. 공선성이란 선형회귀에서 특징량간 상관관계가 지나치게 강한 상황을 가리킵니다. 만약 $x_2 = x_1$ 등으로 특징량이 강한 상관관계를 가질 경우, 앞에서 본 선형회귀 모델은 다음과 같이 바꿔 쓸 수 있게 됩니다.

$$y=\beta_0+\beta_1 \boldsymbol{X_1}+\beta_2 \boldsymbol{X_1}+\cdots+\beta_p X_p$$

예를 들어, $\beta_1 = 1$, $\beta_2 = -0.5$와 $\beta_1 = -0.5$, $\beta_2 = 1$일 때 식의 의미가 완전히 같아져 버립니다.

무엇이 문제인가 하면, 이런 모델에서 손실 함수를 최소화하려고 해도 해가 유일하게 정해지지 않게 됩니다. 이런 문제를 피하려면 공선성이 의심되는 변수 중 하나를 제거하는 등의 방법도 있지만, 강제로 계수의 조합이 유일해지도록 **페널티항을 더하는** 방법도 쓸 수 있습니다.

$$MSE_{train}=\frac{1}{|train|}\Sigma_{i\in train}(y_i-\beta_0-\Sigma_{j=1}^{d}\beta_j X_j)^2+\lambda\Sigma_{k=0}^{d}|\beta_k|^p$$

이처럼 손실 함수에 파라미터에 관한 페널티항을 넣는 것을 **정규화**라고 하고, 선형회귀의 경우에는 p=1이라면 **Lasso 회귀(L1 정규화)**, p=2라면 **Ridge(L2 정규화) 회귀** 등과 같은 특별한 호칭이 있습니다.

정규화는 위에서 설명한 공선성 문제를 완화할 뿐만 아니라, 과적합을 방지하는 효과도 있습니다. 실제로 이번 예에 대해 Lasso 회귀를 수행하면 시험 오류도 0.8281(선형회귀는 0.8282)로 정말 근소하지만 감소하게 됩니다.

정규화는 선형회귀 이외에도 널리 이용되는 **과적합 방지 기술** 중 하나이므로 꼭 기억해 두세요.

그림으로 보는 핵심 정리 !

정규화로 공선성 문제와 과적합을 방지한다

공선성

선형회귀에서 특징량간의 상관 관계가
너무 강한 상황

↓

해가 유일하게 정해지기 어려워진다.

↓

정규화

파라미터에 제약을 준다

① 공선성 문제를 회피
② 과적합을 방지

그림으로 배우는 데이터 과학 11

회귀 문제와 주택가격

▶04 국소선형회귀와 스플라인법

선형회귀만으로는 변수간의 상관관계를 충분히 모델링할 수 없을 때가 있습니다. 예를 들어, 오른쪽 페이지 [그림1]에서 x축과 y축은 타원으로 에워싼 점을 제외하고 무상관이 되도록 생성된 데이터입니다. 이 데이터에 대해 아무 생각 없이 선형회귀를 적용하면 실선처럼 추정됩니다. 전체적으로 선형상관이 있는 것처럼 보이지만 이 추정은 틀렸습니다.

이런 문제를 회피하고자 x축을 몇 개의 등간격으로 나누고 몇 개의 선형회귀로 추정하는 방법을 **국소선형회귀**라고 합니다. 국소선형회귀를 이용하여 적절한 제약 조건을 넣으면 [그림2]처럼 국소적으로는 깔끔하게 선형으로 데이터를 근사할 수 있습니다.

국소선형회귀도 조금 유연성을 갖게 하려고 각 영역에 대해 3차원 다항식으로 피팅한 것을 **큐빅 스플라인**이라고 부릅니다. 일반적으로 이런 기법을 **회귀 스플라인법**이라고 부릅니다. 상세한 수학적 도출은 생략하지만 3개 영역으로 나눌 경우를 생각해 봅시다.

$h_1(X)=1, h_2(X)=X, h_3(X)=X^2, h_4(X)=X^3, h_5(X)=(X-\xi_1)^3_+, h_6(X)=(X-\xi_2)^3_+$
$y \sim \Sigma_{i=1}^{6} \beta_i h_i(x)$

이처럼 영역수×(차수+1)−차수×경계수 =3×4 - (3×2)=6개의 기저(h_i)의 회귀식 문제로 변환할 수 있고, 나머지는 선형회귀와 같은 방법으로 파라미터를 추정할 수 있습니다. 회귀 스플라인의 경우는 경계선을 사전에 정할 필요가 있습니다. 수식적으로 어려우므로 상세한 설명은 생략하지만, 경계선을 자의적으로 정하지 않는 **평활 스플라인**이라는 기법도 있습니다.

처음 문제로 돌아가 평활 스플라인법으로 y와 x의 관계를 나타낸 것이 [그림3]입니다. [그림1]의 타원 영역을 제외한 양 변수는 무상관으로 됐다는 것을 알 수 있습니다.

그림으로 보는 핵심 정리 !

선형회귀 추정 오류를 회피한다

[그림1]

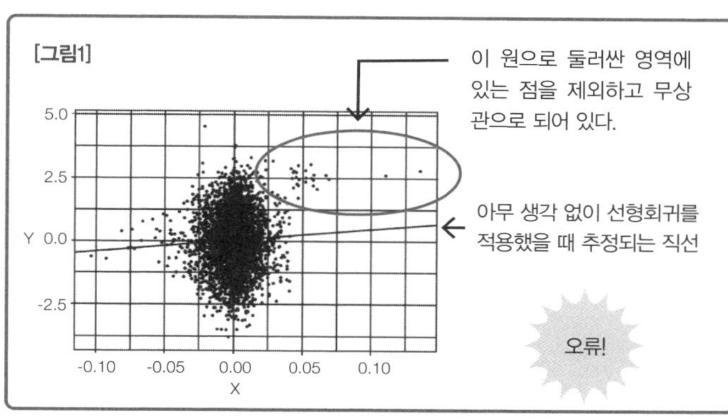

[그림2] 국소선형회귀

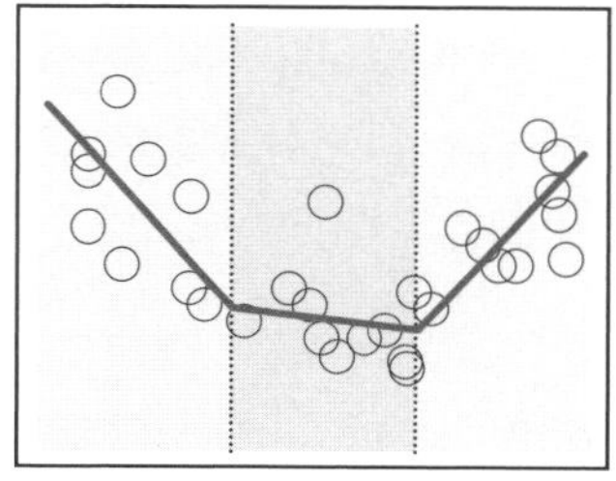

깔끔하게 국소적으로 데이터를 근사할 수 있다.

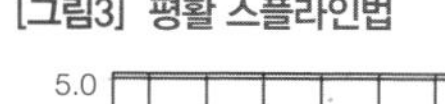

[그림3] 평활 스플라인법

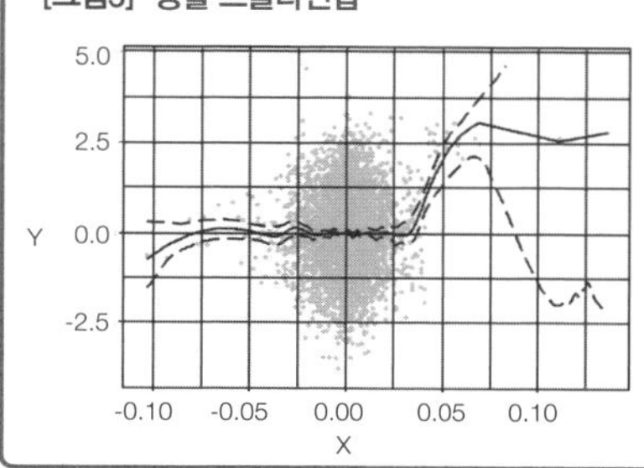

[그림1]의 원으로 에워싼 영역을 제외하고 양 변수가 서로 무상관으로 되어 있는 것을 알 수 있다.

그림으로 배우는 데이터 과학 11

회귀 문제와 주택가격

▶05 가법 모델

가법 모델이란 몇 개의 비모수적인 부분 반응 함수의 합으로 목표 변수를 예측하는 모델입니다. 다음과 같이 기술합니다.

$$y \sim \beta_0 + \Sigma_{j=1}^{p} f_j(x)$$

여기서 β_0는 상수항, f_i는 i번째 부분 반응 함수입니다. 이 부분 반응 함수에는 일반적으로는 앞 절에서 본 스플라인법을 이용합니다. 또 이처럼 일부분이 비모수적으로 되어 있는 모델을 **세미모수적 모델**이라고 합니다.

가법 모델을 이용하는 이유로서 배리언스가 선형회귀 모델과 비교해도 그렇게까지 크지 않다는 점을 들 수 있습니다. 다시 말해, **데이터 수가 비교적 적어도 안정되게 추정**할 수 있습니다. 자세한 설명은 생략하지만, 선형회귀 모델의 편향-분산 분해는 빅오 표기법을 이용하면 ①처럼, 가법 모델은 ②처럼 됩니다.

① $MSE_{lin} = Bias^2_{lin} + O(n^{-1}) + noise$

② $MSE_{add} = Bias^2_{add} + O(n^{-\frac{4}{5}}) + noise$

여기서 n은 데이터의 개수입니다. 결국, ③선형 모델과 가법 모델의 근사오차의 차가 ④배리언스의 차를 웃돌지 않는 한, 가법 모델을 이용하는 편이 좋습니다.

③ $(Bias^2_{add} - Bias^2_{lin})$ … 근사오차의 차

④ $(O(n^{-\frac{4}{5}}) - O(n^{-1}))$ … 배리언스의 차

이 모델은 선형회귀 등 해석성이 높고 추정도 매우 간단한 모델과 12장 이후의 복잡한 모델의 중간에 있는 모델입니다.

그림으로 보는 핵심 정리 !

가법 모델의 특징

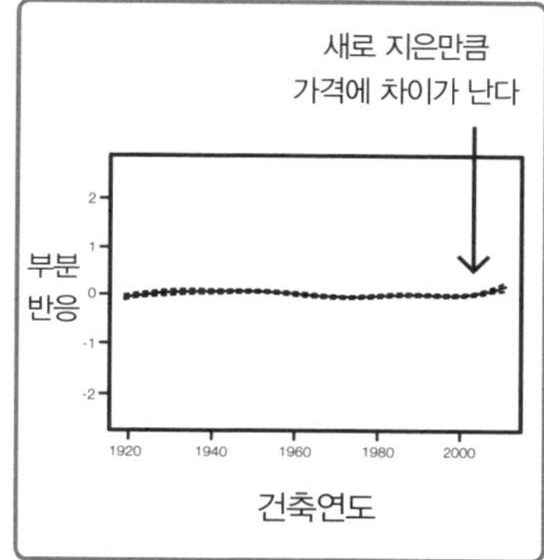

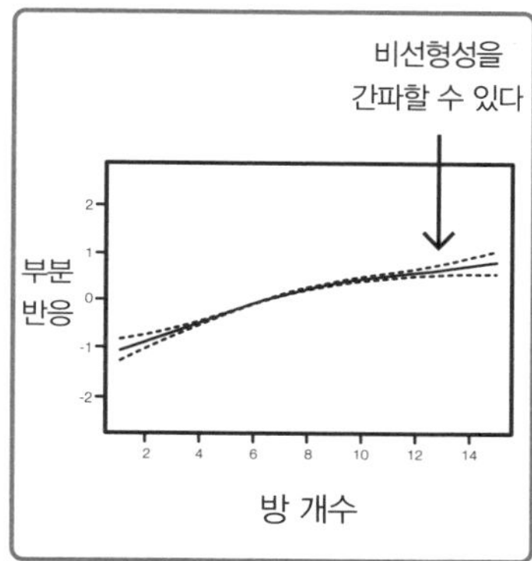

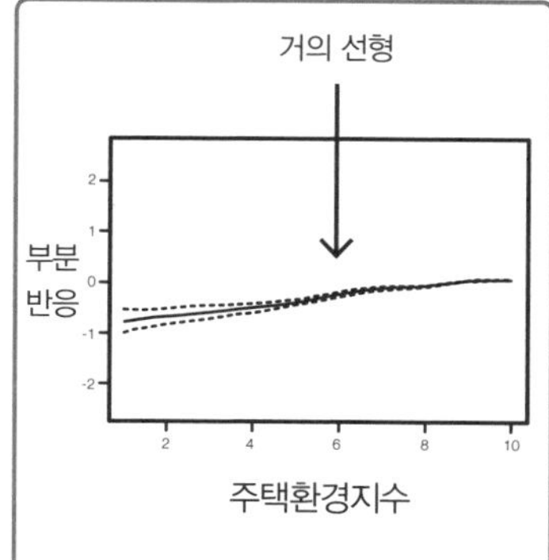

가법 모델의 특징

① 선형회귀보다 유연

② 배리언스가 낮다

③ 해석성이 높다

여기서 잠깐!

미국 주택가격에 있어서 예측 정밀도는 0.79로 선형회귀와 비교하면 어느 정도 개선된다. 또 부분 반응함수를 그려보면서 목표 변수와 각 특징량의 관계를 시각적으로 확인할 수도 있다. 방의 개수와 가격의 관계에서 현저히 드러나지만, 가법 모델을 이용하면 비선형인 관계를 잘 파악할 수 있다는 것을 알 수 있다. 이처럼 해석성이 높은 것도 가법 모델을 이용하는 이유 중 하나로 들 수 있다.

▶01
앙상블 학습이란

앙상블 학습이란 추정이 간단하고 그다지 성능이 나오지 않는 모델을 잘 조합함으로써 강력한 성능을 끌어내는 기법입니다. 그다지 성능이 나오지 않는 이런 모델을 **약한 학습기**라고 부릅니다.

앙상블 학습을 할 때 약한 학습기로서 자주 선택되는 것이 트리라고 불리는 기법입니다. 트리는 **회귀 문제를 대상으로 할 경우 회귀 트리라고 부르고, 13장처럼 두 값을 다룰 경우는 결정 트리라고 부릅니다.**

트리를 기반으로 하는 기법은 선형회귀 모델과 같은 수준으로 해석성이 있는 모델이지만, 쉽게 과적합하는 경향이 있어 예측 정밀도면에서 제 성능이 나오지 않습니다. 그런데 매우 간단한 방법으로 모델을 조합함으로써 **놀랄 만큼 정밀도를 낼 수 있는 것이 앙상블 학습의 특징**입니다.

실제로 이 장에서 배울 **랜덤 포레스트와 경사 부스팅**은 단순하지만 매우 정밀도가 높은 것으로 유명하고, Kaggle 등의 데이터 과학 대회에서도 많이 이용되는 기법입니다. 잘만 사용하면 여러분도 대회에서 상금을 탈 수 있을지도 모릅니다.

이 장에서는 약한 학습기인 회귀 트리 설명부터 시작하여, 랜덤 포레스트와 경사 부스팅을 이해하는 것을 목표로 합니다. 결정 트리 설명은 지면 사정으로 생략하지만, 거의 회귀 트리와 같은 기법입니다. 또 각 모델의 해석성에 대해서도 언급합니다.

이 장에서도 2011년 미국주택가격 데이터를 이용합니다.

그림으로 보는 핵심 정리 !

잘 조합하면 멋진 모델로!

악상블 학습 · · · 약한 학습기를 조합함으로써 예측 정밀도가 높은 모델을 만드는 것

데이터 과학 대회에서도 널리 사용된다.

그림으로 배우는 데이터 과학 12

앙상블 학습과 주택 가격

▶02 회귀 트리

회귀 트리란 특징량을 이용해 데이터를 몇 개의 그룹으로 나누고 **그룹의 평균값을 예측값으로** 하는 방법입니다. 예를 들어, 주택 가격을 ROOM(방 개수)과 HOWH(주택환경)로 예측한다고 합시다.

이때 가장 단순한 예측은 특징량 정보를 전혀 사용하지 않고 학습 데이터의 평균값을 예측으로 하는 것입니다(그림1). 이것이 출발점이 되고 이 상태의 제곱오차는 1.014가 됩니다.

다음으로 각 특징량 정보를 바탕으로 데이터를 둘로 나눠봅니다(그림2). 이번 예의 경우, 특징량은 2개뿐이라 평균제곱오차의 증감은 [그림3]처럼 두 장의 그림으로 간단히 정리할 수 있습니다. 이 결과, 방의 개수가 6.5년 부근에서 둘로 나눌 때 가장 제곱오차가 작아지는 것을 알 수 있습니다. 그 결과로 나눈 것이 [그림4]이며, [그림4] 상태의 제곱오차는 0.91이므로 분할 전보다 좋아졌습니다.

이 과정을 반복하면 **회귀 트리가 만들어집니다**. [그림5]에 4번 분할한 후의 결과를 실어두었습니다(제곱오차는 0.868입니다).

[그림5]의 시점에서 학습된 트리가 [그림6]입니다. 트리를 보면 방 개수가 4 이하인 주택이 전체적으로 가격이 낮고, 가장 높은 것은 방의 개수가 9개 이상인 주택이라는 것을 알 수 있습니다. 방 개수가 5 이상 6 이하인 주택에 관해서는 주택환경이 관계된다는 것도 간파할 수 있고, 주택환경지수가 7 이상인지 그 이하인지로 주택 가격에 차이가 있다는 것을 알 수 있습니다. 이처럼 **회귀 트리는 매우 해석성이 높아, 선형회귀로는 파악할 수 없는 관계를 추출할 수도 있습니다**.

회귀는 제곱오차의 개선 정도가 어느 정도까지 작아지면 멈추는 것이 일반적이지만, 이렇게 되면 과적합 하기 쉬우므로 교차검증법 등으로 트리를 가지치기하는 방법도 있습니다.

그림으로 보는 핵심 정리 !

회귀 트리를 만드는 순서

[그림1] 전체평균으로 예측 오차는 1.014

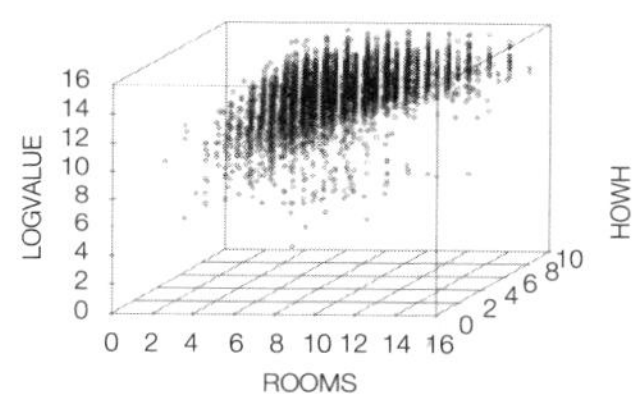

[그림2] 각 변수에 직교하는 형태로 데이터를 분할하고 제곱오차가 최소가 되는 장소를 찾는다

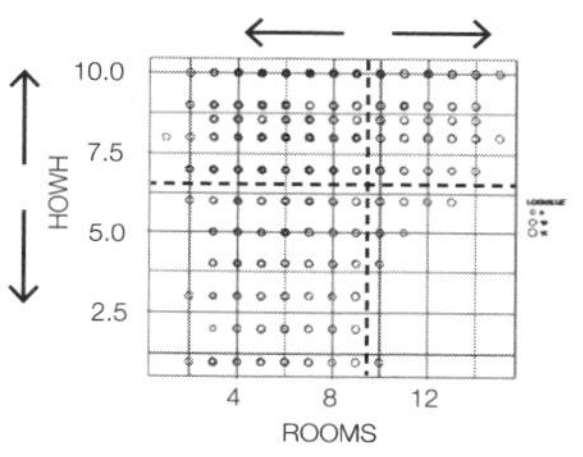

[그림3] 평균제곱오차의 감소

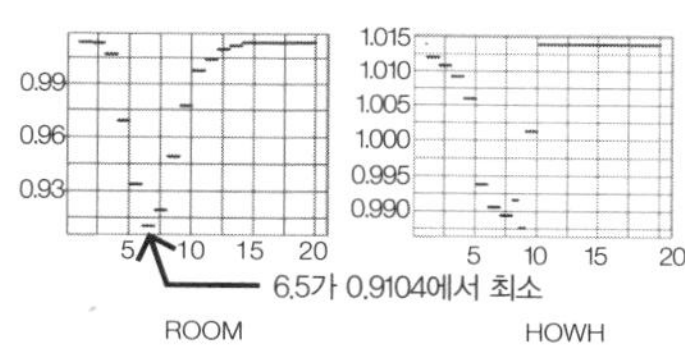

[그림4] 처음은 ROOM<6.5로 나눈다

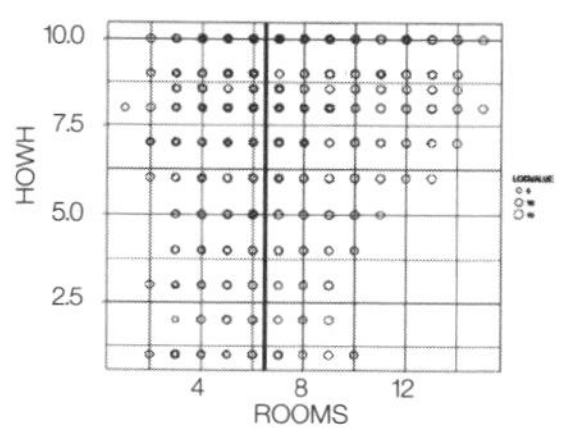

[그림5] 4분할 후

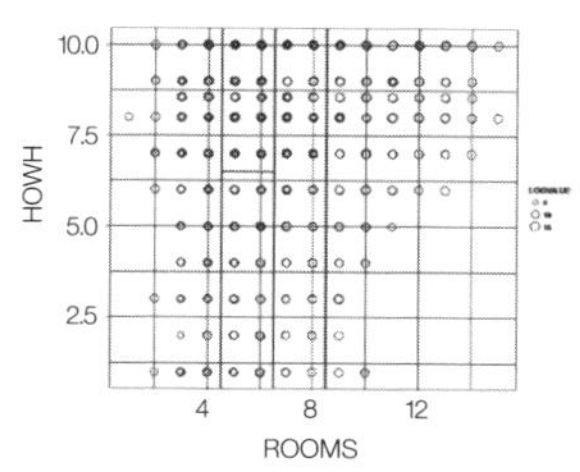

[그림6] 4분할 후의 트리

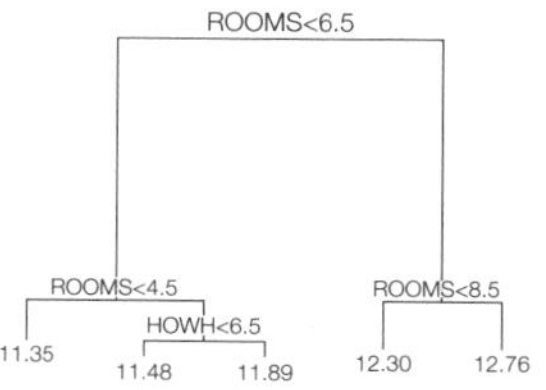

원포인트 해설!

150개 변수로 하면, 주택의 종류, 지역, 주택 면적 등이 관계되는 것도 알 수 있다. 그 경우의 시험 오류는 0.615다.

▶03 부트스트랩과 배깅

회귀 트리의 문제점으로서 배리언스(데이터셋간 추정 결과의 차이: 10장 참조)가 크다는 점을 들 수 있습니다.

만일 데이터셋을 몇 번씩 샘플링하고 각 데이터셋으로 회귀 트리를 추정해, 각 모델의 예측 평균값을 예측값으로 사용할 수 있다면 어떨까요? 사실은 이 예측값이 단일 회귀 트리보다도 좋아진다는 것은 알고 있습니다. 하지만 현실에는 데이터셋이 하나뿐입니다. 그렇다면 어떻게 하면 좋을까요?

여기서 이용하는 것이 **부트스트랩**입니다. N개의 원래 데이터에서 복원 샘플링(중복을 허용한 샘플링)으로 N개 데이터를 추출하고, 추출한 표본으로 파라미터를 추정합니다. 부트스트랩은 이 과정을 몇 번이나 반복해서 추정한 파라미터의 통계량을 이용하는 방법입니다. 오른쪽 페이지에 모식도를 나타냈습니다. 언뜻 단순한 방법으로 보이지만, 교차검증법처럼 매우 효과적이라는 사실이 널리 알려져 있고, 파라미터의 신뢰구간(불확실성) 계산에도 자주 사용됩니다.

배깅이란 이 부트스트랩과 같은 아이디어를 이용해 의사적으로 작성한 데이터셋에 회귀 트리를 적용해 각 모델의 예측 평균값을 모델의 예측으로 하는 것입니다. f^b를 각 데이터셋에서 회귀 트리의 추정값으로 하고, 의사적으로 데이터셋을 B개로 만든 경우 배깅의 추정값은 다음과 같이 쓸 수 있습니다.

$$f_{bagging}(x) = \frac{1}{B} \Sigma_{b=1}^{B} f^b(x)$$

이 정도의 아이디어지만, 이번 케이스에서도 0.584(오른쪽 페이지 아래 [1]의 논문처럼 150개의 특징량을 이용해 B=1000개로 한 경우)로 회귀 트리보다 예측 정밀도는 향상됩니다. 이처럼 **예측 정밀도를 높이는 것이 앙상블 학습의 핵심**입니다.

그림으로 보는 핵심 정리 !

부트스트랩과 배깅

부트스트랩

원본 데이터

데이터 번호	X	Y
1	3.3	2.4
2	2.4	−1.3
3	−3.4	4.3
4	0.2	2.2
5	−0.4	1.1

부트스트랩 방법

❶ N개 있는 원본 데이터에서 복원 샘플링으로 N개 데이터를 샘플링

❷ 샘플링한 각 데이터로 모델 추정

❸ 이 과정을 여러 번 반복해서 추정 결과의 평균값 등을 취한다

복원 샘플링

데이터 번호	X	Y
3	−3.4	4.3
2	2.4	−1.3
3	−3.4	4.3
4	0.2	2.2
2	2.4	−1.3

파라미터 θ_1

복원 샘플링

데이터 번호	X	Y
1	3.3	2.4
2	2.4	−1.3
2	2.4	−1.3
4	0.2	2.2
1	3.3	2.4

파라미터 θ_2

추정 결과의 통계량을 가진다

예측 정밀도 상승!

배깅

복원 샘플링으로 작성한 데이터에 회귀 트리를 적용한다. 그 모델로부터의 예측 평균값을 예측값으로 한다.

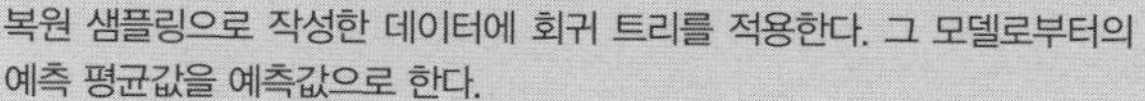

★ 논문[1] Sendhil Mullainathan and Jann Spiess, Machine Learning: An Applied Econometric Approach, Journal of Economic Perspectives, Vol 31, Number 2, Spring 2017, pages 87–106.

04 랜덤 포레스트

랜덤 포레스트는 배깅을 약간 확장한 방법입니다. 배깅의 문제점으로 표본마다 추정 결과가 서로 비슷해져 버리는 것을 들 수 있습니다. 이 점에 주목해서 표본마다 회귀 트리를 추정할 때 사용하는 **변수도 랜덤하게 선택하는 것이 랜덤 포레스트**입니다. 데이터셋에 특징량의 수가 p개 있을 때, 일반적으로 $\sqrt{p}$개의 변수를 선택하면 좋은 결과를 얻을 수 있다고 합니다.

미국 주택가격에서 랜덤하게 $\sqrt{p}$개의 변수를 선택하여 랜덤 포레스트를 구축해 봅시다. 예측 정밀도는 0.498로 **배깅보다 정밀도가 좋아집니다**.

회귀 트리의 경우, 분할했을 때 어느 정도 잔차 제곱합이 감소했는지에 기반해 변수의 중요성을 판정하는 것이 일반적입니다.

랜덤 포레스트에서도 마찬가지로 **추정 결과마다 중요성을 계산하고 그 평균값을 변수의 중요성으로 판정**하는 일이 많습니다. 이 장에서 다루는 데이터에 대해 각 변수의 중요성을 측정한 값을 오른쪽 페이지에 실어두었습니다. 랜덤 포레스트에 따르면, REGION(지역)과 UNITSF(주택가격)의 기여도가 높은 것을 알 수 있습니다.

랜덤 포레스트는 가법 모델처럼 목표 변수가 각 변수의 영향의 선형합으로 표현되는 것은 아니므로 해석에 주의가 필요하지만, 모델 해석을 위해 변수별로 부분 반응 함수를 그리는 경우도 있습니다. 일반적으로 이를 **부분 의존성**(Partial dependency) **플롯**이라고 부릅니다.

그림으로 보는 핵심 정리 !

미국주택가격의 랜덤 포레스트

랜덤 포레스트에 의한 각 변수의 중요도

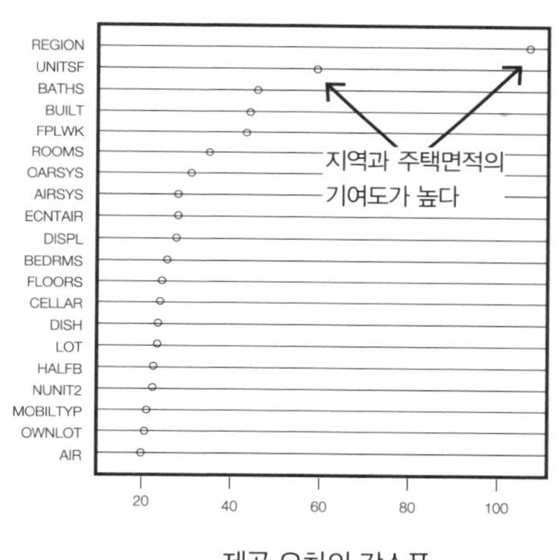

제곱 오차의 감소폭

중요성

- REGION : 지역
- UNITSF : 주택면적
- BATHS : 욕실 개수
- BUILT : 건축년도
- FPLWK : 난로 유무
- ROOMS : 방 개수
- OARSYS : 난방 이외의 공조설비 유무
- AIRSYS : 난방 설비가 공조설비 기능을 갖는가
- ECNTAIR : 환경 라벨링 제도의 기준을 충족하는 중앙공조설비인가
- DISPL : 쓰레기장 유무
- BEDRMS : 침실 개수
- FLOORS: 건물 층수
- CELLAR : 지하실 유무
- DISH : 식기 세척기 유무
- LOT : 부지면적
- HALFB : 샤워만 하는 욕실 유무
- NUNIT2 : 주거형태 (기타)
- MOBILTYP : 1인용인가 2인용이상인가
- OWNLOT : 부지 소유자인가 아닌가
- AIR : 공조설비 유무

★ 변수의 정의는 다음 사이트에서 확인할 수 있다.

[URL] https://www.census.gov/data-tools/demo/codebook/ahs/ahsdict.html

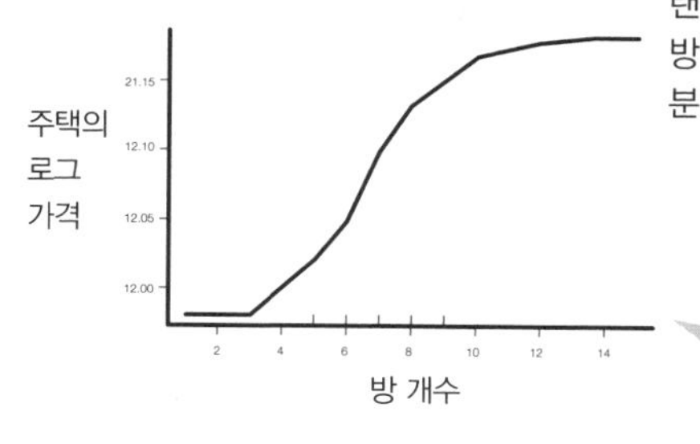

주택의 로그 가격

방 개수

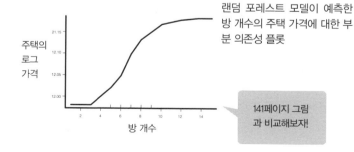

랜덤 포레스트 모델이 예측한 방 개수의 주택 가격에 대한 부분 의존성 플롯

141페이지 그림과 비교해보자!

▶05 그래디언트 부스팅

지금까지 살펴본 배깅과 랜덤 포레스트는 부트스트랩에 의해 의사적으로 재구성한 표본에 대해 회귀 트리를 추정했습니다. 반면에 몇 번이나 회귀 트리를 추정하는 것은 같지만, 목표 변수에서 각 회귀 트리의 추정 결과를 조금씩 빼서 남은 잔차에 대해 반복해서 회귀 트리를 추정하고 **최종적으로 추정한 회귀 트리의 결과를 조합하는 방법**도 있습니다. 이 방법을 **그래디언트 부스팅**이라고 합니다.

구체적인 순서는 오른쪽 페이지에서 설명합니다. 우선 잔차 (r)을 출력 변수의 값으로 초기화하고, r에 대해서 d 분할한 회귀 트리를 적합한 결과를 $f^1(x)$라고 합니다. 다음으로 잔차를 $r \leftarrow r\ \lambda f^1(x)$로 갱신하고, 나머지는 같은 과정을 반복합니다. 여기서 λ를 축소(shrinkage)항이라고 합니다.

λ가 너무 낮으면 작성할 회귀 트리의 수를 늘려야 하고, 너무 높으면 적은 회귀 트리로 근사하게 되므로 앙상블 학습의 장점이 사라집니다. 일반적으로는 0.01이나 0.001로 합니다. 그래디언트 부스팅의 핵심은 **비교적 깊이가 얕은 회귀 트리를 반복적으로 학습해 조금씩 추정 정밀도를 높여가는 것**이고, d는 2~4로 비교적 낮은 값으로 하는 경우가 많습니다.

한 가지 주의할 점은 랜덤 포레스트와 달리, 트리의 최대수 B가 너무 크면 **과적합하는 경향이 있다**는 것입니다. 일반적으로는 교차검증법으로 B 값을 결정합니다.

오른쪽 페이지에 미국 주택가격 데이터에 관해 부스팅(d=4, λ=0.001, B=15000)을 구축해봅시다. 예측 정밀도는 0.498로 랜덤 포레스트와 같은 정밀도가 나오는 것을 알 수 있습니다. 변수의 기여도는 랜덤 포레스트와 마찬가지로 구할 수 있습니다.

그림으로 보는 핵심 정리 !

미국 주택가격의 그래디언트 부스팅

그래디언트 부스팅의 순서

스텝1 우선 잔차를 피설명변수 값으로 초기화한다.
$r = y\forall$

스텝2 r에 대해 d 분할한 회귀 트리를 적합한다.
결과를 $f^1(x)$라고 한다.

스텝3 $r \leftarrow r - \lambda f^1(x)$ 로 갱신한다.
λ는 shrinkage

스텝4 r에 대해 d 분할한 회귀 트리를 적합한다.
결과를 $f^2(x)$로 한다.

스텝5 $r \leftarrow r - \lambda f^2(x)$로 갱신한다.

•
•
•

똑같이 반복한다.

그래디언트 부스팅에 의한 각 변수의 중요도

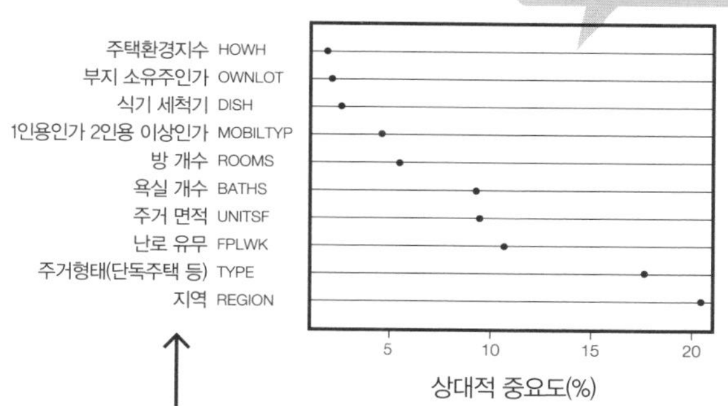

150개의 특징량 중에서 가장 중요하게 여기는 상위 10개

그림으로 배우는 데이터 과학 13

분류 문제

▶01 로지스틱 회귀

로지스틱 회귀란 출력 변수가 두 가지(0이나 1)인 데이터를 자연스럽게 모델링하고자, 0과 1이 나타나는 확률값이 출력되도록 **선형회귀 모델을 확장한 것**입니다.

물론 일부러 확장하지 않아도 [그림1]처럼 선형회귀를 적용할 수는 있습니다. 하지만 이러면 예측할 때 −0.3이나 1.3 등 애초에 확률이 아닌 값을 출력하게 됩니다. 하지만 [그림2]처럼 예측할 수 있다면, '확률 p에서 1이다' 등 직감적으로 이해되는 설명이 가능해집니다. **이처럼 확률을 추정하는 방법을 로지스틱 회귀라고 부릅니다.**

로지스틱 회귀에서는 확률을 선형 모델 $p(Y=1|X)=\beta_0+\beta_1X_1$이 아니라 다음과 같이 추정합니다.

$$\mathrm{sigm}(x)=\frac{e^x}{1+e^x} \quad ① \qquad p(Y=1|X)=\mathrm{sigm}(\beta_0+\beta_1X) \quad ②$$

추정은 제곱오차를 최소화하지 않고, **우도를 최대화해서 구합니다.** 우도의 최대화는 데이터를 생성했다고 생각할 수 있는 가장 그럴듯한 파라미터(모수) 값을 구하는 것에 대응합니다. 우도는 이 경우 다음과 같이 정의할 수 있습니다.

$$Likelihood(\theta)=\prod_{i=1:y_i=1}^{N} p(y_i|x_i,\theta)\prod_{j=1:y_j=0}^{N}(1-p(y_j|x_j,\theta))$$

[그림2]는 우도를 최대화하여 얻은 파라미터로 추정한 결과입니다. 값이 제대로 0~1 사이에 들어오는 것을 알 수 있습니다.

그림으로 보는 핵심 정리 !

선형회귀 모델을 확장하면?

[그림1] 선형회귀(확장하지 않은 경우)

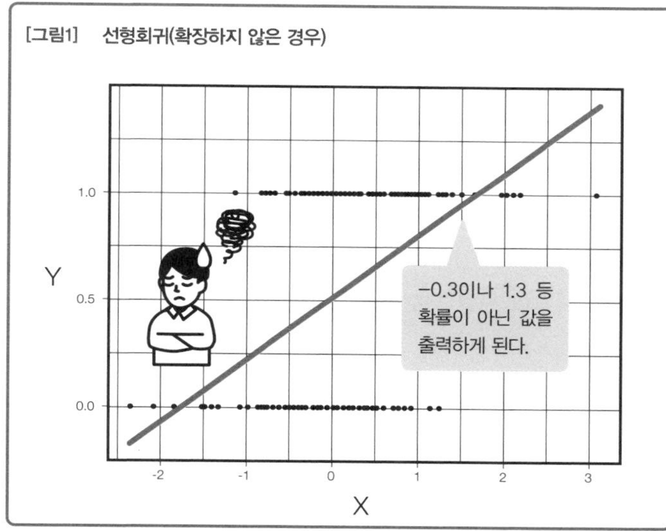

[그림2] 로지스틱 선형회귀

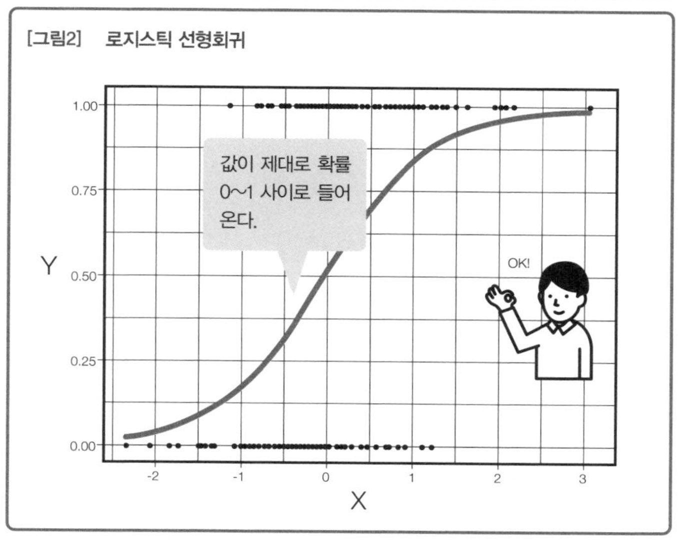

▶02 선형 서포트 벡터 머신

[그림1]처럼 두 개의 특징량(x축과 y축)과 2종류의 라벨(○와 △)로 구성되는 데이터가 있다고 합시다. 어떻게 하면 2개의 특징량을 이용해 라벨을 분류할 수 있을까요? [그림2]처럼 직선을 그어, 이 선보다 위면 ○, 그렇지 않으면 △라는 식으로 나눌 수 있을 것 같습니다. 이것이 **선형 서포트 벡터 머신**의 요점입니다. 수학적으로 극대화 문제는 다음과 같아집니다.

$$\max_{\beta_0,\beta_1,\beta_2} M$$

$$subject\ to\ \Sigma_{j=1}^{2}\beta_j^2=1,\ y_i(\beta_0+\beta_1 x_{i1}+\beta_2 x_{i2})\geqq M,\ \forall i=1,\ldots,n$$

이를 극대화한 결과 나오는 계수와 분리 초평면을 이용해서 구성하는 함수 $f(x)=\beta_0$ $\beta_1 x_1+\beta_2 x_2$를 **최대 마진 초평면**이라고 부릅니다(그림2의 실선에 대응). 위 문제는 완전히 분리하는 직선(초평면)이 없을 때는 잘 안 됩니다. 그럴 때는 **슬랙 변수**라는 것을 정의함으로써 [그림3]처럼 추정할 수 있습니다. 아래에 수식을 써 두겠습니다.

$$\max_{\beta_0,\beta_1,\beta_2,\varepsilon_1,\ldots,\varepsilon_n} M$$

$$subject\ to\ \Sigma_{j=1}^{2}\beta_j^2=1,\ y_i(\beta_0+\beta_1 x_{i1}+\beta_2 x_{i2})\geqq M(1-\varepsilon_i),$$

$$\varepsilon_i\geqq 0,\Sigma_{i=1}^{n}\varepsilon_i\leqq C,\ \forall i=1,\ldots,n$$

이 분리 초평면은 몇 개의 데이터 점과 내적으로 표현할 수 있습니다. 여기서 내적이란 2개의 벡터 x와 y가 있을 때 다음과 같이 정의되는 것입니다.

$$<x,y> = \Sigma_{i=1}^{p} x_i y_i$$

분리 초평면을 정의할 때 사용하는 몇 개의 점을 **서포트 벡터**라고 부릅니다. 서포트 벡터를 잘 활용하면 서포트 벡터 머신을 비선형으로 확장할 수 있습니다. 이에 관해서는 다음 페이지에서 살펴보겠습니다.

그림으로 보는 핵심 정리 !

2개의 특징량을 이용해 라벨을 분류한다

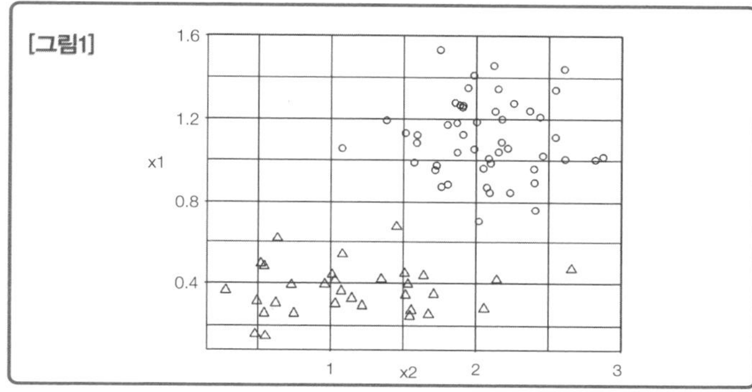

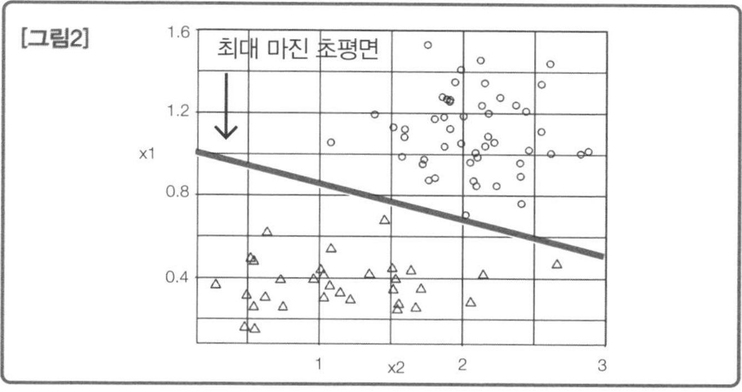

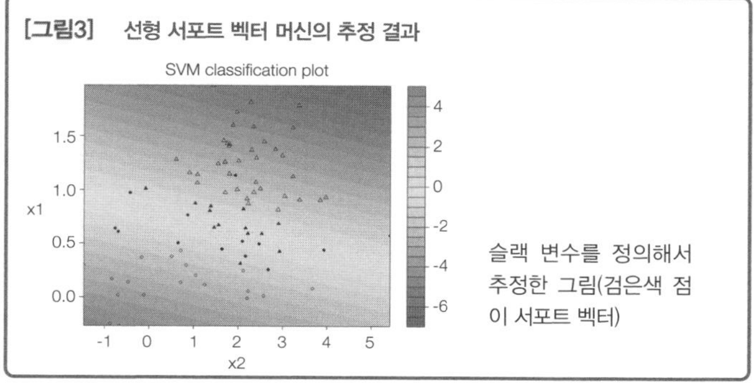

[그림3] 선형 서포트 벡터 머신의 추정 결과

슬랙 변수를 정의해서 추정한 그림(검은색 점이 서포트 벡터)

▶03 서포트 벡터 머신

[그림1]과 같은 문제를 생각해 봅시다. 특징량의 관계가 비선형이므로, 154페이지의 **선형 서포트 벡터 머신으로는 풀 수 없습니다**. 이 문제를 강제로 선형으로 나눈 것이 [그림2]입니다. 전혀 잘 되지 않았습니다. 그렇다면 어떻게 하면 좋을까요?

앞에서 설명한 대로 분리 초평면은 몇 개의 데이터 점과 내적으로 정의할 수 있습니다. 다시 말해, 154페이지의 선형 문제는 다음과 같이 쓸 수 있습니다.

$$f(x)=\beta_0+\Sigma_{i \in s}\alpha_i \Sigma_{j=1}^{2} x_j x_{ij}$$

여기서 s는 서포트 벡터에 포함되는 데이터 점의 인덱스를 나타냅니다.

여기서 2항 부분을 **커널 함수**로 불리는 **비선형적으로 2개의 벡터 거리를 측정**하는 함수로 치환합니다. 수식적으로 다음과 같이 됩니다.

$$f(x)=\beta_0+\Sigma_{i \in s} a_i K(x, x_i)$$

커널 함수에는 Hyperbolic tangent 커널($K(x_i, x_j)=\tanh(v+\Sigma_{k=1}^{p} x_{ik}, x_{jk})$)이나 Gaussian 커널 ($K(x_i, x_j)=\exp(-\gamma\Sigma_{k=1}^{p}(x_{ik}-x_{jk})^2)$) 등 다양한 종류가 있습니다.

실제로 [그림3]과 [그림4]에 각각의 커널로 초평면을 추정한 결과를 나타냈습니다. 각각 제대로 분류된 것을 알 수 있습니다. 이것이 서포트 벡터 머신입니다.

서포트 벡터 머신은 커널을 잘 설계해서 해야만 합니다. 그러므로 [그림3]과 [그림4]처럼 몇 가지 커널로 시험하는 것이 일반적입니다.

그림으로 보는 핵심 정리 !

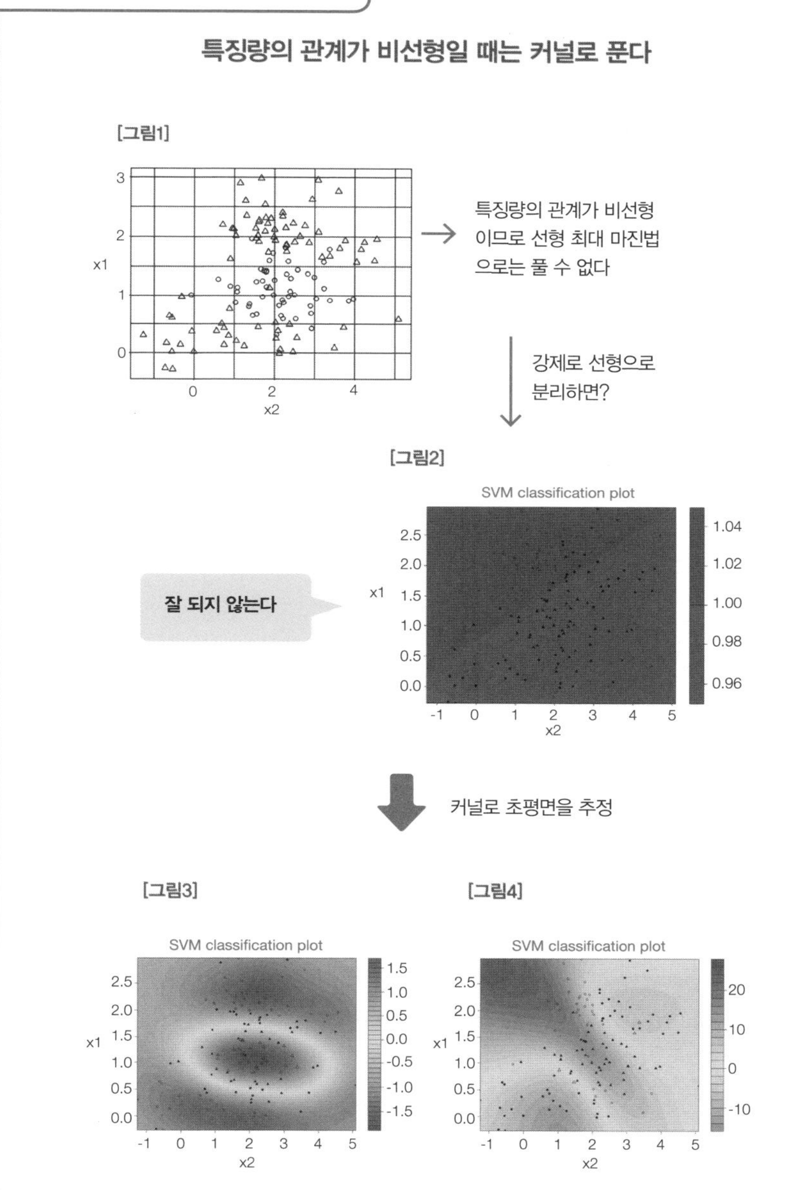
특징량의 관계가 비선형일 때는 커널로 푼다
[그림1]
특징량의 관계가 비선형이므로 선형 최대 마진법으로는 풀 수 없다
강제로 선형으로 분리하면?
[그림2]
SVM classification plot
잘 되지 않는다
커널로 초평면을 추정
[그림3]
SVM classification plot
[그림4]
SVM classification plot
x1
x2

그림으로 배우는 데이터 과학 14

비지도 학습

▶01 K-평균법

비지도 학습의 일종으로 **클러스터링**이 있습니다. 예를 들어 오른쪽 페이지의 [그림1]을 보십시오. 특히 아무런 라벨 정보가 없어도 [그림5]와 같은 분류는 이해할 수 있을 것으로 생각합니다. 이것이 클러스터링입니다.

클러스터링에는 다양한 기법이 있지만, 여기서는 가장 간단한 **K-평균법**을 살펴보겠습니다. 목표는 같은 클러스터 내의 데이터 점끼리의 거리가 짧아지도록 데이터를 주어진 수의 클러스터로 분류하는 것입니다. 수식적으로는 다음과 같이 쓸 수 있습니다.

$$\min_{C_1,\ldots,C_K}\left\{\sum_{k=1}^{K}\frac{1}{|C_k|}\sum_{i,i'\in C_k}\sum_{j=1}^{p}(x_{ij}-x_{i'j})^2\right\}$$

여기서 C_i는 i번째 클러스터, x_{ij}는 데이터 i의 j번째 축의 값(오른쪽 예에서는 2차원까지 있습니다), K는 전체 클러스터 수라고 합시다. 이 **함수의 값이 가장 낮아지도록 각 데이터가 어느 그룹에 속할지 결정**하는 것이 목표입니다.

이 문제는 알고리즘 측면에서는 102~105페이지에서 본 조합 최적화와 같은 종류의 문제입니다. 다시 말해, 모든 경우를 확인해서 위 식을 최소화할 수 있습니다. 하지만 그렇게 하면 막대한 시간이 걸립니다. 다행히 K-평균법에서는 매우 간단한 방법으로 근사해를 구할 수 있습니다.

우선 데이터를 몇 개의 클러스터로 나눌지 결정합니다. 여기서는 3으로 합니다. 이 수를 바탕으로 [그림2]처럼 라벨을 랜덤하게 붙입니다. 다음으로 각 라벨의 점의 중심을 계산해 줍니다. 그렇게 하면, [그림3]의 큰 라벨처럼 중심점이 정해집니다. 그리고 다음으로 각 점에 가장 가까운 중심점과 같은 라벨을 다시 칠해줍니다. 이것이 [그림4]입니다. 나머지는 중심점 계산과 각 라벨의 갱신을 반복해가면 최종적으로 [그림5]가 됩니다.

그림으로 보는 핵심 정리 !

K-평균법에 의한 근사해 구하기

[그림1] 원 데이터

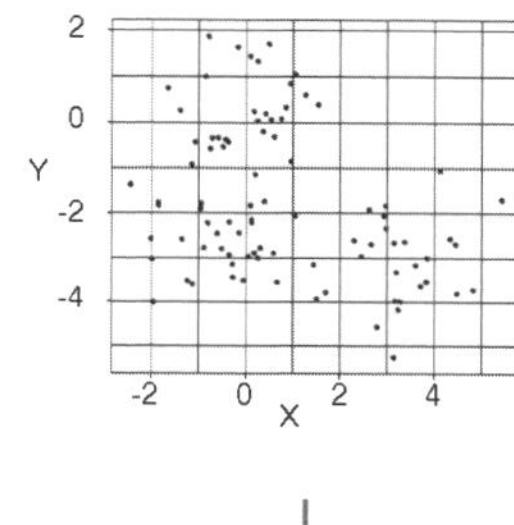

[그림2] 라벨을 랜덤하게 붙인다

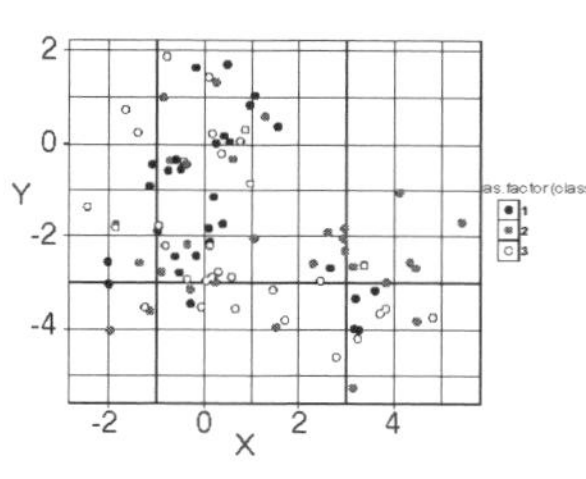

[그림3] 중심점을 정한다

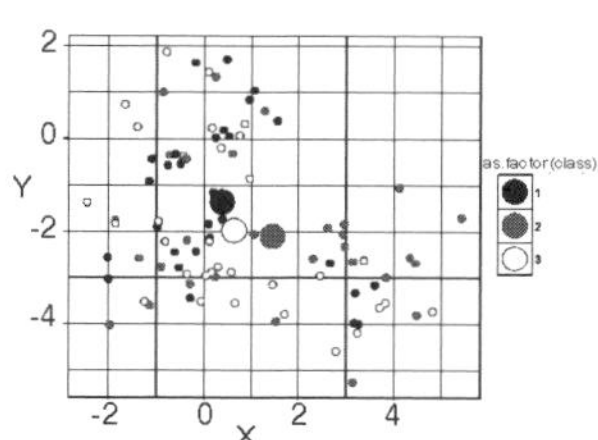

[그림4] 라벨을 다시 칠한다

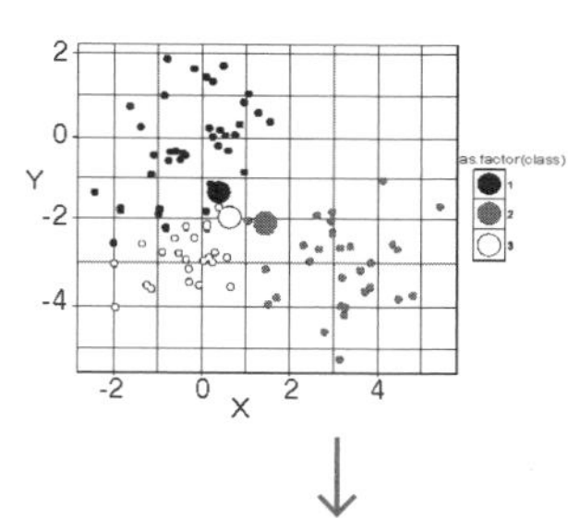

중심점 계산,
각 라벨의 갱신을 반복한다

[그림5] 수렴 후

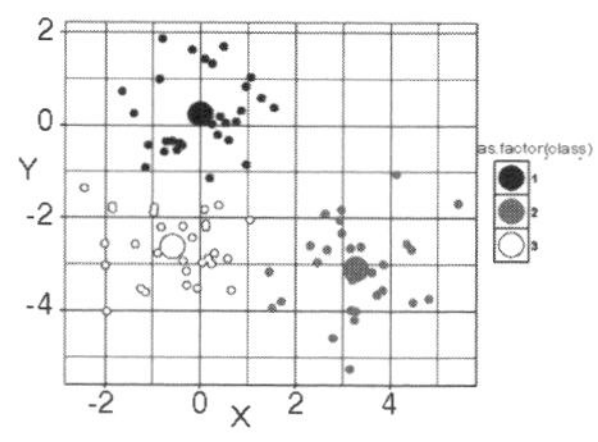

주의점

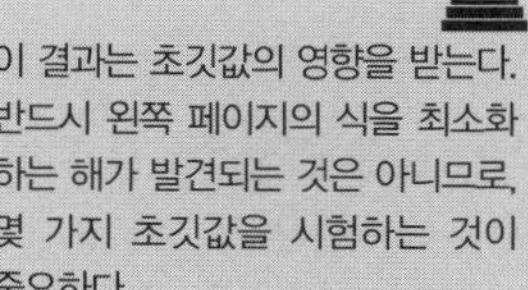

이 결과는 초깃값의 영향을 받는다. 반드시 왼쪽 페이지의 식을 최소화하는 해가 발견되는 것은 아니므로, 몇 가지 초깃값을 시험하는 것이 중요하다.

▶02 계층적 클러스터링

데이터의 클러스터링에는 앞에서 살펴본 K-평균법 이외에도 하나하나의 데이터를 근접한 데이터와 결합함으로써 바텀업 방식으로 클러스터링하는 방법도 있습니다. 이를 **계층적 클러스터링**이라고 합니다. 앞 절과 같은 데이터를 이용해 계층적 클러스터링의 개요를 살펴봅시다.

계층적 클러스터링에서는 우선 처음에 클러스터 수를 데이터 수와 같게 설정하고, 하나하나의 데이터가 각 클러스터에 속해 있다고 합시다. 다음으로 클러스터끼리의 거리를 모두 계산해, 가장 거리가 가까운 2개의 클러스터를 하나로 결합합니다. 이때 오른쪽 페이지의 [그림2]처럼 거리를 높이로 해서 어느 클러스터를 결합했는지 기록합니다. 이 그림을 **덴드로그램**이라고 부릅니다. 새로 만들어진 클러스터는 클러스터 내 데이터 중심점을 대표점으로 하여 새로 설정하고 남은 클러스터와 데이터 점과의 거리를 다시 계산합니다. 이 과정을 반복합니다.

[그림3]에서 보이는 것처럼 최종적으로 모든 클러스터는 하나의 클러스터로 결합됩니다. 클러스터는 한 단계마다 하나씩 결합해 가므로 클러스터 수가 3개 필요하면 오른쪽 페이지 예의 경우, 높이 1.6 부근까지 돌아가면 되고, 그 결과는 [그림4]처럼 됩니다. 앞의 **K-평균법과 같은 결과**가 된 것을 확인할 수 있을 것입니다. 계층적 클러스터링에서는 클러스터가 계층(중첩) 구조로 되어 있다는 전제가 있습니다. 예를 들어, 거리가 주택 가격과 주택의 공간적 거리라는 2개의 가중치로 계산된 경우, 가격의 근사도로 결합한 클러스터를 다음 단계에서 공간적 거리로 결합하게 되는 등 **반드시 해석하기 쉬운 클러스터가 되지 않을 가능성이 있습니다**. 이 점에는 주의할 필요가 있습니다.

그림으로 보는 핵심 정리 !

계층적 클러스터링 순서

[그림1] 첫 단계

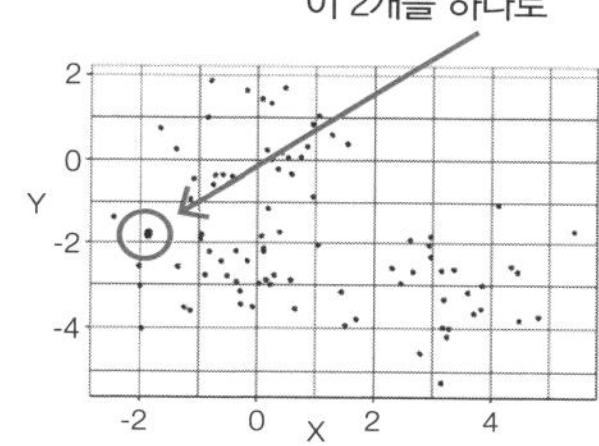

클러스터 수를 데이터 수와 똑같이 설정하고, 가장 가까운 2개를 하나로 만든다

[그림2] 덴드로그램

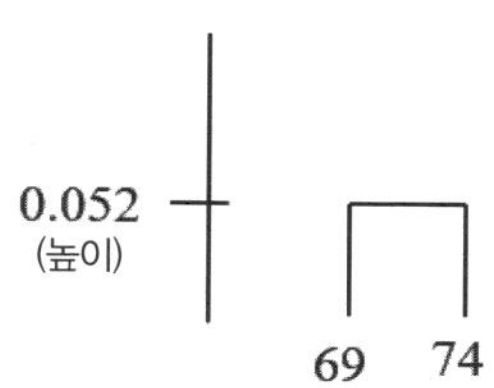

거리를 높이로 해서 클러스터를 결합했는지 기록한다

[그림3] 최종적인 덴드로그램

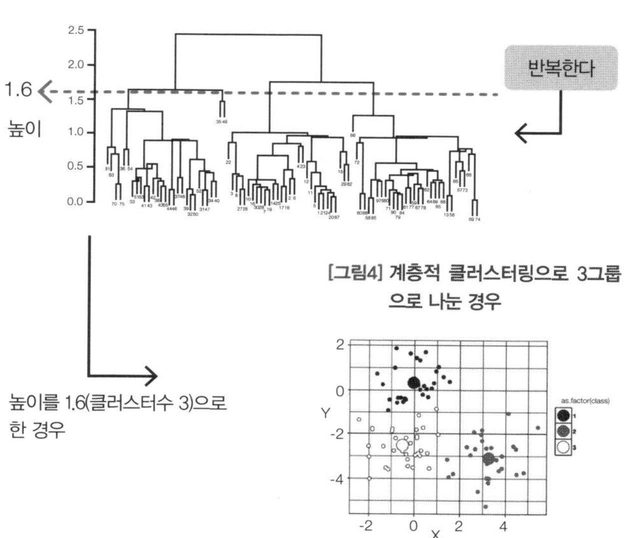

높이를 1.6(클러스터수 3)으로 한 경우

[그림4] 계층적 클러스터링으로 3그룹으로 나눈 경우

그림으로 배우는 데이터 과학 14

비지도 학습

▶03 주성분 분석

주성분 분석이란 **다수의 변수를 소수로 줄여 데이터를 다시 표현**하는 방법입니다. 일반적으로 **차원감소**라고 부릅니다. 원래 변수에 상관관계가 없으면 유효한 방법은 아니지만, 주가의 시계열 등 변수 개수와 비교해 분산을 낳는 주요인이 적을 때 매우 효과적인 방법이 됩니다.

시각적으로 파악할 수 있도록 우선은 [그림1]처럼 두 변수의 문제를 생각합시다. 우리의 목적은 이를 하나의 변수로 다시 표현하는 것입니다. 데이터 분석 목적에 따라 무엇을 좋은 표현이라고 하는지는 달라지지만, 주성분 분석의 경우 **분산을 많이 설명하는 것이 좋은 표현**이라고 합니다.

그럼, 실제로 살펴봅시다. 두 변수로 표현된 데이터를 하나의 변수로 다시 표현할 때 **가장 간단한 방법은 한쪽 변수의 축을 사용하는 것**입니다. 예를 들어 [그림1]의 x 축(파선)에 사영해 봅시다. 이 경우 분산은 820.58이 됩니다. 반면에 [그림1]의 실선을 새로 p1 축으로 해서 이 축에 사영해 봅시다. 이 선은 축을 회전시키면서 그 축에 데이터를 사영했을 때 분산이 가장 커지는 것을 선택한 것입니다. 실제 분산은 1109.08이 되어 데이터의 x 축보다도 커집니다. 이것이 주성분 분석의 기본 개념입니다. 두 변수 문제에서 p2 축을 정할 경우는 p1 축에 직교하는 축으로 합니다.

3변수 이상이 되더라도 기본적인 개념은 같습니다. 우선 데이터의 분산이 가장 커지도록 최초의 축을 그리고, 두 번째 이후는 최초의 축에 직교한다는 제약 아래서 데이터의 분산이 가장 커지도록 축을 그립니다. 마지막 축은 **첫 번째와 두 번째 축 양쪽에 직교하는 축**으로서 자동으로 정해집니다.

그림으로 보는 핵심 정리!

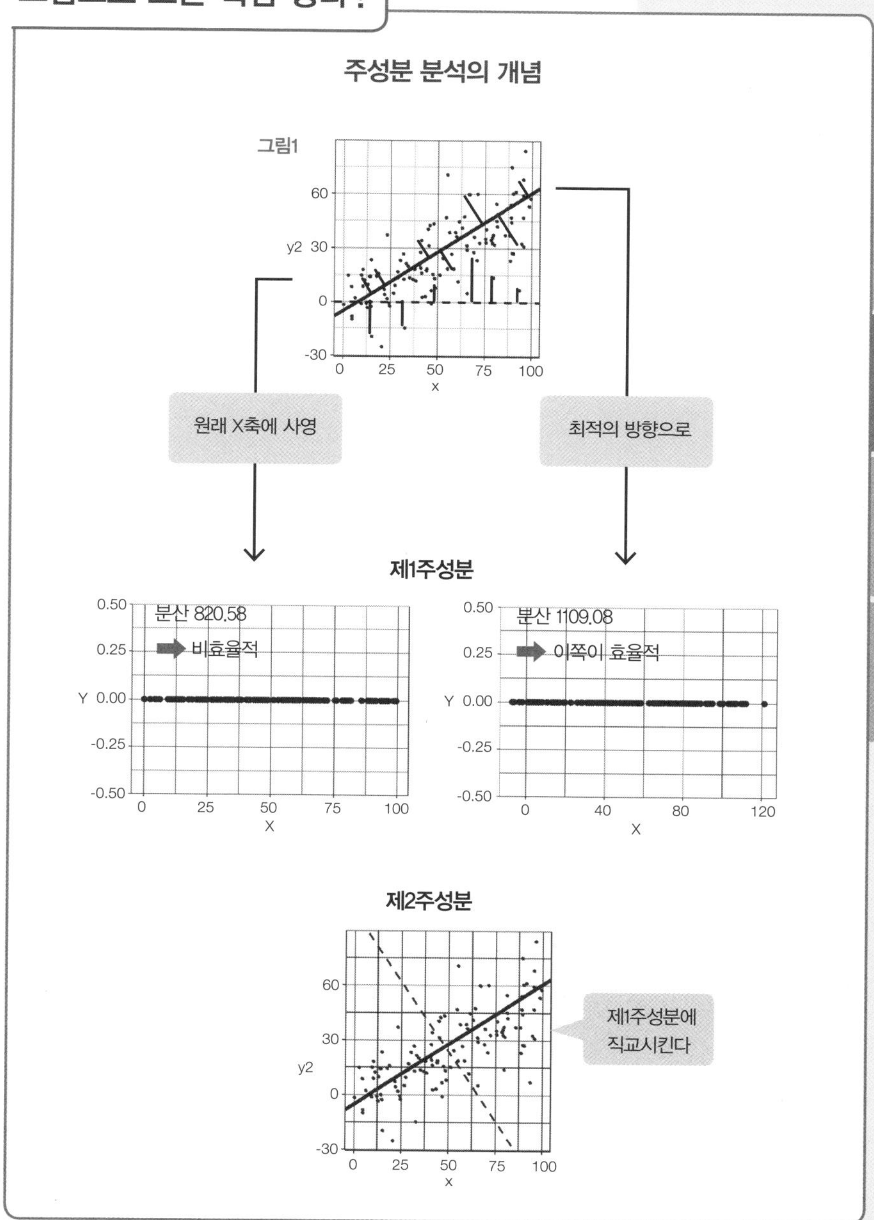

주성분 분석의 개념
그림1
y2
x
원래 X축에 사영
최적의 방향으로
제1주성분
분산 820.58
비효율적
분산 1109.08
이쪽이 효율적
Y
X
제2주성분
제1주성분에 직교시킨다

▶04 주성분 분석과 특잇값 분해

주성분 분석을 수학적으로 살펴봄으로써 특잇값 분해와의 관계를 알아봅시다. 수식을 간단히 하고자 각 데이터는 표준화된 것으로 합니다(평균을 0으로 하고 분산을 1로 한다). X를 데이터 행렬(행이 레코드, 열이 변수에 대응)이라고 하면, 공분산 행렬 Σ는 다음과 같이 계산할 수 있습니다.

$$\Sigma := \frac{X^T X}{n-1} \qquad \text{식1}$$

수학적인 유도 과정은 생략하지만, 주성분 분석은 공분산 행렬의 고윳값 문제를 해결하는 것과 일치합니다. 그러므로 다음과 같이 분해할 수 있습니다.

$$\Sigma = V_p \Lambda V_p^T \qquad \text{식2}$$

Λ는 행렬의 주대각선 성분을 제외한 모든 성분이 0이 되는 대각행렬이고, V_p의 각 열은 **고유벡터**라고 불리는 것이 됩니다. 이 행렬을 이용해서 XV_p와 곱하면 주성분 분석과 같은 변환을 할 수 있습니다. 차원을 줄일 경우는 V_p의 몇 개 열만 이용합니다.

원래 행렬 X에 대해서도 행렬 분해할 수 있습니다. 이를 **특잇값 분해**라고 부릅니다.

$$X = USV_s^T \qquad \text{식3}$$

여기서 S는 대각선 성분을 제외한 모든 성분이 0인 대각행렬, U와V_s는 유니타리 행렬(unitary matrix)로 불리는 전치행렬과 역행렬이 일치하는 특수한 행렬입니다. 식(2)와 식(3)을 보면, Λ의 대각성분에 $(n-1)$을 곱한 것과 S의 대각성분의 제곱은 완전히 일치합니다. 또 V_s와 V_p는 부호 관계가 일치하지 않을 가능성이 있다는 점만 제외하면 값은 일치합니다. 부호 관계가 일치하지 않는 것은 U행과 V_s 열 양쪽에 -1을 곱하는 경우를 상상하면 알 수 있을 것으로 생각합니다($-1 \times -1 = 1$). **요컨대 주성분 분석과 특잇값 분해는 수학적으로 비슷한 문제를 해결하고 있다는 것을 알 수 있습니다.**

그림으로 보는 핵심 정리 !

주성분 분석과 특잇값 분해의 관계

주성분 분석은 공분산 행렬의 고윳값 문제로서 풀 수 있다

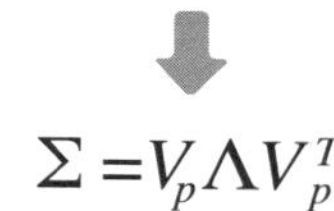

$$\Sigma = V_p \Lambda V_p^T$$

주성분 분석과 특잇값 분해는 부호가 일치하지 않을 가능성을 빼면 기본적으로 같아진다. 특잇값 분해로 생각하면 원 데이터 X를 행렬 분해하는 모습을 알 수 있다.

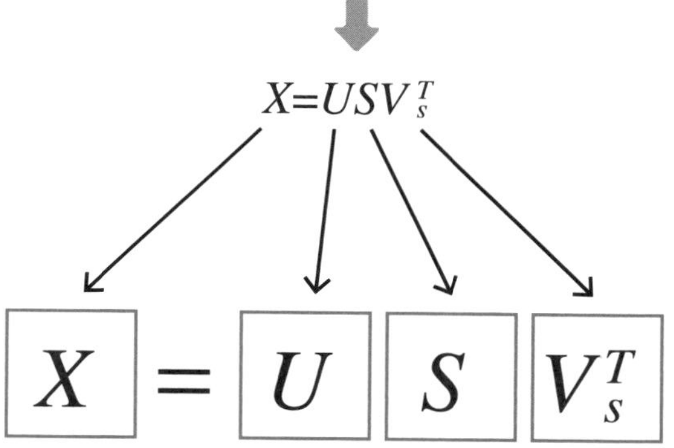

$$X = USV_s^T$$

원포인트 해설!

주성분 분석과 특잇값 분해는 비슷한 수학적 문제를 해결하며, 특잇값 분해로 보면 원 데이터 X의 행렬 분해를 하고 있다는 것을 알 수 있다.

그림으로 배우는 데이터 과학 14

비지도 학습

▶05 특잇값 분해와 주가 분석

특잇값 분해를 응용해 주가의 로그수익률 데이터를 분석해 보겠습니다. 데이터는 API 등으로 간단히 수집할 수 있습니다. 여기서는 2012년 8월 1일 ~ 2017년 3월 31일 전 기간 중 상장된 회사로만 좁혀서 분석해 봅시다(2048개 종목이 있습니다). 주가는 원래 가격이 아니라 **로그수익률을 이용하여 분석**합니다. P_{it}가 종목 i의 시점 가격 t를 나타내는 것으로 하면, 종목의 시점 t의 로그수익률은 다음 식으로 정의됩니다.

$$r_{it} = \log \frac{p_{it}}{p_{it-1}}$$

$r_{i1},\ldots,r_{iT}$에 대해서 시간 방향으로 정규화(평균을 빼고 표준편차로 나눈다)한 데이터를 각 행에 저장해 데이터 행렬 X를 작성합니다. 여기에 조금 전의 특잇값 분해를 곱하여 US의 각 행을 살펴봅시다.

US의 제1행을 보면, 종목 코드 1571(닛케이 평균 인버스 인덱스) 부근을 빼고 거의 모든 종목이 플러스의 높은 값을 취하고 있다는 걸 알 수 있습니다(그림1).

닛케이 평균 인버스 인덱스는 닛케이 평균 주가와 반대로 움직이도록 설계된 점에서도 알 수 있듯이 제1성분은 시장 전체의 움직임을 파악한 것으로 생각할 수 있습니다. 실제 제1성분의 고유 벡터를 보면 이 시기의 시장 동향과 비슷한 움직임을 볼 수 있습니다(그림2).

마찬가지로 4열의 값이 높은 주식은 종목 코드로 말하면 8800~9000 사이입니다(그림3). 이것은 부동산 업계에 해당합니다. 7열의 값이 높은 주식은 종목 코드로 보면 1700~1900번으로, 이것은 건설업계에 해당합니다(그림4). 이처럼 **복잡한 시장에 대해 단순한 선형 분해로도 비교적 확실한 통찰**을 얻을 수 있다는 것을 알 수 있습니다.

그림으로 보는 핵심 정리 !

주가의 로그수익률을 사용한 데이터 분석

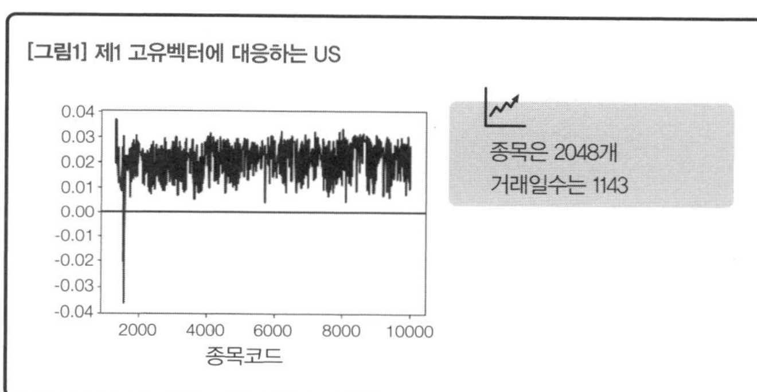

[그림1] 제1 고유벡터에 대응하는 US

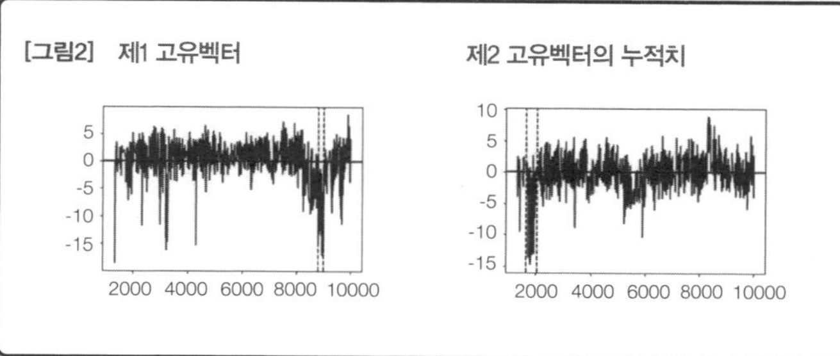

[그림2] 제1 고유벡터 / 제2 고유벡터의 누적치

[그림3] 제4 고유벡터에 대응하는 US

제4 고유벡터에 대응하는 US의 값을 종목 코드에 나란히 표시한 것

[그림4] 제7 고유벡터에 대응하는 US

제7 고유벡터에 대응하는 US의 값을 종목 코드에 나란히 표시한 것

part 4

코퍼스와 네트워크 분석

Ch 15. 토픽 모델

Ch 16. 네트워크 분석

총괄

1장에서 빅데이터 시대가 되면서 다양한 데이터를 손에 넣을 수 있게 되었다고 말했습니다. 새로 생겨난 데이터의 종류를 전부 설명하는 것은 지면 사정상 불가능하므로, 여기서는 검색 기술에서도 사용되는 코퍼스(대량의 말뭉치) 분석과 사회과학에서도 인기가 많은 네트워크 데이터 분석을 살펴봅니다.

3부와 비교하면 내용이 조금 발전했지만, 사용하는 기법이 근본적으로 14장에서 본 클러스터링이나 행렬분해와 비슷하다는 점만 알 수 있다면 그걸로 충분합니다.

15장_ 토픽 모델

처음에 코퍼스 분석은 백오브워즈(bag of words)라는 행렬을 분해함으로써 가능해진다고 설명합니다. 하지만, 단순히 행렬을 분해하는 것만으로는 결과 해석의 용이성에 문제가 생긴다는 게 경험적으로 밝혀졌습니다. 그래서 180페이지에서 설명하는 잠재 디리클레 할당(Latent Dirichlet allocation, LDA)에서 볼 수 있는 것처럼 확률적인 확장을 하는 것이 일반적입니다.

이 장에서는 간단한 동전 던지기 모델의 예로부터 시작해 확장에 필요한 수학적 예비지식을 설명한 후에 토픽 모델의 가장 기본적인 형태인 LDA를 이해하는 것을 목표로 합니다.

실제 사례가 없으면 재미가 없을 것 같아, 이 장의 끝에서는 경기 전문가 조사를 LDA를 이용해서 가볍게 분석해 봅니다.

16장_ 네트워크 분석

네트워크 데이터 분석을 살펴봅니다. 네트워크란 노드(점)와 노드 사이를 연결하는 엣지(변)로 정의되는 데이터 구조로, 최근 점점 관심이 고조되는 데이터 구조입니다.

우선 네트워크의 기본적인 정의에서 시작해, 검색 엔진에서 사용되는 페이지랭크와 소셜 네트워크 분석에서 많이 이용되는 커뮤니티 추출에 대해서 설명합니다. 끝으로 14장과 15장에서 사용한 행렬 분석 기법을 이용해 네트워크 상에서 혹은 지식 그래프상에서 결손된 엣지를 보완하는 링크 예측 문제에 관해서도 다룹니다.

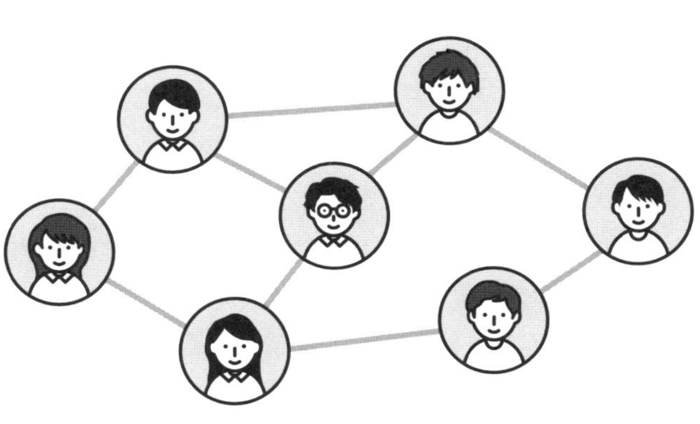

Part 1 Part 2 Part 3 Part 4 Part 5

그림으로 배우는 데이터 과학 15

토픽 모델

▶ 01 백오브워즈와 음수 미포함 행렬 분해

대량의 문서가 있다고 합시다. 그 문서들은 API로 수집한 국회회의록일지도 모르고, 몇 년에 걸쳐 모은 뉴스 기사일지도 모릅니다. 이 대량의 문서 중에 어떤 화제의 문장이 있는지 요약 정보를 얻고 싶다고 합시다.

이때 주로 사용되는 것이 **백오브워즈 분석** 기법입니다. 백오브워즈란 오른쪽 페이지의 그림처럼 각 문서에서 단어의 출현 빈도를 행렬 형식으로 정리한 것입니다. 고지엔 사전에 수록된 단어 수는 약 27만 개라고 합니다. 이런 경우 백오브워즈 행렬은 매우 거대해집니다. 또 스포츠 화제에 우주 관련 단어는 관계가 없다는 점에서도 알 수 있듯이 대부분 요소는 0이 됩니다. 이처럼 값이 거의 0인 행렬을 **희소행렬**이라고 부릅니다.

문서 군의 요약을 구할 때는 이 희소행렬을 분해하는 방법을 사용하는 경우도 있습니다. 164페이지에서 살펴본 특잇값 분해도 효과적인 방법이며, 그런 경우 **잠재 의미 분석**(Latent Semantic Analysis, LSA)이라고 불립니다(오른쪽 페이지 하단①). 또 행렬의 각 요소가 양수인 성질에 주목하면 **음수 미포함 행렬 분해**라는 방법도 적용할 수 있습니다. 음수 미포함 행렬 분해는 어떤 행렬 X를 X~WH로 분해하는 것입니다.

이름처럼 여기 W에서 H와 X는 똑같이 음수를 포함하지 않는다고 합시다. 이 제약으로 상기 행렬의 분해는 승법적 갱신 알고리즘으로 쉽게 추정할 수 있습니다(오른쪽 페이지 하단②).

이런 행렬 분석 기법을 이용할 때 한 가지 문제가 되는 것이 **확률적으로 다루기 곤란**하다는 점입니다. 이 문제를 개선한 것이 180페이지에서 소개한 잠재 디리클레 할당(Latent Dirichlet allocation, LDA)으로 토픽 모델이라고 불리는 모델의 일종입니다.

그림으로 보는 핵심 정리 !

대량의 문서에서 요약을 얻는 방법

백오브워즈 · · · 문서군을 단어의 출현빈도의 행렬로 표현한 것

	단어A	단어B	단어C	단어D	단어E
문서1	1	3			1
문서2	2				
문서3			1		

X가 음수 미포함(음수 미포함 행렬)이라면 W와 H를 음수 미포함으로 가정해서 다음처럼 분해할 수 있다.

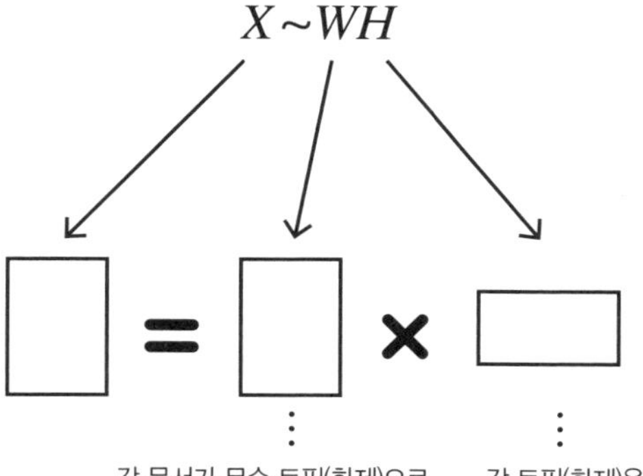
X~WH
각 문서가 무슨 토픽(화제)으로 구성되어 있는가
각 토픽(화제)은 어떤 단어를 낳는가

① S. Deerwester, Susan Dumais, G.W. Furnas, T. K. Landauer, R. Harshman. "Indexing by Latent Semantic Analysis". Journal of the American Society for Information Science 41 (6): 391–407, 1990.

② D. D. Lee and H. S. Seung, Algorithms for Non-negative Matrix Factorization, In NIPS, Vol. 13, pp. 556–562, 2000.

▸02 동전 던지기 모델

앞면이 나올 확률이 θ인 동전이 있습니다. 이 동전을 다섯 번 던져서 나온 결과를 x_1, x_2, x_3, x_4, x_5라고 합시다. 당연히 θ의 값에 따라 결과가 나오는 방식은 달라집니다. θ가 0.5라면 앞면이 나올 확률과 뒷면이 나올 확률은 같습니다. θ=0.9라면 앞면이 나올 확률이 높아집니다. θ=0.1이면 뒷면이 나올 확률이 높아집니다.

이 문제를 모식도로 나타낸 것이 [그림1]입니다. 네모로 에워싼 부분은 그 변수가 오른쪽 아래에 기록한 수만큼 복제되는 것을 의미합니다. 이런 생략 기법을 **플레이트 노테이션**(Plate notation)이라고 하고, 파란색 동그라미로 표현된 변수는 **관측 변수**(동전의 앞뒤 등을 관측할 수 있는 변수)를 나타내고, 흰색 동그라미는 **잠재 변수**(앞면이 나올 확률 등 직접 관측할 수 없는 변수)를 나타냅니다.

단순히 다섯 번 동전을 던진 결과에서 θ를 추정할 경우, 앞면이 나온 횟수를 동전을 던진 횟수 5로 나누면 θ가 구해집니다. 하지만 이따금 다섯 번 연속으로 앞면이 나오는 경우도 있습니다. 이런 경우, 조금 전에 말한 추정 방식을 이용하면 다음과 같습니다.

$$\theta = \frac{5}{5} = 1$$

이 결과만 보면, 이 동전은 앞면만 나오는 동전으로 섣불리 판단해 버리게 됩니다. 이에 대해, θ 값은 0.5 부근의 값을 취한다는 것을 사전에 알고 있다고 합시다. [그림3]의 굵은 실선과 같은 상황에서 θ는 0.5 부근이지만 정확히는 알 수 없는 상황입니다. 이렇게 사전에 알고 있는 정보를 반영한 확률 분포(**사전분포**로 불립니다)를 모델 안에 넣어, [그림2]처럼 2단 구조 모델로 확장합니다. 이렇게 하면 실제 동전을 던진 결과뿐만 아니라 사전분포 정보를 반영할 수 있게 됩니다.

그림으로 보는 핵심 정리 !

[그림1] 동전 던지기 모델

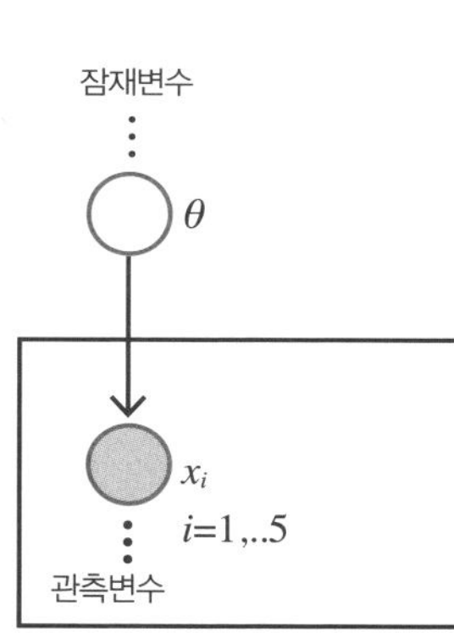

[그림2] 2단 구조 모델

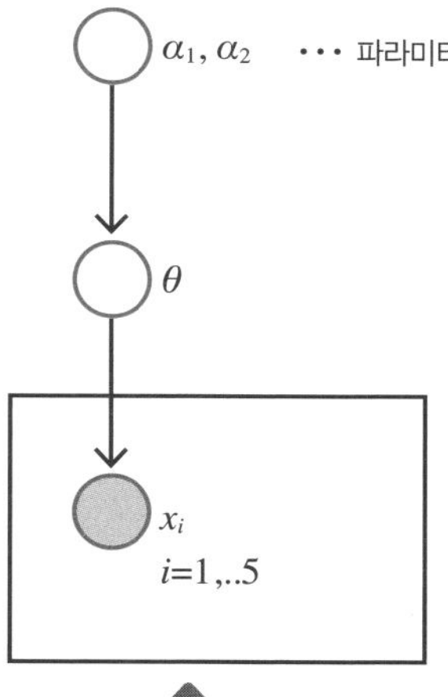

사전분포를
모델에 넣는다

[그림3] 사전분포의 예

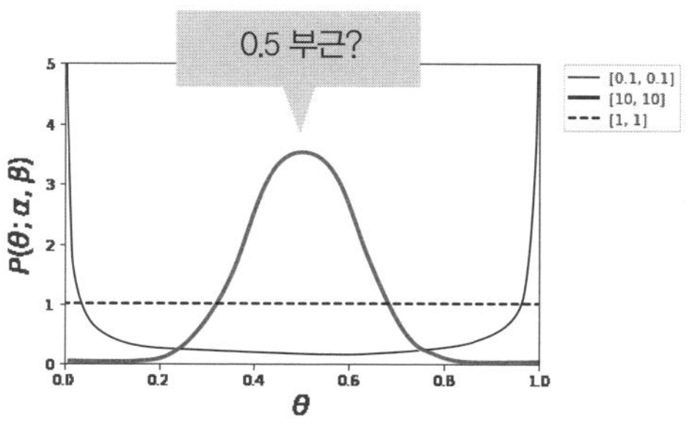

▶03 확률 모델

동전 던지기 모델을 수식으로 정리해 봅시다. 이전 페이지의 [그림1]의 모델은 다음과 같이 쓸 수 있습니다.

$$p(\{x_{1:5}\}|\theta) \propto \prod_{i=1,\ldots 5} \theta^{x_i}(1-\theta)^{1-x_i}$$

여기서 ∝는 비례 관계를 나타냅니다(이 절에서는 정규화 상수를 생략할 때 사용합니다). x_i는 앞면이면 1, 뒷면이면 0을 취하고, θ는 0부터 1까지의 값을 취한다고 합시다. 이 식은 152페이지에서도 봤지만, 우도(likelihood, 가능도)라고 불리는 것이 있어, 우도를 최대화함으로써 가장 데이터를 따르는 파라미터를 추정할 수 있습니다. 가령 다섯 번 연속으로 앞면이 나온 경우는 $p(x_{1:5}|\theta) \propto \theta^5$가 되고, 직감대로 θ=1이 **최대 우도 추정값**이 됩니다.

앞 절의 [그림2]는 우도뿐만 아니라 사전분포를 포함했습니다. 다시 말해, 우선 사전분포에서 θ를 샘플링하고, 그 θ를 이용하여 x_i를 샘플링하는 모델입니다. 수식적으로는 2단 구조 모델이 됩니다.

$$p(X|\theta,a)=p(\theta|a)p(X|\theta)=p(\theta|a)\prod_{i=1,\ldots 5}\theta^{x_i}(1-\theta)^{1-x_i}$$

$p(\theta|a)$를 공식화하면, 나머지는 최대 우도 추정일 때와 같아지도록 위 식을 최대화하는 θ를 구하면 사전정보를 포함하는 파라미터를 추정할 수 있게 됩니다. 이렇게 추정한 θ를 **최대 사후확률 추정값**이라고 부릅니다.

그림으로 보는 핵심 정리 !

최대 우도 추정값과 최대 사후확률 추정값

사전정보를 포함하지 않는 추정값  최대 우도 추정값

사전정보를 포함하는 추정값  최대 사후확률 추정값

원포인트 해설!

사전정보를 포함함으로써 데이터가 적을 때도 극단적인 추정값이 되는 것을 방지할 수 있다.

▶04 사전분포와 정규화

앞 절의 사전분포를 포함하는 동전 던지기 모델의 예를 떠올려봅시다. 이 모델에서 $p(\theta|a)$를 정하면, θ는 구체적으로 식을 최대화할 수 있는 값이라는 것은 앞에서도 설명한 대로입니다. $p(\theta|a)$에는 여러 가지 생각해 볼 수 있지만, 일반적으로는 **공액 사전분포**인 **베타분포**를 이용합니다(174페이지에서 본 분포가 베타분포입니다). 공액 사전분포는 사전분포와 우도를 곱한 후의 사후분포의 형태가 사전분포와 같아진다는 성질이 있습니다. 어려운 것은 아무것도 없습니다. 단순히 이 특성에 의해 계산이 편해질 뿐입니다. 베타분포는 다음 식으로 정의됩니다.

$$f(\theta|a_1, a_2) = \frac{1}{C}\theta^{a_1-1}(1-\theta)^{a_2-1}$$

여기서 a_1,a_2는 양수이고 C는 f를 확률밀도 함수로 만들기 위한 정규화 상수입니다. 이 수식만 보면 뭐가 뭔지 알 수 없을지도 모르지만, 이 분포는 0에서 1 사이에 값을 취하며, 파라미터에 따라 확률 p가 0.5 근처에 있는지 0이나 1 중 한쪽으로 치우치는지 표현할 수 있습니다. 다시 말해 동전 던지기의 예로 비유하자면, 전자의 상황은 사전분포로서 균등한 동전을 표현하는 게 되고, 후자는 어느 쪽인지 알 수 없지만 극단으로 치우친 상황을 나타내게 됩니다.

실제로 다섯 번 연속으로 앞면이 나온 예로 θ를 추정하면, $a_1 = a_2 = 10$일 때 0.565가 됩니다. 최대 우도 추정값과 비교하면, 사전정보를 고려해 치우침이 적은 추정값이 됩니다. $a_1 = a_2 = 0.1$일 때는 0.969로 치우친 추정값이 됩니다. 사전분포는 사전정보를 포함하는 형태로 파라미터 추정에 136페이지에서 본 정규화를 하는 것을 볼 수 있습니다. 이런 **사전분포의 정규화 역할을 이용한 것이 LDA**입니다.

그림으로 보는 핵심 정리 !

공액사전분포란

공액사전분포

사전분포와 우도를 곱한 후의
사후분포 형태가 같아지는 것

계산이 매우 편해진다!

동전던지기 모델(이항분포)의 공액사전분포는 베타분포

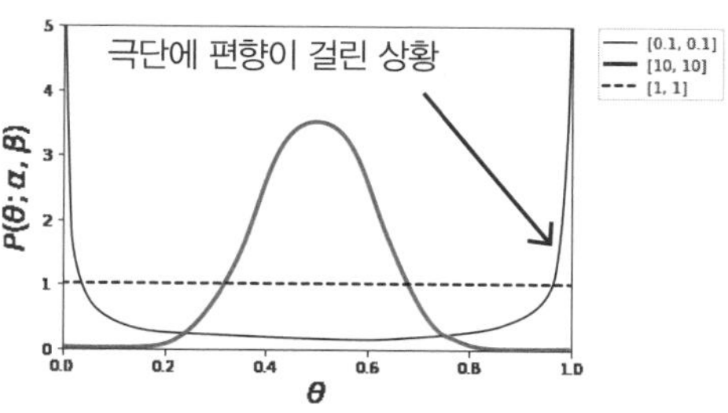

▶05 LDA와 경기 동향 조사

이 장 처음에 소개한 잠재 디리클레 할당(LDA)의 모식도는 [그림1]과 같습니다. [그림1]에 따르면, 문서는 복수의 토픽으로 구성된 것을 알 수 있습니다. 실제 어떤 문서가 하나의 '화제'만으로 생성되었다고는 생각하기 어려우므로 효과적인 가정이라고 할 수 있습니다.

각 토픽은 소수의 복수 단어를 생성하도록 설계되어 있습니다. 토픽은 14장 5절에서 본 고유 벡터와 같은 것으로 특징짓는 단어가 몇 개 있는 거라고 생각해 주세요. LDA에서는 어떤 문서 d 안에 출현하는 단어는 토픽 분포의 혼합에 의해 생성되는 모델로 되어 있습니다.

단어의 출현은 동전의 앞면 뒷면처럼 이항분포로 쓸 수 없습니다. 그래서 이항분포를 **다항분포**로 확장합니다. 또한 똑같이 사전분포로 사용하는 베타분포도 **디리클레 분포**로 확장합니다. 이 디리클레 분포가 LDA의 특색입니다. 조금 전 동전 던지기 예에서 앞면이 나올 확률이 극단적인 동전 던지기를 모델링할 때 베타분포의 계수를 조정함으로써 정규화할 수 있다고 설명했습니다. 이처럼 디리클레 분포도 파라미터에 따라서는 **문서는 소수의 복수 토픽으로 구성되고, 토픽도 소수의 복수 단어로 표현된다는 사전정보를 잘 종합할 수 있습니다.**

이 효과는 절대적이라 행렬 분해보다도 해석하기 쉬운 토픽을 얻을 수 있는 걸로 유명합니다. 참고삼아서 경기 동향 조사에 LDA를 적용한 경우의 결과를 게재했습니다. 경기 동향 조사란 매월 경기의 현황과 전망에 관해 판단을 조사한 것으로, 경기 전망의 판단 이유가 단문으로 기재되어 있습니다. '증세'나 '연말 판매 경쟁'을 파악한 토픽이 추출된 것을 알 수 있습니다.

그림으로 보는 핵심 정리 !

LDA의 모식도와 경기 동향 조사

[그림1] LDA의 플레이트 노테이션

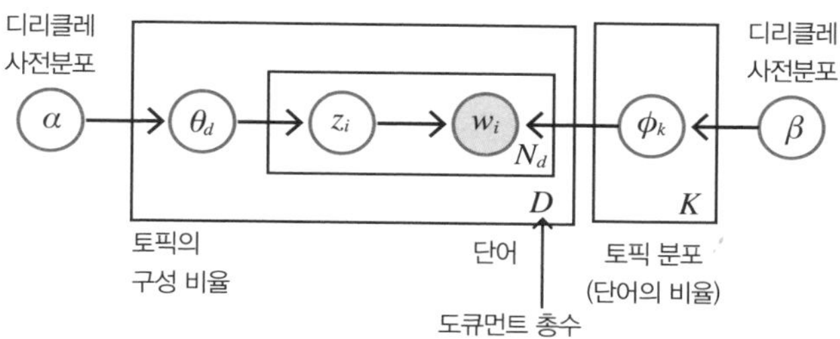

경기 동향 조사

2000~2017년의 선행 텍스트(약 20만건)에 LDA를 적용했을 때의 토픽과 어느 시기에 그 토픽이 자주 사용되는가를 조사

증세

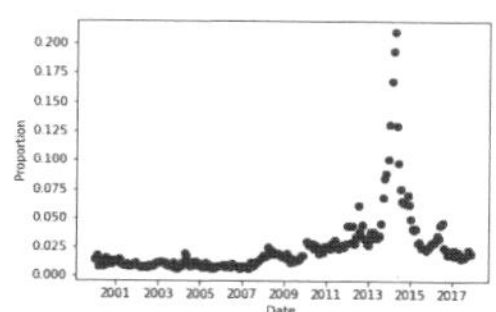

토픽 분포의 상위 단어

소비, 강하다, 사람, 구매보류, 개인, 생활, 지망, 경향, 절약, 영향, 보험, 마인드, 현저, 요리, 필수

연말 판매 경쟁(10~12월에 많다)

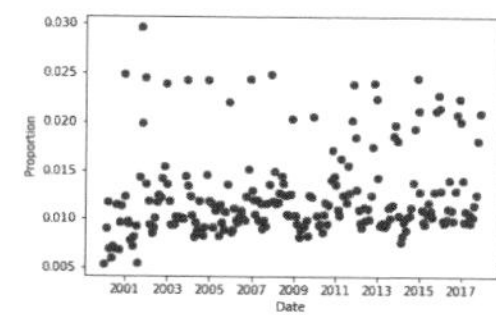

토픽 분포의 상위 단어

부분, 음식, 레스토랑, 둔하다, 심하다, 연말, 용, 움직임, 성, 판매 경쟁, 인터넷, 물가, 백화점, 패션, 이행, 식품

미니 지식

모델 추론법은 부분 베이즈, Collapsed Gibbs Sampling 등 여러 가지 방법이 있다. LDA는 단어 정보뿐만 아니라 문서마다 붙어 있는 라벨이나 문서간의 연결 등으로 다른 정보를 포함하도록 확정할 수도 있다.

그림으로 배우는 데이터 과학 16

네트워크 분석

▶01 네트워크란

네트워크 데이터란 **노드(점)와 엣지(변)으로 표현되는 데이터 형식**을 말합니다. 관계형 데이터로 부르는 경우도 있습니다. 예를 들어 Facebook 등의 SNS를 생각해 봅시다. 이 경우, 각 계정이 노드에 해당하고 친구 관계는 엣지에 해당합니다.

웹 페이지의 경우, 각 페이지가 노드에 해당하고, 하이퍼링크가 엣지에 해당합니다. 어떤 노드에서 나온 엣지의 총수를 **출차수**라고 부르고, 어떤 노드에 들어오는 엣지의 총수를 **입차수**라고 부릅니다. 친구 관계를 나타내는 네트워트에서 A씨에게서 B씨에게로 친구라는 엣지가 나와 있을 때 B씨에게서도 A씨에게로 친구라는 엣지가 반드시 나와 있다면 입차수와 출차수는 일치합니다. 이 네트워크를 엣지의 방향 정보를 무시한다는 의미로 **무향 네트워크**라고 부릅니다. 반대로 웹 페이지의 예처럼 명시적으로 엣지의 방향을 다루는 것을 **유향 네트워크**라고 부릅니다.

노드와 엣지의 종류가 여러 개인 네트워크도 있습니다. 이런 네트워크는 일반 네트워크와 구별하고자 **멀티플렉스(Multiplex) 네트워크**나 **헤테로지니어스(Heterogeneous) 네트워크**로 불립니다. 예를 들어 기업 간의 거래 관계와 기업과 사람을 연결하는 고용 관계, 사람 간의 네트워크가 기록된 데이터가 있다고 합시다. 이 경우 노드는 두 종류이고, 엣지는 3종류가 됩니다.

노드도 엣지의 종류도 매우 많은 네트워크로서는 Wikipedia의 정보에서 추출한 DBpedia가 유명하며, **지식 그래프**라고 불립니다. '도날드 트럼프, 직업, 미국 대통령', '도날드 트럼프, 국적, 미국', '도날드 트럼프, 집필하다, The Art of the Deal' 등 개념 사이의 관계로 정보를 저장하고 있습니다.

그림으로 보는 핵심 정리 !

유향 네트워크와 무향 네트워크

화살표가 의미를 갖는 네트워크 = 유향 네트워크

화살표가 의미를 갖지 않는 네트워크 = 무향 네트워크

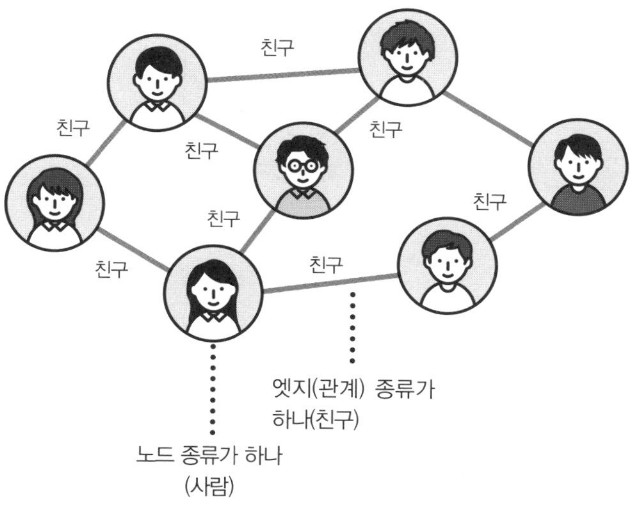

노드도 관계의 종류도 많이 있는 네트워크	=	Heterogeneous 네트워크

그림으로 배우는 데이터 과학 16

네트워크 분석

▶02 페이지랭크와 검색 엔진

웹 페이지와 하이퍼링크로 구성된 네트워크를 생각해 봅시다. 여러분도 많은 웹 페이지로부터 링크되는 웹 페이지가 중요한 페이지라고 생각할 수 있을 것입니다.

이 아이디어를 바탕으로 간단한 **웹 페이지의 랭킹을 조사하는 알고리즘**을 만들어 봅시다. 예를 들어, 노드별 입차수(다른 페이지에서 링크된 수)를 점수로 해보는 건 어떨까요?

입차수를 그대로 점수로 이용한다면, 모든 링크가 동등한 공헌도를 가진다고 가정하는 게 됩니다. 즉, 링크를 건 원 페이지의 점수가 높든 낮든 입차수만 많으면 그 페이지의 점수는 높아집니다. 하지만, 아무도 주목하지 않는 페이지보다는 많은 사람이 주목하는 페이지로부터 링크되는 편이 좋다고 생각할 수도 있습니다.

이런 단순한 아이디어를 도입한 게 **페이지랭크(PageRank)**입니다. 페이지 랭크는 구글이 검색엔진 기술로서 개발한 기법이기도 합니다.

어떤 페이지 i의 점수는 다음 식으로 정의됩니다.

$$score(i) = \frac{p}{N} + (1-p)\Sigma_{j \in j \rightarrow i} \frac{score(j)}{out(j)}, i=1,2,...N$$

여기서 $out(j)$은 노드 j의 출차수를 나타내고, 확률 p는 네트워크와는 관계없이 어떤 웹 페이지에 도달하는 확률로, 일반적으로 0.15로 설정하는 경우가 많습니다. 두 번째 항의 Σ 오른쪽에선 링크한 웹 페이지의 점수를 출차수로 나누고 있습니다. 이렇게 함으로써 스팸 사이트처럼 **무턱대고 링크를 거는 페이지의 영향을 줄이고 있다**는 걸 알 수 있습니다.

위 식은 순차적으로 갱신함으로써 해를 구할 수 있습니다.

그림으로 보는 핵심 정리!

페이지랭크 계산하기

입차수는 똑같은 1이지만

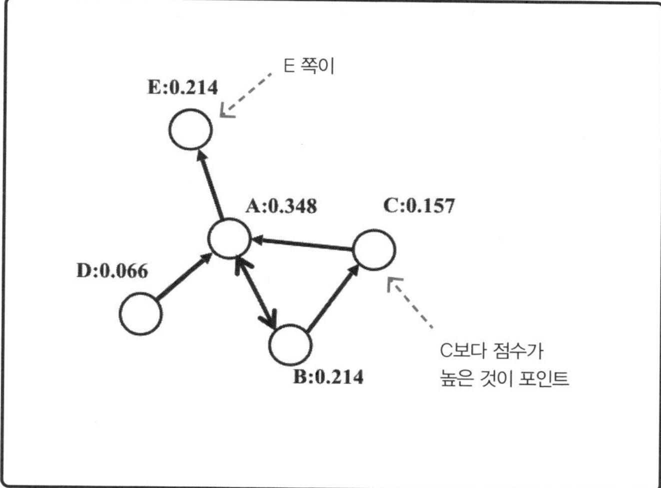

HITS 등 그밖에도 여러 가지가 있다!

미니 지식

그밖에도 '링크를 많이 모은 페이지'뿐만 아니라, '좋은 페이지에 링크한 페이지'를 차별하는 HITS라는 알고리즘도 있다. 흥미가 있다면 더 조사해 보는 것도 좋다.

▶03 커뮤니티 추출

커뮤니티 추출이란 네트워크 구조에 기반해 **노드를 몇 개 그룹으로 클러스터링**하는 기법입니다. 예를 들어 오른쪽 그림을 봅시다. 이 그림은 노드를 정치 관련 서적으로 하고, 같은 소비자가 구매한 서적을 엣지로 해서 연결한 것입니다. ●끼리의 연결이 ●와 ■의 연결보다 많다는 것을 알 수 있습니다.

그런데 네트워크의 정보만으로 어떻게 위와 같은 커뮤니티 추출을 하는 걸까요? 158페이지의 K-평균법에서는 같은 라벨을 가진 데이터점끼리의 거리가 짧아지도록 손실 함수를 정했습니다. 마찬가지로 '같은 그룹이면 엣지를 연결할 확률이 높고, 다른 그룹이면 엣지를 연결할 확률이 낮다'라는 상황을 수학적으로 정의해 봅시다. 여기서는 다음 식을 이용합니다.

$$\frac{1}{m}\Sigma_{ij}\left[A_{ij}-\frac{k_i k_j}{m}\right]\delta(c_i, c_j)$$

여기서 A_{ij}는 i나 j에 엣지가 연결되어 있으면 1, 없으면 0이 되는 행렬(**인접행렬**이라고 부릅니다), k_i, k_j는 i, j의 출차수, m은 총 엣지 수, c_i, c_j는 i, j의 클래스 라벨, $\delta(c_i, c_j)$는 i와 j의 라벨이 일치하면 1, 일치하지 않으면 0이 되는 함수입니다.

같은 커뮤니티에 속한(다고 알고리즘이 판정한) 노드 쌍에만 주목합니다. 위 식은 두 노드 간에 엣지가 있으면 괄호 안이 양수가 됩니다. 반면에 두 노드 간에 엣지가 없으면 괄호 안이 음수가 됩니다. 위 식이 최대화되도록 노드를 클러스터링함으로써 커뮤니티 추출을 실행할 수 있습니다. 이 식의 값을 **모듈러리티**라고 합니다. 위 식은 계층적 클러스터링과 마찬가지로 모듈러리티가 가장 높아지는 순으로 바텀업 방식으로 클러스터링해 감으로써 극대화할 수 있습니다.

그림으로 보는 핵심 정리 !

같은 그룹은 엣지를 연결할 확률이 높아진다

커뮤니티 추출이란?

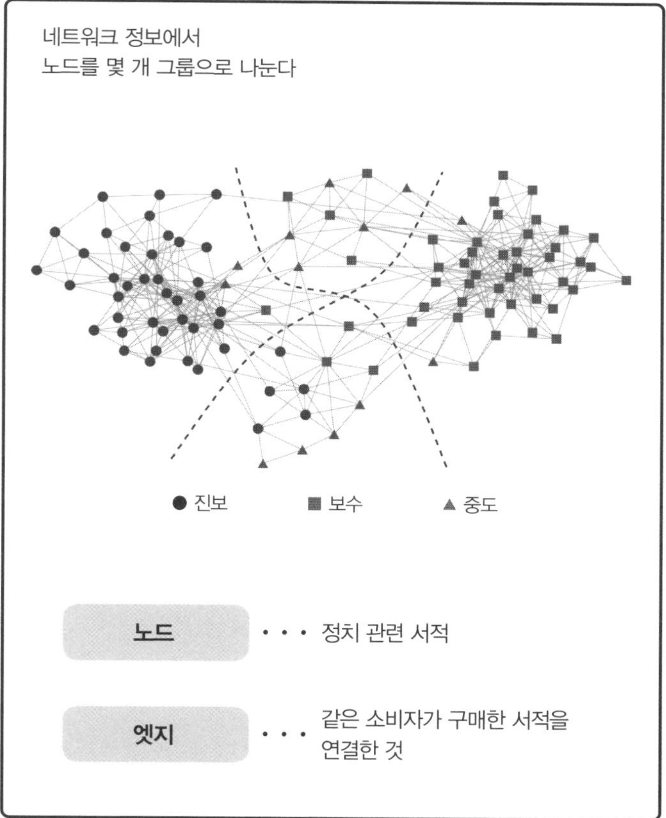

출처) M. E. J. Newman, "Modularity and community structure in networks.", PNAS, vol. 103 (23), 8577–8582, 2006

그림으로 배우는 데이터 과학 16

네트워크 분석

▶04 링크 예측

링크 예측이란 주어진 네트워크에서 (1) **어느 링크가 빠져 있는지** (2) **어느 링크가 미래에 새로 생길 가능성이 높은지** 예측하는 문제입니다. 이런 문제는 곳곳에서 볼 수 있습니다. Facebook에서 관측되는 친구 관계 네트워크 중에서 우연히 서로의 존재를 모른 채로 있는 사용자끼리 예측하고 보완하는 문제는 (1)번으로 분류됩니다. 이번에는 소비자와 상품을 노드로 해서 상품을 구매했을 때 그것을 엣지로 하는 네트워크를 생각해 봅시다. 이때 과거의 구매 기록을 통해 미래에 소비자가 그밖에 어느 상품을 구매할지 예측하는 문제도 링크 예측의 일종입니다. 이런 링크 예측은 Amazon의 추천 시스템 등에서 이용됩니다.

링크 예측을 하는 데에는 다양한 방법이 있지만, 이 장에서는 (A) 노드의 **소속 통계**를 이용하는 방법과 (B) **행렬 분해**를 이용하는 방법을 살펴보겠습니다. (A)의 가장 간단한 방법은 링크가 없는 노드 간에 **얼마만큼 공통된 인접 노드가 있는지 세어보는 것**입니다. 수식으로 나타내면 다음과 같습니다.

$$score(i,j) = |N(\mathrm{i}) \cap N(j)|$$

여기서 $N(i)$는 i씨와 직접 엣지로 연결된 노드를 나타내고, $|\,|$는 총수를 나타냅니다. 친구 네트워크의 경우, 공통된 친구가 있으면 있을수록 그 두 사람이 친구일 가능성이 높을 거라는 예측을 나타낸 것입니다.

그밖에도 노드 i와 j의 페이지랭크를 적용하는 등 링크 예측에는 다양한 방법이 있습니다. 이렇게 노드 부근에서 정의할 수 있는 소속 통계를 이용하는 방법은 얼핏 간단해 보이지만, **어느 정도 예측 정밀도가 나오는 것으로도 유명**합니다. 다음 절에서는 행렬 분해를 이용하는 방법을 설명합니다.

그림으로 보는 핵심 정리 !

네트워크 데이터가 주어졌을 때…?

데이터의 결손을 보완

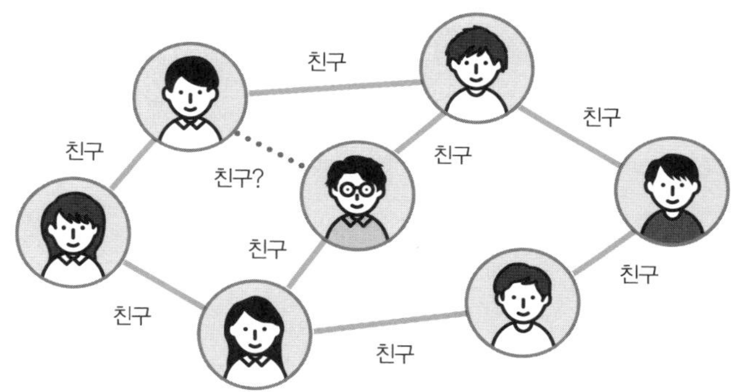

새로 생기는 링크를 예측

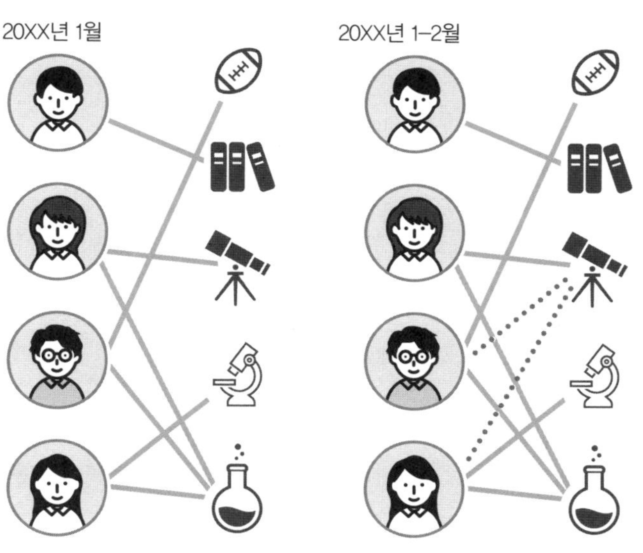

▸05 추천 시스템과 지식 그래프 보완

앞 절에 이어서 링크 예측 기법을 학습합니다. 여기서는 행렬 분해를 이용하는 방법을 살펴봅시다. 행렬 분해를 이용하는 방법에서는 인접행렬 A를 다음 식으로 근사합니다.

$$A \sim f(UU^T)$$

U는 $n \times k$인 행렬, f는 비선형 함수입니다. 이 방법의 목적은 **각 노드를 저차원 벡터로 표현**하는 것입니다. 그래서 k는 비교적 작은 값으로 설정합니다. 앞 절의 점수 표현으로 나타낼 경우, 어떤 노드 i의 잠재 표현을 u_i라고 하면 다음과 같이 됩니다.

$$score(i, j) = f(u_i^T u_j)$$

과적합을 방지하고자 다음과 같은 **정규화항을 넣은 손실 함수(loss function)를 최소화함으로써 훈련**하는 것이 일반적입니다.

$$\min_{U,\Lambda} \frac{1}{|O|} \Sigma_{ij \in o} loss(A_{ij}, f(u_i^T u_j)) + \frac{\lambda}{n} \Sigma_{i=1}^n u_i^2$$

여기서 $loss$는 적절한 손실 함수를 나타냅니다.

헤테로지니어스 네트워크에서는 K 종류의 엣지 각각에 인접행렬 A_k와 잠재 표현 간의 거리를 조정하는 행렬 Λ_k를 정의하고(k=1, ⋯K), 다음과 같은 모델을 구성하는 경우도 있습니다.

$$A_k \sim f(U\Lambda_k U^T)$$

적절하게 정규항을 넣으면 이 모델도 훈련할 수 있습니다. 이 방법은 182페이지에서 소개한 지식 그래프 등에서 이용되며 **데이터베이스에서 빠진 정보를 보완**하는 데 자주 사용됩니다.

그림으로 보는 핵심 정리 !

지식 그래프 보완하기

링크 예측 ・・・ 행렬 분해로도 가능

지식 그래프 보완이란…

빌 게이츠	거주	미국
마이크로소프트	본사	미국
멜린더 게이츠	부부	빌 게이츠

등의 관계가 풍부하게 들어 있는 데이터로부터

멜린더 게이츠	거주	미국

을 보완하는 것

원포인트 해설!

지식 그래프 보완에 대해 더 알고싶은 분은 다음 리뷰 페이퍼를 참조하세요.

Maximilian Nickel, Kevin Murphy, Volker Tresp, Evgeniy Gabrilovich, A Review of Relational Machine Learning for Knowledge Graphs, Processings of the IEEE 104(1): 11–33 (2016) part

5

딥러닝

Ch 17. 신경망 기초

Ch 18. 딥러닝

Ch 19. 딥러닝에 의한 순차 데이터 분석

Ch 20. 딥러닝에 의한 이미지 분석

총괄

딥러닝은 언어나 이미지 데이터 분야에서의 압도적인 성능에 힘입어, 오늘날 빅데이터와 같은 수준의 유행어가 되었다고 할 수 있습니다. 그런데 여러분은 딥러닝의 기본을 제대로 이해하고 있는 걸까요? 딥러닝으로 무엇이든 할 수 있을 거라고 보는 것은 경솔한 생각입니다. '사고의 자동화'에 빠지지 않고, 기술이 만들어 내는 미래를 내다보고 싶다면 기술의 기초를 이해하는 것이 가장 빠른 지름길입니다. 5부에서는 딥러닝의 근본이 된 신경망 융성의 역사를 설명함과 동시에 딥러닝의 배경에 어떤 기술이 있는지 설명해 갑니다. 단, 너무 딱딱한 이야기만 해도 재미 없을 테니, 마지막 19~20장에서는 열풍의 계기가 된 언어(좀 더 일반적으로는 순차 데이터라고 부름)와 이미지 데이터에 딥러닝을 적용하는 예도 살펴보겠습니다.

17장_ 신경망 기초

딥러닝에 이르기까지의 신경망의 역사를 대략 살펴봅시다. 우선 신경망이란 무엇인가부터 설명하고 1950년대 단순 퍼셉트론과 그 한계, 1980년대 다층 퍼셉트론과 그 한계를 살펴봄으로써 신경망이 역사적으로 어떤 변천 과정을 거쳐왔는지 알아봅니다. 딥러닝의 바탕을 이루는 확률적 경사 하강법과 오차역전파법과 같은 알고리즘은 기본적으로 오늘날에도 1980년대와 거의 똑같이 이용되므로, 다층 퍼셉트론 등 기본적인 신경망의 특성을 알면 딥러닝을 더욱 깊이 있게 이해할 수 있습니다.

18장_ 딥러닝

딥러닝이란 무엇인지 전체적인 모습을 설명합니다. 특히 딥러닝의 근간을 이루는 알고리즘은 1980년대와 달라지지 않았는데, 2010년대까지 딥러닝이 대두되지 못한 이유와 배경에 초점을 맞춥니다. 우선 1980년대 이후

현재에 이르기까지 신경망 학습에서 커다란 역할을 한 확률적 경사 하강법을 설명한 다음, 비교적 최근에 제안된 ReLU 활성화 함수의 이용이나 과적합을 방지하기 위한 다양한 정규화 방법을 살펴봅니다.

19장_ 딥러닝에 의한 순차 데이터 분석

언어(순차) 데이터에서의 딥러닝 적용 사례를 살펴봅니다. 우선 순차 데이터의 개요부터 설명하고, 순차 데이터 모델을 작성할 때 중요해지는 정상성 가정을 설명합니다. 다음으로 가장 간단한 언어 모델인 N-gram 모델, 그리고 재귀적 결합을 가진 신경망의 총칭인 RNN을 차례대로 소개합니다. RNN은 N-gram보다 비교적 작은 파라미터 수로 복잡한 움직임을 표현할 수 있고, 오늘날 N-gram을 능가하는 성능이 실현됐습니다. 19장 마지막에는 딥러닝을 이용한 기계번역의 예를 살펴봅니다. 기계번역에서 표준으로 되어 있는 seq2seq 모델은 실은 두 개의 RNN을 연결하는 단순한 구조로 되어 있음을 설명하고, 더 높은 번역 정밀도를 달성하는 아이디어에 대해서도 언급합니다.

20장_ 딥러닝에 의한 이미지 분석

마지막으로 이미지 데이터에서의 딥러닝 적용 사례를 살펴봅니다. 우선 이미지 데이터를 기계에 분석시킬 때 생기는 어려움을 설명하고, 이미지 데이터 모델을 만들 때 중요한 가정이 되는 병진불변성에 관해 설명합니다. 다음으로 이미지 데이터 분석에서 가장 기본이 되는 CNN(합성곱 신경망)을 설명합니다. CNN은 다량의 이미지 데이터에 대한 식별 문제에 표준으로 되어 있는 모델이므로, 기본을 알아두면 손해 볼 일은 없겠지요. 20장의 마무리로는 최근 주목받는 Generative Adversarial Network(GAN)로 불리는 기법을 이용한 이미지 생성에 관해 학습합니다.

그림으로 배우는 데이터 과학 17

신경망의 기초

▶01 신경망이란?

최근 자주 이용되는 **신경망**(neural network)은 동물의 신경 시스템을 모방한 학습 모델의 총칭입니다. 인간을 포함한 동물의 신경 시스템은 시냅스로 불리는 전기적 결합으로 연결된 다수의 신경 세포로 구성됩니다. 신경 세포는 다른 세포와 달리 세포막 내외의 전위차 변화를 이용하여 서로 정보를 주고받을 수 있습니다.

가장 단순한 그림으로는 시냅스를 매개로 다른 세포로부터 자극을 받아들인 신경 세포는 자극이 어느 일정 수위를 넘으면 흥분 상태가 되고, 그 세포가 시냅스 결합을 가진 다른 신경 세포에 자극을 전달합니다. 이런 신경 세포의 자극 전달은 우리의 정신 활동을 지탱하고 있습니다.

신경망은 이 신경 세포의 동작을 단순화해서 모방한 **뉴런**이라는 계산 소자를 다수 결합해서 구성한 학습 모델입니다. 뉴런으로서 가장 일반적인 것은 1940년대에 제안된 **맥컬록-피츠의 뉴런**입니다. 이 뉴런은 다수의 입력을 받아서 가중치의 총합이 임계값을 넘었을 때 흥분 상태를 나타내는 1을 출력하고, 그 이외에는 0을 출력하는 함수입니다.

맥컬록-피츠의 뉴런은 36페이지에서 설명한 반도체와 마찬가지로 NAND 및 NOR 함수를 구성할 수 있다는 점에서, 어떤 논리 연산이든 뉴런을 잘 연결하면 모방할 수 있습니다. **컴퓨터의 연산회로가 다수의 논리 회로를 조합해 다양한 연산을 할 수 있는 것처럼 단순한 계산 소자인 뉴런을 복잡하게 구성함으로써 다양한 계산이 가능해집니다.**

이 장에서는 신경망의 여명기부터 현대의 딥러닝에 이르기까지의 기술 발전사를 간단히 돌아봅시다.

그림으로 보는 핵심 정리 !

신경 세포의 수리 모델화

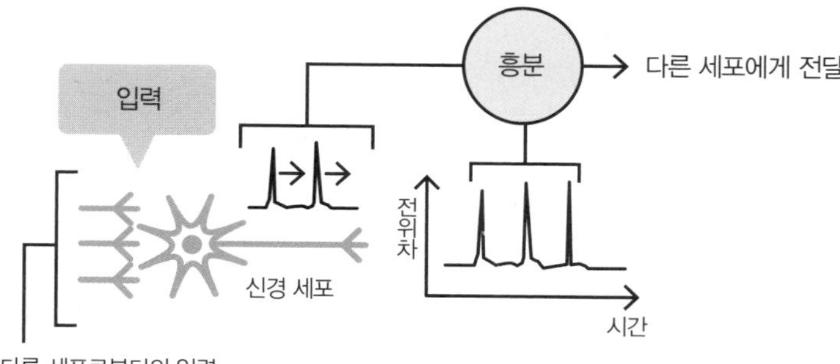

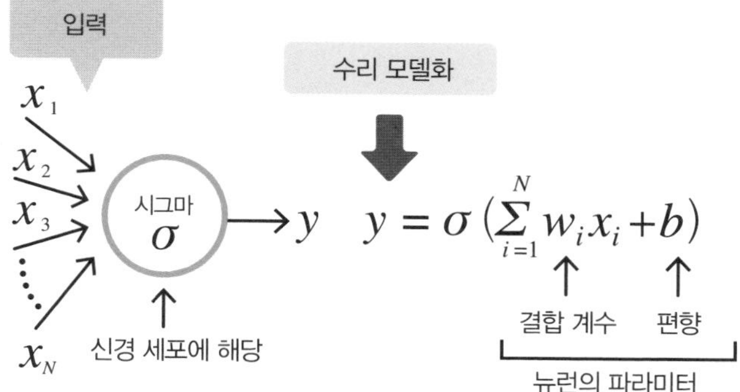

반도체(36페이지)처럼 어떠한 논리 연산이라도 뉴런을 잘 연결하면 모방할 수 있다!

▶02 단순 퍼셉트론

복잡한 문제를 해결하는 신경망을 훈련하려면 대체 어떻게 하면 좋을까요? 이 질문에 대한 가장 초기의 시도가 1950년대 로젠블라트가 제안한 **퍼셉트론 알고리즘**입니다. 로젠블라트가 이용한 모델은 1980년대에 제안된 다층 퍼셉트론과 비교해서 **단순 퍼셉트론**이라고 불리기도 합니다.

단순 퍼셉트론의 구조는 오른쪽에 나타냈지만, 이 모델의 특징은 계층성에 있습니다. 이런 계층적인 구조는 최근 딥러닝에 이르기까지 많은 모델에서 채용되고 있는 기본적인 구조입니다. 단순 퍼셉트론은 특히 입력을 제외하고 2개 층으로 구성된 모델이라고 할 수 있습니다. 입력에서부터 1층으로의 결합은 랜덤값으로 고정된 것이고, 실제 학습 대상이 되는 것은 1층에서 2층으로의 결합 파라미터입니다.

로젠블라트의 퍼셉트론 알고리즘은 13장에서 본 2진 분류 문제에 대해 데이터를 하나씩 추출하고, 그 식별 오차를 이용해 파라미터를 갱신하는 것입니다.

이 알고리즘은 212페이지에서 설명하는 확률적 경사 하강법의 원형이라고 부를 수 있지만, 단순 퍼셉트론에만 이용할 수 있는 등 일반성이나 범용성이 없다고 알려져 있습니다.

퍼셉트론 알고리즘의 중요한 성질은 풀어야 할 문제가 154페이지에서도 본 선형 서포트 벡터 머신처럼 선형 분리가 가능하면 최적해를 발견할 수 있지만, **반대로 선형 분리가 불가능한 문제는 어떻게 할 수도 없다**는 점입니다. 다음 절에서 이 점을 좀 더 자세히 설명하겠습니다.

그림으로 보는 핵심 정리 !

단순 퍼셉트론의 구조

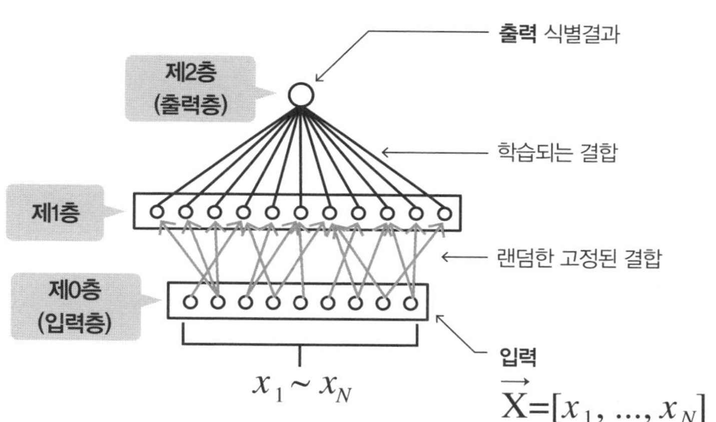

단순 퍼셉트론이 풀 수 있는 문제, 풀 수 없는 문제

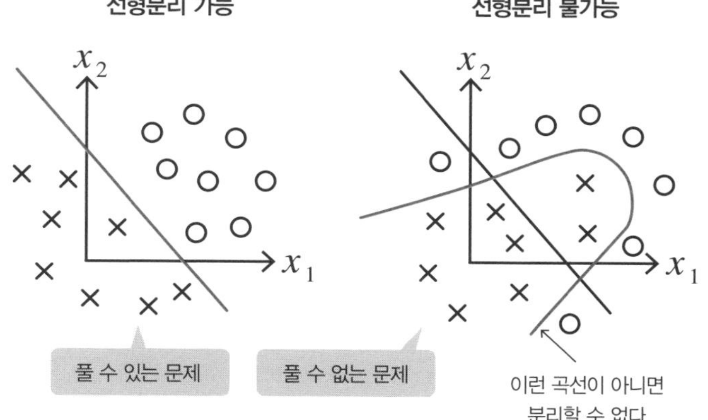

▶03 단순 퍼셉트론의 한계

앞에서 언급한 것처럼 단순 퍼셉트론은 **선형분리 가능한 문제**에는 유효하지만, **선형분리 불가능한 문제**에는 대처할 수 없습니다. 서포트 벡터 머신(156페이지)에서 설명한 문제도 선형분리 불가능한 문제의 예지만, 여기서는 **XOR(배타적 논리합) 함수**를 통해 단순 퍼셉트론의 한계를 설명하겠습니다.

XOR 함수란 2개의 0과 1을 취하는 변수를 입력으로 하고 0이나 1을 출력으로 반환하는 함수로, 오른쪽 페이지의 [표1]과 같이 행동합니다. 이 함수의 행동을 그림으로 나타낸 것이 [그림1]입니다.

선형분리 가능한 문제란 [그림1]에서 1줄의 직선으로 검은색 원과 흰색 원을 나눌 수 있는지입니다. 단순 퍼셉트론과 같은 간단한 뉴런 연결 방식으로는 이처럼 조금만 어려운 문제도 풀 수 없다는 사실을 1960년대에 들어와서 지적받으면서 1차 신경망 열풍은 사라지게 됐습니다.

이 책에서는 196페이지에서 신경망은 어떤 논리연산이라도 뉴런을 잘 연결하면 실현할 수 있다고 소개했습니다. 그렇다면 단순 퍼셉트론의 한계는 어디에서 생긴 것일까요? 단적으로 설명하면, 단순 퍼셉트론의 한계는 **학습 대상이 단지 한 층으로만 제한되었던 것**이 문제의 원인이라고 할 수 있습니다.

그림으로 보는 핵심 정리 !

선형분리 불가능한 XOR 함수에는 대처할 수 없다

[그림1]

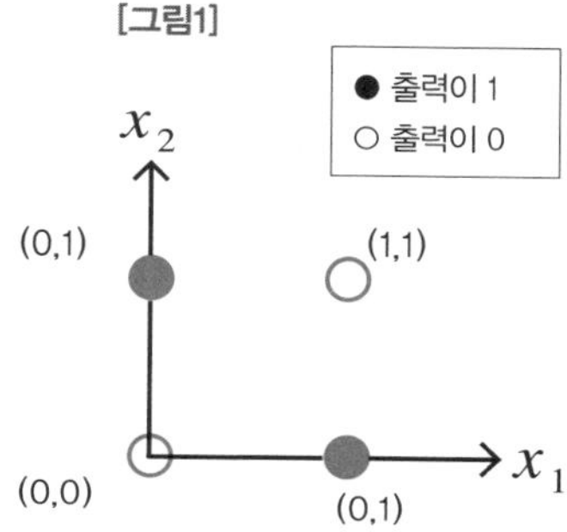

[표1] XOR 함수

X_1 X_2	XOR(X_1 , X_2)
0 0	0
0 1	1
1 0	1
1 1	0

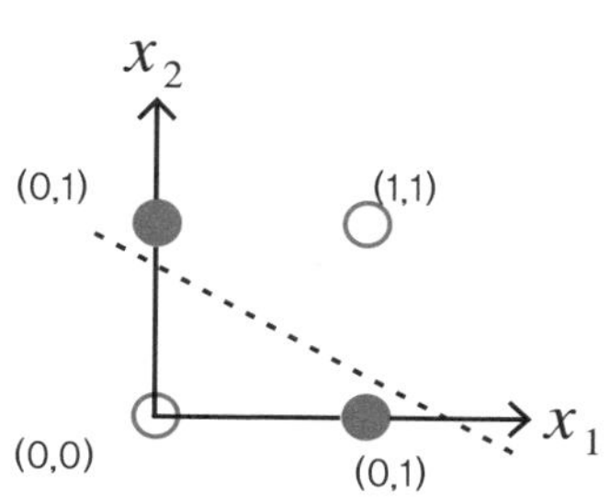

직선으로는 제대로 나눌 수 없다

단순 퍼셉트론은
단순한 XOR 함수조차
근사할 수 없다

그림으로 배우는 데이터 과학 17

신경망의 기초

▶04

다층 퍼셉트론

다층 퍼셉트론이란 1980년대에 럼멜하트와 힌튼, 르쿤 등에 의해 생겨난 모델입니다. [그림1]처럼 **입력층, 중간층, 출력층으로 된 2층(관습적으로 입력층은 세지 않습니다)의 신경망이** 됩니다. 조금 복잡하지만, 여기서는 우선 다층 퍼셉트론이 어떻게 XOR 함수를 근사하는지 살펴보겠습니다.

[그림1]의 간단한 다층 퍼셉트론을 생각해 봅시다. 이 다층 퍼셉트론에서 우선 [그림2]에 있는 것처럼 중간층의 2개 뉴런을 입력이 [0, 0]이 아닌지, 또는 [1, 1]이 아닌지 각각 식별하도록 훈련합니다. [그림2]를 보면 분명히 알 수 있듯이, 이것은 두 개의 뉴런 h_1, h_2를 이용하면 선형분리 가능한 문제이므로 쉽게 훈련할 수 있습니다. 그리고 [그림3]처럼 중간층 뉴런이 양쪽 다 ON, 즉 1이 되는 상황만 식별할 수 있게 훈련하면(이것도 선형분리가능) 입력이 [0, 0]이 아니고 [1, 1]이 아닐 때 1을 반환하는 XOR 함수를 **전체로서 구현할 수 있게 됩니다**.

다층 퍼셉트론을 이용하면 단순 퍼셉트론으로 불가능했던 문제를 풀 수 있을지도 모른다는 가능성은 1980년대에 **2차 신경망 열풍**을 일으켰습니다. 이런 1980년대 열풍 속에서 다양한 중요한 연구 성과들이 나왔습니다. 특히 중요한 것은 배론 등이 제시한 '시그모이드 활성화 함수를 가진 다층 퍼셉트론은 **충분히 많은 중간층 뉴런을 준비하면 임의의 함수를 임의의 정밀도로 근사할 수 있다**'라고 하는 정리입니다.

이런 성과들을 통해 XOR 함수와 관련된 신경망에 대한 비판은 완전히 뒤집혔습니다.

그림으로 보는 핵심 정리 !

XOR 문제 해결 방법

[그림1] 다층 퍼셉트론

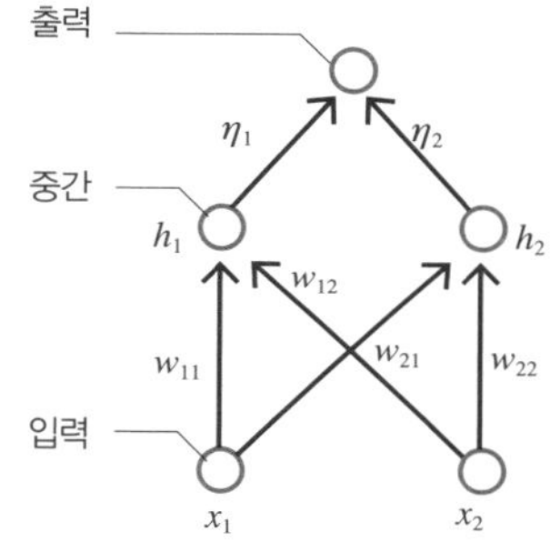

=

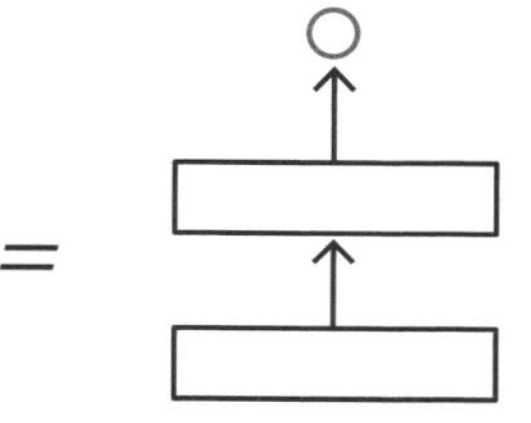

이처럼 층을 박스나 원으로 생략해서 표기하기도 한다.

[그림2] 1층에서의 처리

h_2는 x가 실선보다 왼쪽 아래에 있는지 판단한다.

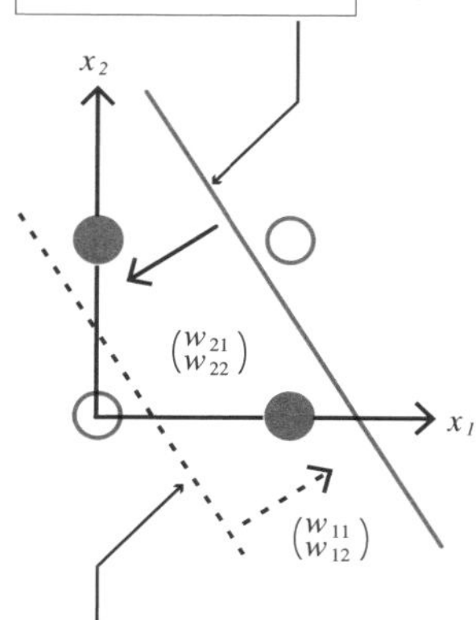

h_1는 x가 파선보다 오른쪽 위에 있는지 판단한다.

[그림3] 2층에서의 처리

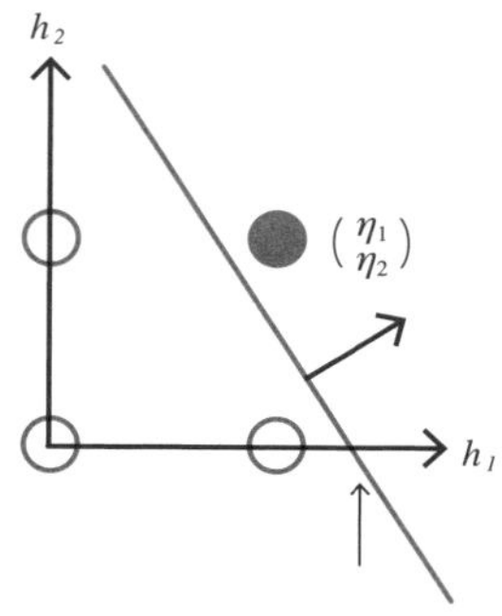

h_1과 h_2가 동시에 1이 되도록 판단하면, [그림2]에서 실선과 파선 사이에 들어간 영역의 데이터를 판별할 수 있다.

[그림2]와 [그림3]은 h1 뉴런이 파선의 위에 있는 ○를 ●와 동일시 하고, h_2 뉴런이 실선 아래에 있는 ○를 ●와 동일시 함으로써 선형 분리하는 모습을 나타냅니다.

▶05
다층 퍼셉트론 학습

다층 퍼셉트론 학습에서 중심적인 역할을 담당하는 기법이 **오차역전파**와 후술할(208페이지 ①의 sigm) **확률적 경사 하강법**입니다. 이 기법들은 오늘날에도 신경망 학습의 기초를 이루고 있습니다.

단순 퍼셉트론과 다층 퍼셉트론에선 학습 알고리즘 차이와는 별개로 또 하나 중요한 차이가 있습니다. 바로 **시그모이드 활성화 함수**(152페이지)의 이용입니다. 맥컬록-피츠의 제안으로부터 단순 퍼셉트론 시대까지 대부분 오른쪽 페이지와 같은 **계단형 활성화 함수**가 이용됐습니다. 단, 확률적 경사 하강법을 비롯한 경사법은 이런 불연속, 즉 미분 불가능한 점을 포함하는 함수와는 잘 어울리지 않습니다. 시그모이드 활성화 함수는 계단 함수(오른쪽 페이지)를 매끄럽게 하는 함수이고, **어디에서나 간단히 미분을 실행할 수 있는 함수**입니다. 이를 최적화 관점에서는 파라미터에 관한 목적 함수의 기울기, 다시 말해 **어느 방향으로 파라미터를 움직이면 목적 함수가 개선되어 학습이 촉진되는지 쉽게 알 수 있기 때문에 시그모이드 활성화 함수를 이용한 신경망은 매우 다루기 쉽습니다**.

다층 퍼셉트론에서의 파라미터에 관한 미분을 효율적으로 하는 방법이 **오차역전파**입니다. 이 방법을 이해하려면 신경망을 맞물린 기어에 비유하면 좋습니다. 파라미터를 각 기어의 회전량이라고 하면, 파라미터에 관한 미분은 각 기어의 출력에 대한 회전비에 해당합니다. 회전비는 출력에서 입력을 향해 차례로 각 기어의 회전비를 곱하는 것으로, 효율적으로 계산할 수 있습니다. 이 방법이 오차역전파입니다. 입력에서 출력으로 전달되는 회전과는 역방향으로 계산이 진행되므로 역전파라고 불립니다.

그림으로 보는 핵심 정리 !

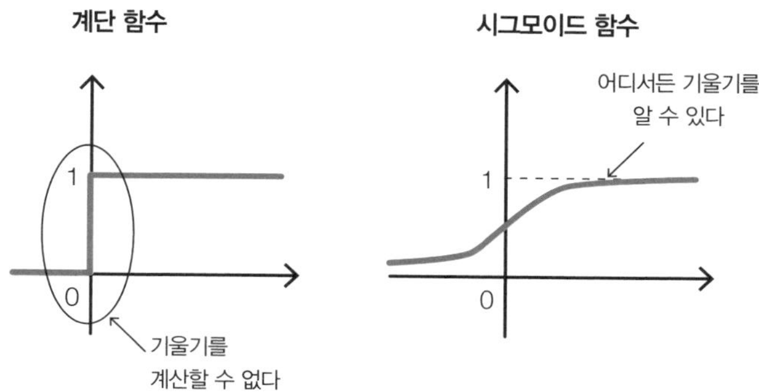

오차역전파법 이미지

신경망을 맞물린 기어에 비유하면?

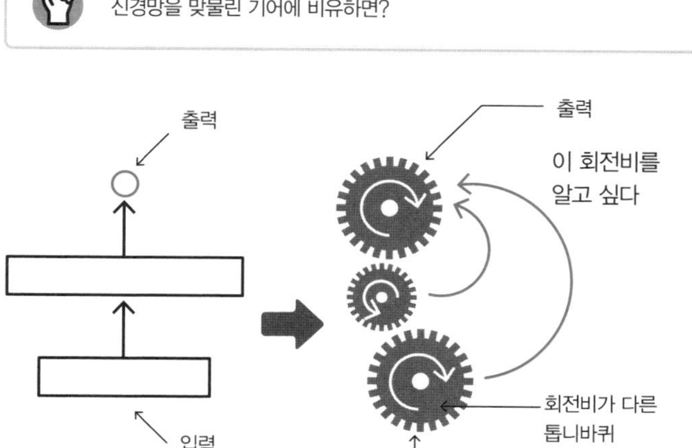

그림으로 배우는 데이터 과학 17

신경망의 기초

▶06 다층 퍼셉트론의 한계

1980년대의 2차 신경망 열풍도 오래가진 못 했습니다. 그 이유는 신경망이 갖는 몇 가지 근본적인 문제와 당시 기술적인 한계에서 기인합니다.

우선 근본적인 문제로는 다층 퍼셉트론의 **목적 함수의 비볼록성**이 있습니다. 비볼록성은 96페이지에서 본 것처럼 경사법으로 최적해를 구하기가 사실상 불가능하고, 좋은 국부 최적해를 얻기 위해서는 원리상 많은 시행이 필요하다는 것을 의미합니다. 이 역시 목적 함수 형태에 따른 문제이지만, 때때로 학습이 불안정해지거나 전혀 학습이 진행되지 않는 등 학습 자체의 어려움도 있습니다. 이것은 **기울기 소실 · 폭발**로 알려진 문제이고, 지금도 완전히 해결됐다고 할 수는 없습니다.

그리고 **다층 퍼셉트론의 과적합**을 실용적으로도 이론적으로도 억제하기가 어려웠다는 점도 큰 문제였겠지요. 일반적으로 머신러닝 모델은 복잡성을 늘리면, 데이터에 포함된 본질적이지 않은 노이즈에 끌려다니기 쉬운 경향이 있습니다. 다층 퍼셉트론은 중간층 뉴런을 충분히 준비하면 어떤 함수라도 표현할 수 있다고 설명했지만, 이는 적절히 정규화하지 않을 경우 간단히 과적합해 버린다는 것도 의미합니다. 실제로 당시 일반적이던 다층 퍼셉트론은 매우 과적합 하기 쉬운 모델이었습니다.

이런 문제점에서 다층 퍼셉트론은 이론적으로 더 정밀도를 보증하기 쉽고, 당시의 현실적인 문제에 대해서도 높은 정밀도를 보여주던 서포트 벡터 머신(156페이지)을 비롯한 다른 기법으로 대체하게 되었습니다.

그림으로 보는 핵심 정리 !

다층 퍼셉트론의 문제점

신경망의 목적 함수는 비볼록이다

기울기 소실 · 폭발 문제 등 학습 자체가 어렵다

과적합하기 쉽다

1990년대 이후 당시 높은 정밀도를 내던
서포트 벡터 머신(SVM) 등으로 대체된다.

그림으로 배우는 데이터 과학 18

딥러닝

▶01

딥러닝이란?

단순 퍼셉트론과 다층 퍼셉트론 시대에 2번에 걸친 열풍의 종언을 경험한 신경망은 2010년을 전후해 딥러닝으로 부활하게 됩니다. 심층 신경망이란 3층 이상의 **깊은** 계층을 가진 신경망의 총칭으로, 대부분 2층으로 제한된 다층 퍼셉트론 시대의 신경망과의 대비를 나타냅니다.

딥러닝의 등장은 몇 가지 요인이 복합적으로 겹쳐서 이루어졌습니다. 그중에서 한 가지 중요한 측면은 **네트워크의 심층화와 대규모화로 더 높은 일반화 성능을 실험적으로 달성**할 수 있게 된 것이지만, 배후에서 어떤 원리가 작용하는지는 아직 확실히 알려지지 않았습니다. 현재 논의되는 가설을 몇 가지 소개하겠습니다. 우선 심층 신경망은 그렇지 않은 신경망과 비교하면 적은 파라미터 수로 복잡한 함수를 표현할 수 있습니다. 지나치게 많은 파라미터는 과적합의 직접적인 원인이 되므로, 이는 어느 정도 타당성이 있는 것으로 여겨집니다.

또한, 206페이지에서 설명한 것처럼 목적 함수의 비볼록성은 다층 퍼셉트론의 커다란 문제의 하나였지만, **대규모화되면서 국부 최적해가 비슷한 비용을 갖기 쉬워졌고 비교적 간단하게 좋은 국부 최적해를 발견할 수 있게 되었다**는 보고도 있습니다. 하지만, 이런 가설로 설명할 수 없는 더욱 이해할 수 없는 실험 결과 등도 보고되는 것이 현재 상황입니다. **딥러닝의 일반화 성능에 관계된 이론적인 연구는 앞으로 점점 활발해질 것입니다.**

그림으로 보는 핵심 정리 !

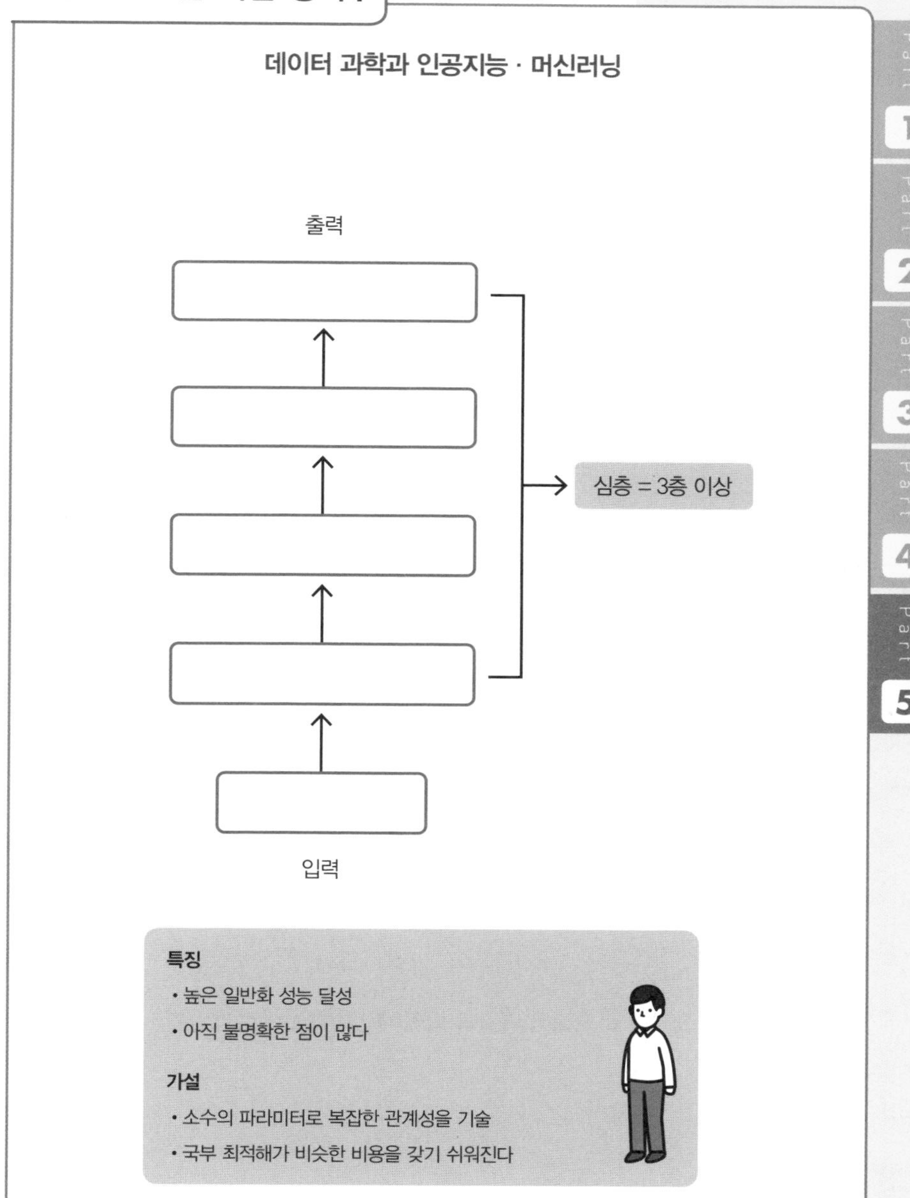
데이터 과학과 인공지능 · 머신러닝
출력
심층 = 3층 이상
입력
특징
• 높은 일반화 성능 달성
• 아직 불명확한 점이 많다
가설
• 소수의 파라미터로 복잡한 관계성을 기술
• 국부 최적해가 비슷한 비용을 갖기 쉬워진다

그림으로 배우는 데이터 과학 18

딥러닝

▶ 02 딥러닝이 등장하기까지의 기술적 배경

심층 신경망과 그렇지 않은 신경망을 나누는 것은 네트워크의 구조뿐입니다. 확률적 경사 하강법이나 오차역전파법과 같은 알고리즘은 오늘날에도 기본적으로는 1980년대와 거의 같은 것이 이용됩니다. 그렇다면 만약 1980년대에 딥러닝을 시도한 사람이 있었다고 하면, 다층 퍼셉트론 시대에서 딥러닝 시대로 원활하게 이행할 수 있었을까요?

사실은 초기 딥러닝은 1990년대에 이미 제안되어 있었습니다. 주목을 받지 못한 이유는 당시의 기술적 한계로 인한 것이라고 할 수 있습니다. 우선 심층 신경망이 과적합 하기 어렵다고 해도 정도의 문제이지, 파라미터 수가 많은 신경망은 서포트 벡터 머신 등 다른 모델과 비교할 때 과적합하기 쉽다고 할 수 있습니다. 다시 말해, **이 문제를 보완할 정도의 빅데이터가 없는 한, 높은 일반화 성능을 실현하기는 어려웠습니다.** 빅데이터를 비교적 쉽게 이용할 수 있게 된 것은 2000년대 이후의 폭발적인 정보 통신 기술의 발전에 의한 것으로, 1980~90년대에는 아직 이 빅데이터의 혜택을 받을 수 없었습니다. 또한 빅데이터에 대해 딥러닝을 하게 되면, 그 **계산량이 방대**해집니다. 이 요구를 견딜 수 있는 계산기는 당시 기술로는 손에 넣을 수 없었습니다. 이 점은 42페이지에서 설명한 무어의 법칙에 따른 폭발적인 계산 자원의 증가와 44페이지에서 설명한 GPU와 신경망의 좋은 조합에 의해 오늘날에 이르러 해결됐다고 할 수 있습니다.

이처럼 **딥러닝은 최근의 하드웨어 기술과 빅데이터의 혁신으로 재발견**된 것입니다.

그림으로 보는 핵심 정리 !

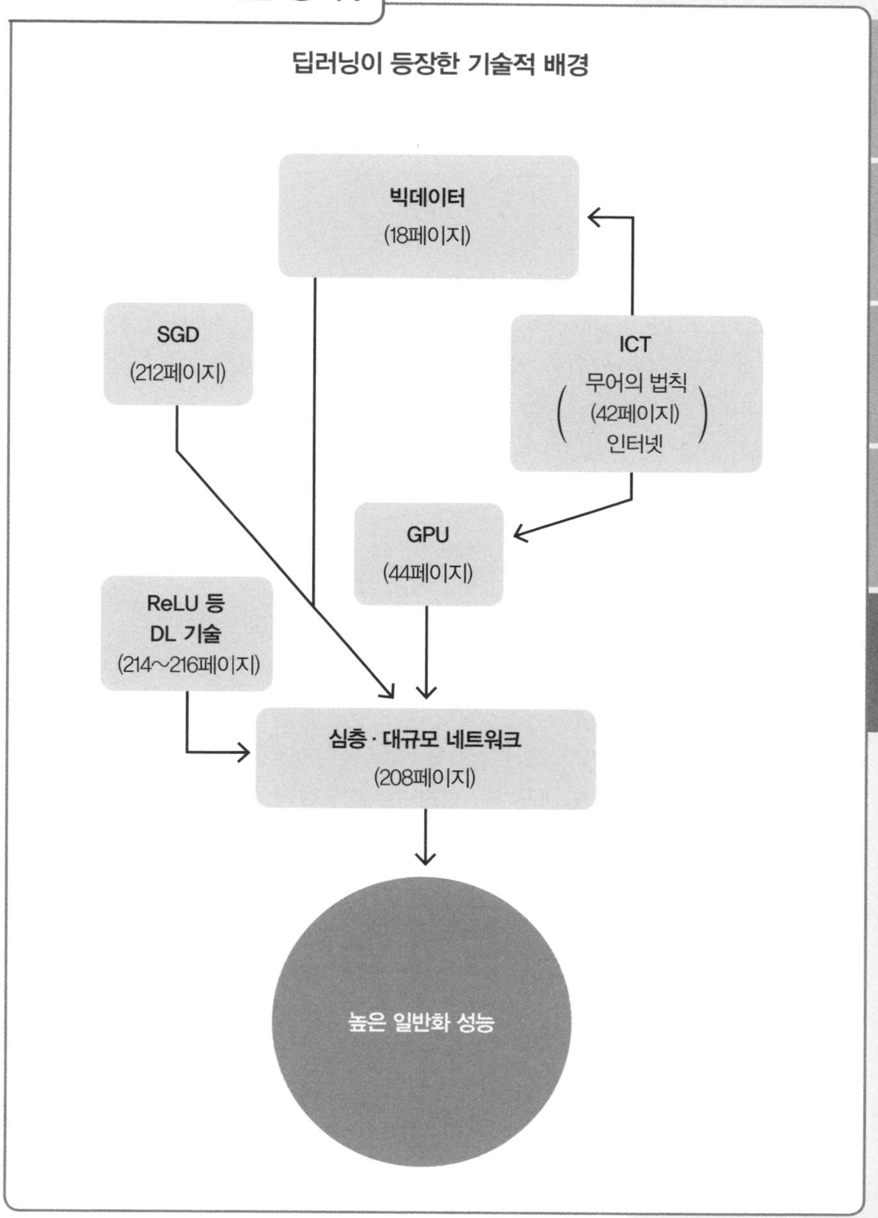
딥러닝이 등장한 기술적 배경
빅데이터
(18페이지)
SGD
(212페이지)
ICT
무어의 법칙
(42페이지)
인터넷
GPU
(44페이지)
ReLU 등
DL 기술
(214~216페이지)
심층 · 대규모 네트워크
(208페이지)
높은 일반화 성능

그림으로 배우는 데이터 과학 18

딥러닝

▶ 03 딥러닝에서 이용되는 기술 (1)

빅데이터를 이용한 딥러닝을 가능하게 하는 중요한 기술이 **확률적 경사 하강법**(Stochastic Gradient Descent, SGD)입니다. 신경망 학습의 목적 함수는 대부분 각 데이터 레코드에 대해 평가한 우도의 평갓값이 됩니다. 이 목적 함수를 엄밀하게 최적화하면 각 단계에서 데이터의 총 수만큼 계산 비용이 발생합니다. 이것은 방대한 빅데이터를 대상으로 하는 딥러닝에서는 매우 큰 문제가 됩니다. 그래서 유용해진 것이 확률적으로 데이터를 추출해서 파라미터를 갱신하는 확률적 경사 하강법입니다.

SGD에서는 파라미터를 갱신하는 각 단계에서 N보다 훨씬 적은 수 k의 샘플만 추출하고 그 샘플을 바탕으로 기울기를 계산하여 갱신에 이용합니다. 이렇게 계산된 확률적인 기울기는 일반적으로 진짜 기울기와는 일치하지 않으므로, 목적 함수의 최소화 문제에서도 우발적으로 목적 함수의 상승을 허용해 버리는 경우도 있습니다. 하지만 확률적인 기울기의 평균이 진짜 기울기와 일치한다면 SGD에 의한 갱신은 **평균적으로는 목적 함수가 내려가는 방향으로 작동**합니다. 경사를 이용한 최적화에서는 매우 많은 단계를 통해 문제를 해결하는 것이 일반적이므로 평균적으로 최적화가 이루어지고 있다면 오랜 시간 갱신을 거친 파라미터는 제대로 목적 함수를 내려줍니다. 사실, 볼록 문제에서의 SGD의 행동은 잘 연구되어, 학습률을 적절히 조절함으로써 최적해로 수렴한다고 알려져 있습니다. 이때 확률적이 아닌 경사법과 비교하면 수렴 속도는 악화하지만, 경험적으로 매우 뛰어난 학습 결과가 얻어지므로 SGD는 많이 이용되고 있습니다.

그림으로 보는 핵심 정리!

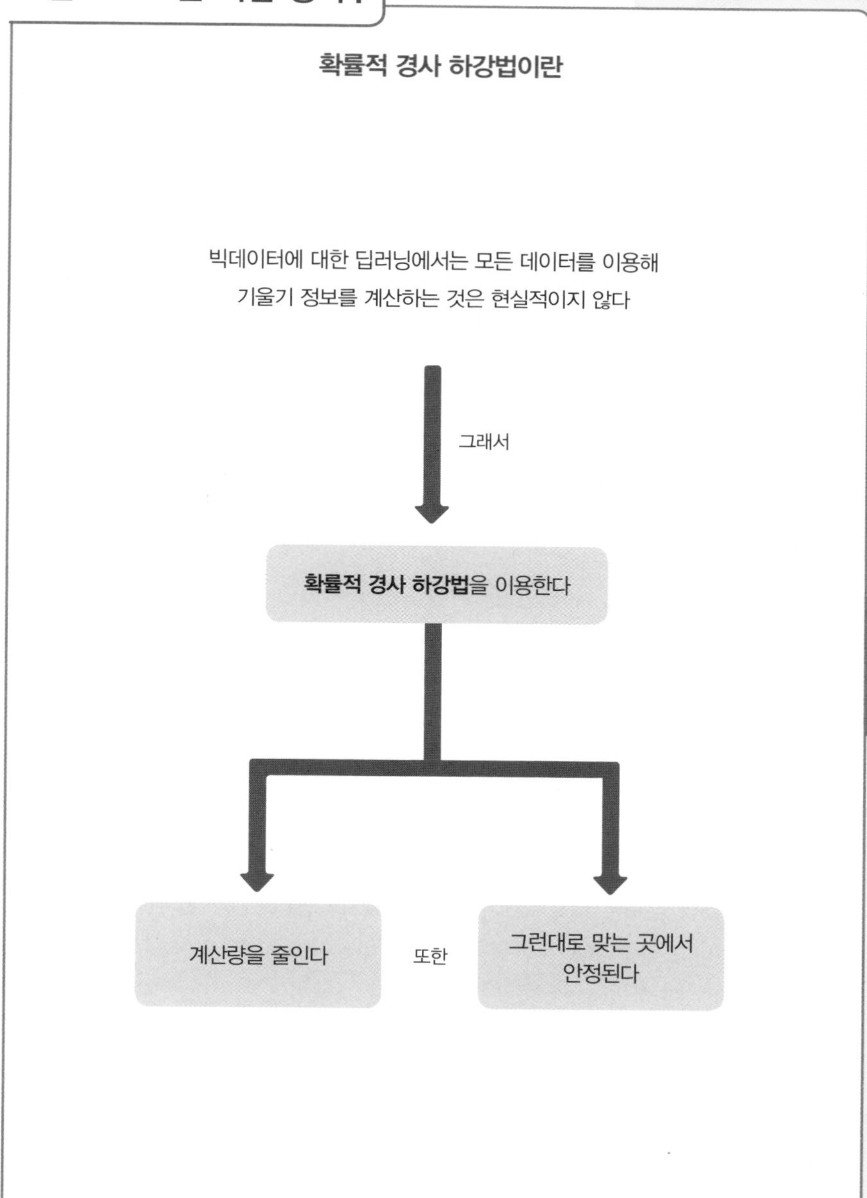

확률적 경사 하강법이란
빅데이터에 대한 딥러닝에서는 모든 데이터를 이용해
기울기 정보를 계산하는 것은 현실적이지 않다
그래서
확률적 경사 하강법을 이용한다
계산량을 줄인다
또한
그런대로 맞는 곳에서
안정된다

Part 1
Part 2
Part 3
Part 4
Part 5

그림으로 배우는 데이터 과학 18

딥러닝

▶04

딥러닝에서 이용되는 기술 (2)

또 한 가지 딥러닝의 발전에 커다란 역할을 한 것은 기울기 소실 · 폭발 문제(206페이지)에 대한 대처 기술의 성숙입니다. 학습 신호의 불안정성은 다층 퍼셉트론 시대부터 알려졌지만, 특히 심층 네트워크에서 현저해집니다. 여기서는 이런 문제가 어떻게 개선됐는지 살펴보겠습니다.

딥러닝의 발전에서도 가장 중요한 역할을 했다고 할 수 있는 것이 오른쪽 페이지에 나타낸 **ReLU(Rectified Linear Unit)**라는 함수입니다.

'기울기 소실'로 불리는 현상은 신경망에 관해 계산한 미분이 아주 작은 값을 가지는 상황을 가리킵니다. 시그모이드 함수의 미분은 입력이 0에서 멀어지면 급속히 0에 가까워집니다. 딥러닝에서 학습 신호는 이 작은 미분 값을 서로 곱해 계산되므로, 시그모이드 활성화 함수를 이용하여 구성한 신경망에서는 학습 신호가 소실되기 쉽습니다.

반면에 ReLU 함수는 음의 입력에 관해서는 미분이 0이 되지만, 양의 입력에 관해서는 항상 1이 되도록 정의한 함수입니다. 1은 여러 번 곱해도 값이 변하지 않으므로, 결과적으로 학습 신호의 소실을 어느 정도 억제할 수 있는 성질을 가집니다.

기울기 소실 · 폭발 문제는 네트워크가 깊어질수록 심각해지므로, 최근에도 새로운 기법이 많이 생겨나고 있습니다. 오른쪽 페이지에 대표적인 것을 정리했습니다. 실제로 딥러닝을 이용할 때 학습이 잘 안 된다고 느껴진다면 이런 기법들을 시험해 보는 게 좋겠지요.

그림으로 보는 핵심 정리 !

시그모이드 함수와 ReLU 함수

시그모이드

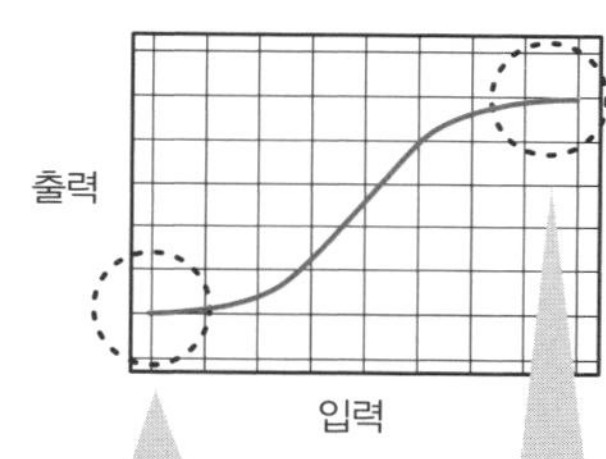

기울기가 거의 0

ReLU

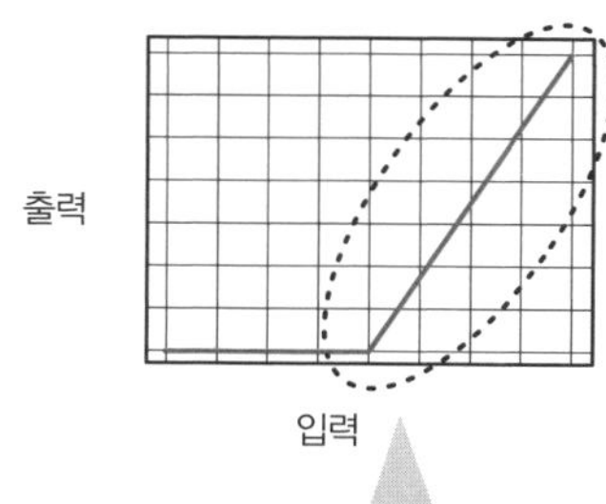

기울기가 항상 1

학습안정화 기술

- ReLU 함수 이용
- Xavier 초기화
- 사전학습
  ※최근에는 이용되지 않음
- 데이터 정규화
- 배치 정규화
- Residual 결합의 도입
- LSTM(RNN에 한정)

그림으로 배우는 데이터 과학 18

딥러닝

▶05 딥러닝에서 이용되는 기술 (3)

앞 절은 딥러닝에서 최적화의 어려움에 크게 관련된 기술을 소개했습니다. 9장과 10장에서 살펴본 것처럼 현실 문제에서는 주어진 데이터의 최적화, 다시 말해 경험오차의 최소화가 아니라, 미지의 데이터에 대한 일반화 성능을 확보하는 것이 목적입니다. 그러므로 딥러닝을 정규화하는 방법이 중요해지기 시작했습니다.

우선 ReLU의 이용을 전후해서 제안된 기법으로 **드롭아웃**이 있습니다. 이 기법은 랜덤하게 뉴런을 골라내 각 학습 단계에서 제외하는 방법입니다. 드롭아웃은 136페이지에서 본 L2 정규화의 일반화로서 이해할 수 있다고 알려져 있으며, 딥러닝에 대한 강력한 정규화 기법으로 이용됩니다.

또한 데이터의 특성에서 기대되는 모델의 불변성에 착안하는 방법도 알려져 있습니다. 대표적인 예는 주로 이미지 데이터에 대한 **데이터 어그멘테이션**(data augmentation)으로 불리는 방법입니다. 예를 들어 사진에 무엇이 찍혔는지 판별하는 문제를 생각해 봅시다. 이때 이미지가 트리밍되거나 해서 찍힌 범위가 조금 달라지더라도, 바르게 학습된 모델이라면 같은 판단 결과가 돌아올 것으로 기대할 수 있습니다. 이것은 이미지의 병진이동에 대해 모델이 불변이라는 것을 기대하고 있다고 말할 수 있습니다. 하지만 228페이지에서 자세히 설명하겠지만, 트리밍이나 회전 등 편집된 데이터는 컴퓨터에서 완전히 다른 데이터가 됩니다. 데이터 어그멘테이션은 **이를 역으로 이용해 편집을 통해 데이터를 부풀려 모델의 일반화 성능을 향상하는 방법**입니다.

그림으로 보는 핵심 정리 !

드롭아웃과 데이터 어그멘테이션

드롭아웃의 예 :
훈련 시에 뉴런을 임의로 선정한다

표준적인 신경망 드롭아웃 채용 후 손글씨 숫자의 분류 문제 비교

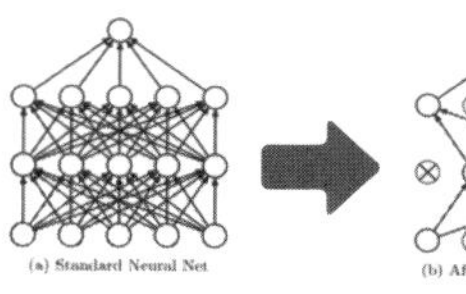

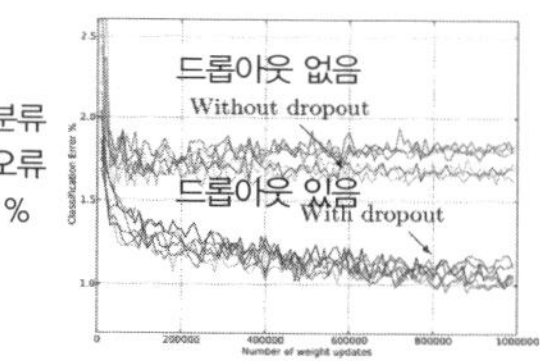

출처) Srivastava, N., Hinton, G. E, Krizhevsky, A., Sutskever, I. & Salakhutdinov, R.(2014). Dropout: a simple way to prevent neural networks from overfitting, Journal of Machine Learning Research, 15, 1929–1958.

데이터 어그멘테이션의 예

원본

트리밍

반전

회전

사진 출처: http://www.imageprocessingplace.com/root_files_V3/image_databases.htm

그림으로 배우는 데이터 과학 19

딥러닝을 이용한 계열 데이터 분석

▶01 계열 데이터와 마르코프 연쇄

계열 데이터란 (주로) 시간에 따라 1차원으로 나열된 데이터를 말합니다. 예를 들어, 매 시각 얻은 주가와 가상 화폐 가격 변동 이력 등은 계열 데이터의 일종입니다. 또한 문장에 출현하는 단어도 처음부터 끝까지 일차원적으로 나열된다는 점에서 계열 데이터라고 할 수 있습니다. 여기에서는 언어 데이터 예측을 축으로 해서 계열 데이터를 다루는 방법을 설명합니다.

계열 데이터에서 중요한 개념이 **정상성 가정**입니다. 문장 속 어떤 위치에 단어가 출현하는 방식은 절대적 위치에 따라 결정된다기보다는 **문맥에 따라 정해진다**고 해도 좋습니다. 예를 들어, 영어 문장에서 "… as soon"이라는 표현이 나타났다면, 다음에 나타날 단어는 십중팔구 "as"일 것입니다. 또 우리말로 "전혀 문제"라는 표현이 나타났다면, 다음에 나타날 단어는 확실하게 "없다"이겠죠. 이런 점에 착안하면, 단어의 출현 방식을 문맥, 다시 말해 지금까지 단어가 나타난 방식에 의존하는 조건부 확률로 기술할 수 있습니다(오른쪽 페이지 식①).

식①은 문장 처음부터 나타난 모든 계열을 문맥으로써 다루지만, 먼 옛날에 나타난 단어는 현재 단어 예측에 크게 영향을 미치지 않을 것으로 생각할 수 있습니다. 이 생각에서 직전에 나타난 단어에만 의존해 어떤 위치의 단어 예측을 하는 것이 오른쪽 페이지 식②의 마르코프 연쇄 모델입니다.

정상성을 가정함으로써 문장의 모든 위치에서 단어의 출현 확률을 단일 모델로 예측할 수 있습니다.

그림으로 보는 핵심 정리 !

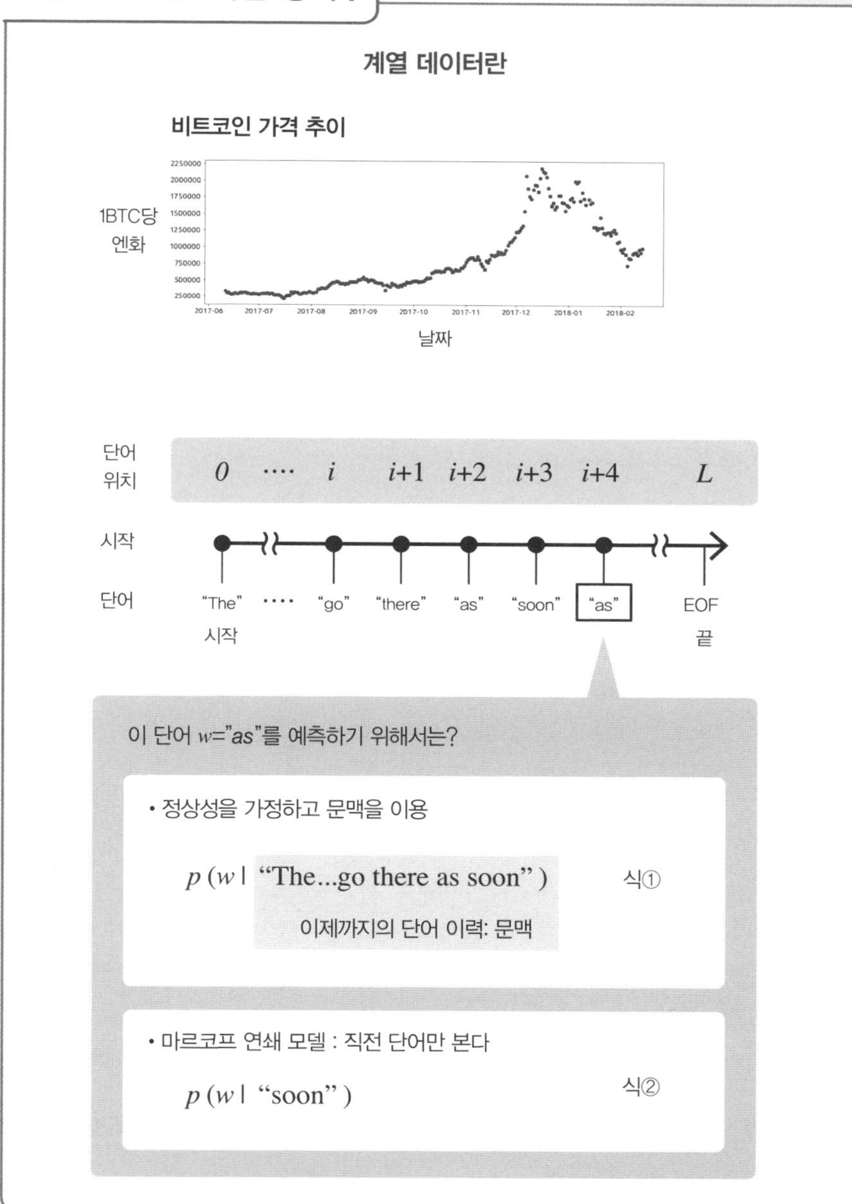

계열 데이터란
비트코인 가격 추이
1BTC당 엔화
2250000
2000000
1750000
1500000
1250000
1000000
750000
500000
250000
2017-06
2017-07
2017-08
2017-09
2017-10
2017-11
2017-12
2018-01
2018-02
날짜
단어 위치
0 ···· i i+1 i+2 i+3 i+4 L
시작
단어
"The" ···· "go" "there" "as" "soon" "as" EOF
시작
끝
이 단어 w="as"를 예측하기 위해서는?
• 정상성을 가정하고 문맥을 이용
p (w | "The...go there as soon")
이제까지의 단어 이력: 문맥
식①
• 마르코프 연쇄 모델 : 직전 단어만 본다
p (w | "soon")
식②

그림으로 배우는 데이터 과학 19

딥러닝을 이용한 계열 데이터 분석

▶ 02

N-gram 언어 모델

마르코프 연쇄 모델에서는 직전 단어만을 근거로 단어를 예측했는데, 이래서는 앞에서 예를 든 "as soon as"처럼 복수의 단어열("as soon")에 의존해 다음 단어("as")가 출현하는 현상을 다룰 수 없습니다.

이 문제는 N−1개 앞까지의 단어 계열을 바탕으로 다음 단어의 출현 확률이 정해지는 **N-gram 모델**을 이용해서 개선할 수 있습니다.

텍스트 코퍼스에 포함된 어휘 수를 V라고 하겠습니다. N-gram에서는 길이 N인 단어 나열 전체(총수V^N)에 대해 조건부 확률값을 지정합니다.

여기서 주의해야만 할 것은 N-gram의 파라미터 총 수(즉, 지정할 확률값)는 N에 대해 **지수적으로 증가**한다는 점입니다. 이 거대함에서 코퍼스에 포함된 단어열의 출현 횟수로 조건부 확률을 계산하는 최대 우도 추정으로는 N-gram 모델은 쉽게 과적합됩니다. 예를 들어 "he has a telegram"처럼 이용 빈도가 낮지만, 문법이나 의미가 틀리지 않은 문장이 코퍼스 안에 우연히 존재하지 않을 경우, 최대 우도 추정으로 구축된 N-gram에서 이 문장은 생성되지 않습니다. 이 때문에 스무딩으로 불리는 미관측 단어 계열의 출현 확률을 끌어올리는 방법이 연구되어 왔지만, 한계가 있다고 해도 좋겠지요. 이 점은 뒤에 설명할 RNN과 크게 다른 점입니다.

그림으로 보는 핵심 정리 !

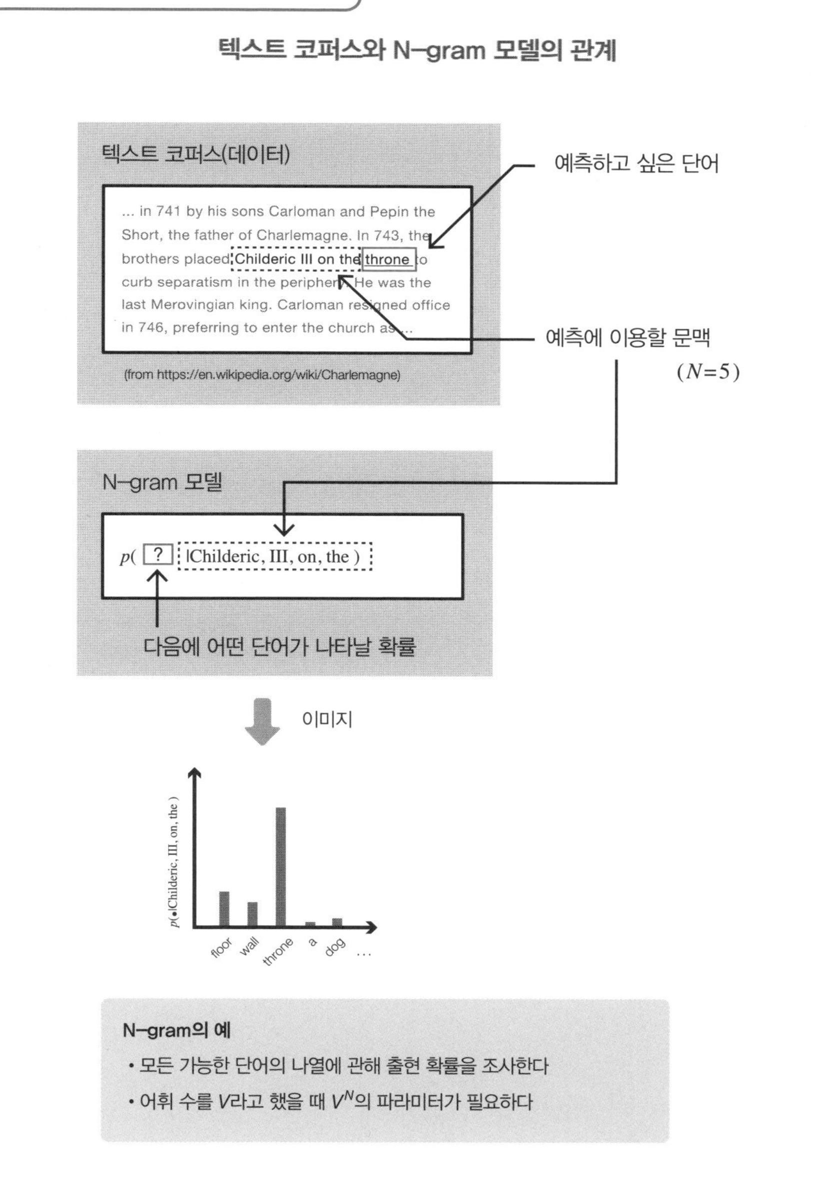

텍스트 코퍼스와 N-gram 모델의 관계
텍스트 코퍼스(데이터)
... in 741 by his sons Carloman and Pepin the Short, the father of Charlemagne. In 743, the brothers placed Childeric III on the throne to curb separatism in the periphery. He was the last Merovingian king. Carloman resigned office in 746, preferring to enter the church as...
(from https://en.wikipedia.org/wiki/Charlemagne)
예측하고 싶은 단어
예측에 이용할 문맥
(N=5)
N-gram 모델
p(? |Childeric, III, on, the)
다음에 어떤 단어가 나타날 확률
이미지
p(•|Childeric, III, on, the)
floor
wall
throne
a
dog
...
N-gram의 예
• 모든 가능한 단어의 나열에 관해 출현 확률을 조사한다
• 어휘 수를 V라고 했을 때 V^N의 파라미터가 필요하다

▶03 계열 예측과 RNN (1)

지금까지 말한 모델에서는 시각에 따르지 않는 모델을 구축함으로써, 데이터가 가진 정상성을 이용해 왔습니다. 신경망을 이용하는 경우에도 똑같은 방법이 유효합니다.

여기서도 계속해서 문장의 계열 예측 문제를 생각해 봅시다. N–gram과 마찬가지로 조건부 확률을 신경망으로 기술하면 데이터가 가진 정상성을 잘 이용할 수 있습니다.

이와 같은 접근 방식 중 가장 단순한 예는 적당한 정수 k를 취하여 과거 k단계 분의 샘플을 입력으로 하고, 다음 관측값을 예측으로 하는 신경망입니다. 이는 입력에 예측 대상을 더한 k+1 이하 길이의 의존 관계까지 다룰 수 있다는 의미로, *k*+1–gram 모델과 같습니다.

이 모델에는 k를 어떻게 정하는가 하는(N–gram 모델과 똑같은) 문제가 있습니다. 이 점에서 원리상 **한없이 긴 의존관계도 모델화할 수 있는 순환 신경망(Recurrent Neural Networks, RNN)**이 매우 유용합니다.

RNN의 가장 단순한 구성 예를 오른쪽 페이지에 나타냈습니다. 이 모델은 어떤 시각의 계열 관측값에 해당하는 입력층과 단일 중간층 그리고 다음 시각의 예측에 해당하는 출력층을 가진다는 점에서 다층 퍼셉트론에 가깝습니다. 이 모델과 다층 퍼셉트론을 나누는 것은 **중간층이 재귀적으로 결합해, 1시각 전 자기 상태에 의존해서도 값을 바꾸는 점**입니다.

RNN이란 이처럼 재귀적 결합을 하는 신경망의 총칭으로, 재귀적 결합은 여러 단계의 시간 지연을 갖도록 모델화할 수도 있습니다.

그림으로 보는 핵심 정리 !

순환 신경망의 구성 예

아래 문자열에서 "operations"를 예측하고 싶다

...have corresponding **operations** in the ...

(From http://en.wikipedia.org/wiki/Fourier_transform)

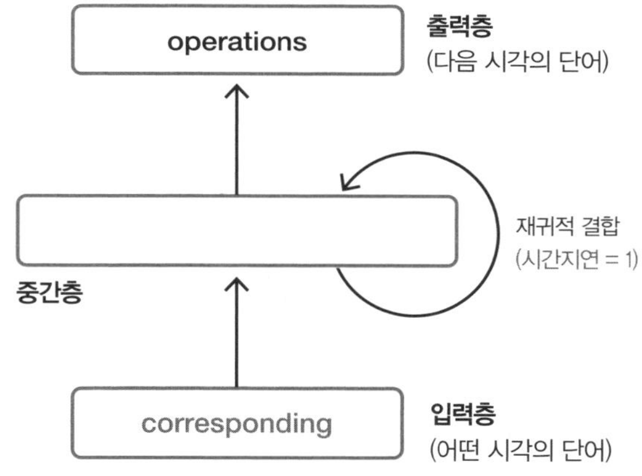

원포인트 해설!

- 다층 퍼셉트론과 가까운 모델
- 다층 퍼셉트론과의 차이는 중간층이 재귀적 결합, 다시 말해 1시각 전 자신의 상태에도 의존해서 값을 바꾸는 점

▶04 계열 예측과 RNN (2)

RNN은 시간 방향으로 전개하면 동작을 파악하기 쉬워집니다. 예를 들어, 앞 절에서 소개한 RNN은 오른쪽 그림처럼 전개할 수 있습니다. RNN은 긴 계열을 입력으로 갖는 심층 신경망이고, 학습 알고리즘으로도 확률적 경사 하강법과 오차역전파를 이용할 수 있습니다. 또 시간 방향으로 파라미터가 재사용되는 것은 시간 방향의 정상성을 이용한다는 표현입니다. 연장하는 길이는 임의이므로 RNN은 임의 길이의 의존 관계를 기술할 수 있다는 것을 시사하며, 실제로 **RNN은 임의의 계열을 생성 가능**하다는 점이 설명되어 있습니다.

RNN을 언어 모델로서 이용하려는 시도는 1990년대 엘먼의 연구에서 시작됐습니다. 단, 실제로 소규모 인공 데이터를 넘어서 대규모 텍스트 코퍼스에 대한 학습이 이루어지고 N-gram을 능가하는 성능이 실현된 것은 2011년 이후의 일입니다.

아직 논의의 여지가 남아 있지만, **RNN은 네트워크의 심층성으로부터 상대적으로 작은 파라미터 수로 복잡한 동작을 표현**할 수 있습니다. 이런 뛰어난 표현 효율은 파라미터 수가 N에 관하여 지수적으로 되는 N-gram 모델과 크게 다른 점이고, RNN으로 뛰어난 예측 성능을 실현할 수 있었던 커다란 요인으로 생각됩니다.

RNN은 이제까지 설명한 우수한 특징 특징이 있는 반면에, **기울기 소실 · 폭발과 같은 문제**가 다른 심층 신경망과 비교해도 **현저**하다고 할 수 있습니다. 1997년에 휴미트휴버(Jürgen Schmidhuber)가 제안한 **LSTM**은 RNN에 장기 정보 기억에 적합한 구조를 추가한 것이며, 초기 딥러닝의 성공 사례라고 할 수 있습니다. LSTM은 현재 많은 응용 사례가 보고되고 있어, 계열 데이터를 다룬다면 선택지의 하나로 넣어야만 할 것입니다.

그림으로 보는 핵심 정리 !

시간 방향으로 전개된 RNN

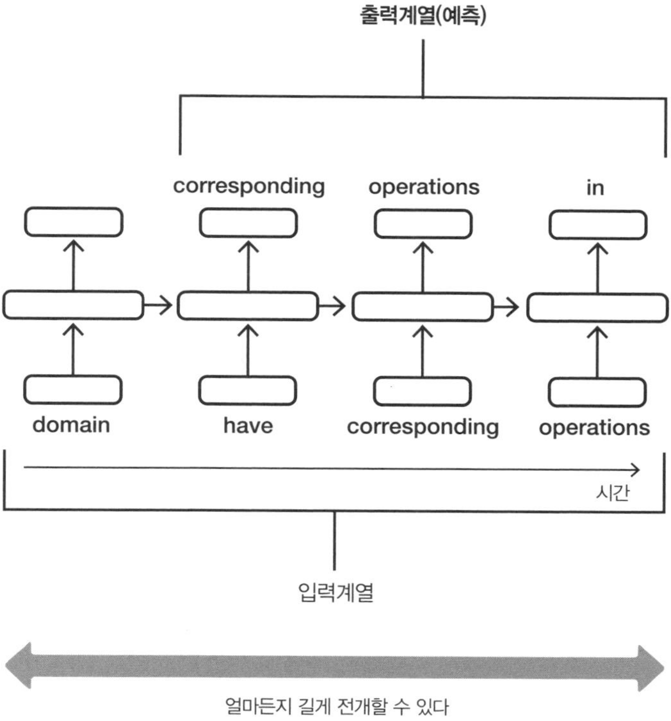

출력계열(예측)

corresponding operations in

domain have corresponding operations

시간

입력계열

얼마든지 길게 전개할 수 있다

원포인트 해설!

- N-gram 모델과 비교해 상대적으로 작은 파라미터 수로 복잡한 동작을 표현할 수 있다.
- LSTM은 RNN에 게이트 구조를 추가해 개선한 것
  → 응용 사례가 많아 유용한 모델이라고 할 수 있다.

그림으로 배우는 데이터 과학 19

딥러닝을 이용한 계열 데이터 분석

▶ 05
신경 기계 번역

최근 달아오르는 신경망의 응용 분야로 **기계 번역**이 있습니다. 여기서는 RNN이 매우 중요한 역할을 합니다. 우선 이들 모델은 RNN으로 복잡한 시계열에 대한 유효한 특징량 학습이 가능하다는 점을 활용합니다. 예를 들어, 영어 텍스트를 충분히 학습한 RNN은 **텍스트가 가진 의미를 은닉층(중간층)에서 표현한다**고 생각할 수 있습니다. 이 **의미 표현을 번역에 이용하는 것이 신경 기계 번역의 기본 발상**입니다.

이 문제에서 커다란 전환점이 된 것은 **seq2seq**로 불리는 모델의 등장입니다. 이 모델은 입출력에서 **2개의 RNN을 연결하는 단순한 구조**로 이루어져 있습니다. 예를 들어 영어에서 프랑스어로 번역할 경우, 우선 입력 쪽 RNN에서 영어를 처리함으로써 은닉 상태를 얻습니다. 그리고 이 은닉 상태를 초깃값으로 해서 출력 쪽 RNN이 프랑스어 번역문을 생성하도록, 두 개의 RNN을 합해 오차역전파법으로 학습합니다. seq2seq는 특히 구조가 비슷한 언어를 매우 높은 정밀도로 번역할 수 있습니다.

단, seq2seq에서는 문장이 길어지면 기울기 소실 등의 문제가 있어 번역이 어려워집니다. 이런 문제는 어텐션 메커니즘(attention mechanism)으로 개선할 수 있습니다. 어텐션 메커니즘은 출력 쪽 RNN이 번역문을 생성할 때마다 번역 소스 문장에서 집중할 곳을 수시로 선택하는 메커니즘입니다. 어텐션 메커니즘을 이용하면 더욱더 높은 번역 정밀도를 달성할 수 있습니다.

그림으로 보는 핵심 정리 !

신경 기계 번역의 원리

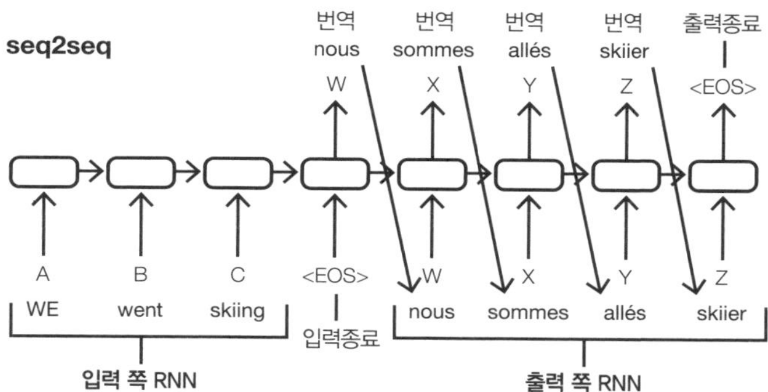

출처) Ilya Sutskever, Oriol Vinyals, and Quoc V. Le. 2014. Sequence to sequence learning with neural networks. In proceedings of the 27th International Conference on Neural Information Processing Systems – Volume 2(NIPS'14), Z.Ghahramani, M. Welling, C. Cortes, N. D. Lawrence, and K. Q. Weinberger (Eds.), Vol. 2. MIT Press, Cambridge, MA, USA, 3104–3112.

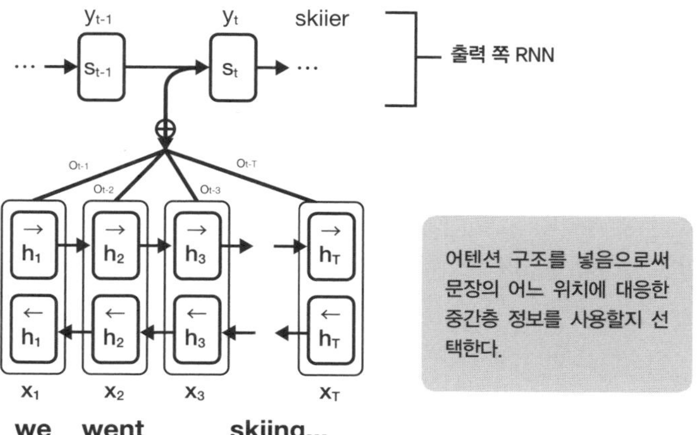

어텐션 구조를 넣음으로써 문장의 어느 위치에 대응한 중간층 정보를 사용할지 선택한다.

출처) Bahdanau, D., Cho, K., & Bengio, Y. (2014). Neural machine translation by jointly learning to align and translate. arXiv, [arXiv:1409.0473].

▶01 이미지 데이터란

우리 인간은 사진을 눈으로 보면 무엇이 찍혔는지 그 자리에서 이해할 수 있습니다. 하지만 오른쪽 페이지에 나타낸 것처럼 컴퓨터 안에서는 이미지를 가로세로 2차원인 공간적인 넓이와 각색 채널을 합해 3차원으로 확장된 거대한 수치 배열로 다룹니다. 인간이 같은 이미지를 나타내는 수치 배열을 보더라도 그 수치가 무엇을 나타내는지 이해하기는 어렵습니다. 마찬가지로 **컴퓨터에는 이미지가 이런 수치의 나열**로만 보인다는 것이 이미지 데이터의 분류나 식별 등을 어렵게 하는 요인입니다.

수치 배열로 이미지를 바라봤을 때 크게 문제가 되는 것은 이미지가 가진 위치 오차에 대한 불변성을 이용하기 어려워지는 점입니다. 216페이지의 데이터 어그멘테이션에서 설명했듯이 사진 찍힌 범위가 조금 어긋나더라도 적절히 학습된 모델이라면 무엇이 찍혔는지 문제없이 알아맞힐 수 있을 것입니다. 이것은 **이미지에 찍힌 위치가 변하더라도 무엇이 찍혔는지는 변하지 않는다는 불변성(병진 불변성)** 때문입니다. 하지만 오른쪽 페이지 설명처럼 병진 조작 전후로 수치 배열로서의 이미지 데이터는 완전히 달라지므로, 이 불변성은 컴퓨터가 이해하기 어려워집니다.

불변성을 만약 적절히 이용할 수 있다면, 계열 데이터의 정상성처럼 학습 대상의 일반화 성능을 향상하는 등 학습할 때 많은 장점이 있습니다. 다음 절에서 설명하는 **합성곱 신경망은 신경망 구조에 이미지 데이터가 가진 병진 불변성을 도입**하여 이 문제를 개선하는 방법입니다.

그림으로 보는 핵심 정리 !

컴퓨터에는 어떻게 보일까?

컴퓨터에는….

166, 56, 65, 98, 137, 98, 75, 41,
75, 97, 98, 139, 163, 139, 74, 165, 195,
139, 98, 76, 75, 98, 91, 55, 59,
105, 114, 74, 49, 141, 166, 48, 64, 124,
105, 74, 75, 48, 172, 131, 41, 75, 189,
162, 49, 105, 59, 140, 139, 89, 73, 124,
106, 106, 187, 197, 139, 97, 163, 140, 74,
164, 198, 116, 172, 139, 140, 138, 161, 149,
91, 190, 99, 74, 97, 115, 116, 108, 56,
106, 197, 130, 68, 57, 38, 24, 73, 89,
123, 74, 197, 181, 98, 75, 40, 48, 41,
117, 89, 97, 75, 96, 139, 90,…

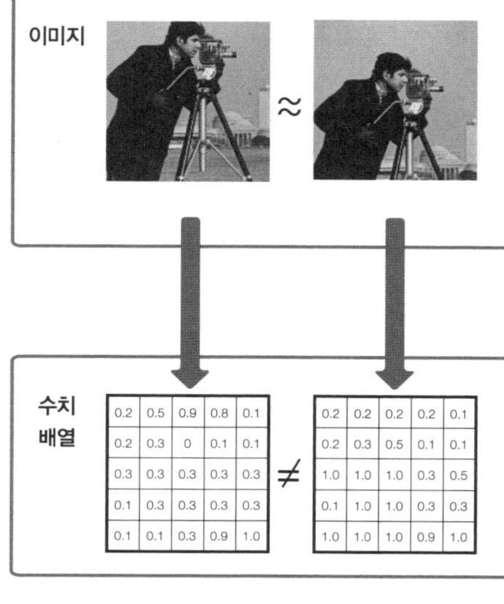

0.2	0.5	0.9	0.8	0.1
0.2	0.3	0	0.1	0.1
0.3	0.3	0.3	0.3	0.3
0.1	0.3	0.3	0.3	0.3
0.1	0.1	0.3	0.9	1.0

0.2	0.2	0.2	0.2	0.1
0.2	0.3	0.5	0.1	0.1
1.0	1.0	1.0	0.3	0.5
0.1	1.0	1.0	0.3	0.3
1.0	1.0	1.0	0.9	1.0

- 찍힌 범위가 달라져도(병진 조작이 이루어져도) 무엇이 찍혔는지는 달라지지 않는다.
- 적절히 학습된 모델은 병진 조작에 대한 불변성을 기대할 수 있다.

- 컴퓨터 내부에서 이미지 데이터는 수치 배열로 다룬다.
- 병진 조작에 의해 수치 배열로서는 두 개의 이미지가 완전히 달라져 버린다.

그림으로 배우는 데이터 과학 20

딥러닝에 의한 이미지 분석

▸02 CNN (1)

CNN은 합성곱층과 풀링층을 서로 겹쳐서 구성한 신경망입니다. 여기서는 각 층의 구성단위, **합성곱 연산과 풀링**을 우선 살펴보겠습니다.

예를 들어, 만화가 다수의 선분으로 이루어진 것처럼 이미지는 작은 부품이 조합되어 전체가 완성된다고 생각할 수 있습니다. 이런 아이디어를 기반으로, **합성곱 연산**에서는 받아들인 이미지를 작은 절편(패치)으로 분해하여 각 패치에서 어떤 부품이 나타났는지 뉴런으로 검출합니다. 오른쪽 페이지의 사진을 예로 들어 설명하겠습니다. 여기서는 이미지를 16×16 크기의 패치로 분해하여, 각각에서 오른쪽 위에서 왼쪽 아래로 향하는 비스듬한 선분이 나타나는지 검출하고 있습니다. 합성곱 연산은 필터 연산에 해당하는데, 수학의 합성곱 조작과 대응해 특별히 **커널**로 불리기도 합니다. 또 각 패치에 대한 뉴런의 반응을 2차원적으로 나열한 것을 **특징 맵**이라고 합니다.

그런데, 합성곱 연산에서는 이미지의 다른 위치에서 추출한 패치를 처리할 때도 **완전히 똑같은 커널을 재사용합니다.** 이렇게 하는 근거는 **이미지의 병진 불변성**에 있습니다. 이 불변성 덕분에 이미지는 위치를 임의로 이동해도 되므로, 위치가 다른 패치에서 완전히 똑같은 패턴이 출현할 수 있습니다. 그래서 똑같은 커널을 이미지의 모든 위치에서 이용할 수 있고, 이로써 합성곱 연산에 필요한 파라미터는 아주 작아집니다.

풀링은 특징 맵을 국소적으로 거칠게 보고(coarse graining) 차원을 줄이면서 입력에서의 미묘한 위치 변동을 흡수합니다. 이 결과로서 오른쪽 그림처럼 **적당히 정보가 압축된 특징 맵**을 얻습니다.

그림으로 보는 핵심 정리 !

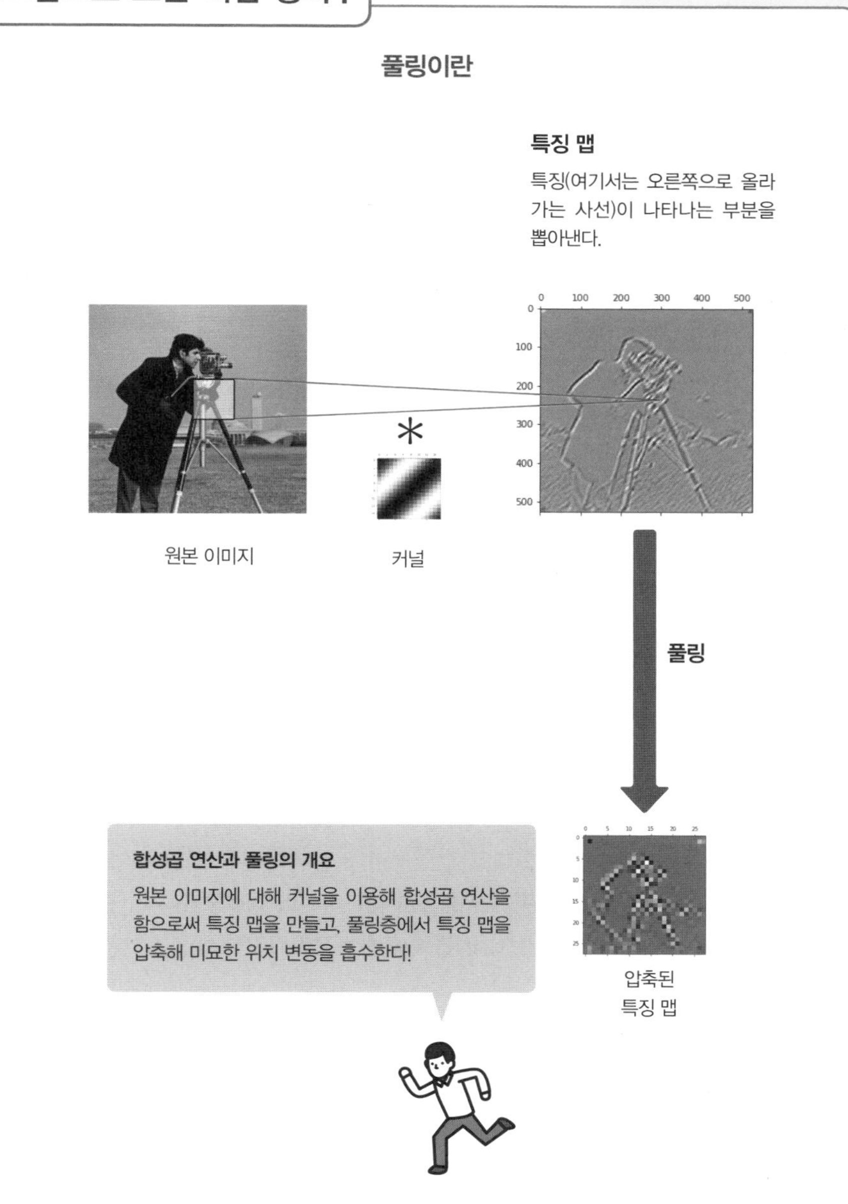
풀링이란
특징 맵
특징(여기서는 오른쪽으로 올라가는 사선)이 나타나는 부분을 뽑아낸다.
0
100
200
300
400
500
*
원본 이미지
커널
풀링
합성곱 연산과 풀링의 개요
원본 이미지에 대해 커널을 이용해 합성곱 연산을 함으로써 특징 맵을 만들고, 풀링층에서 특징 맵을 압축해 미묘한 위치 변동을 흡수한다!
압축된
특징 맵

그림으로 배우는 데이터 과학 20

딥러닝에 의한 이미지 분석

▶03 CNN (2)

CNN에서는 **층을 따라갈 때마다 작은 부품에서 큰 부품으로 특징을 구성해 가도록 커널의 학습이 진행**된다고 할 수 있습니다.

예를 들어, 이미지를 직접 받아들이는 제1층 합성곱층의 뉴런은 대부분 이미지에 나타나는 **선분 등의 간단한 특징**에 대응하는 커널을 획득합니다. 이 특징 맵을 입력으로 하는 제2층 합성곱층의 뉴런은 다시 제1층에서 뽑아낸 **선분을 다수 합성해서 만들어진 복잡한 특징**에 대응하는 커널을 획득합니다. 이런 처리를 여러 단계로 쌓아 올린 CNN의 최종층은 매우 복잡하고, 또한 유용한 특징을 추출한다는 것을 경험적으로 알고 있습니다. 오른쪽 페이지에 대표적인 CNN인 LeNet-5와 AlexNet의 구조를 나타냈습니다.

1980년대 말부터 1990년대에 걸쳐 르쿤(Lecun)이 제안한 CNN도 LSTM과 마찬가지로 초기 심층 신경망이라고 할 수 있습니다. 제안 당시에는 숫자 이미지 식별 등에서 좋은 성능을 발휘한 CNN은 발견적으로 구성된 이미지 특징량과 서포트 벡터 머신의 조합에 패배한 후로 오랜 시간 부활하지 못했습니다.

하지만 최근에 와서 빅데이터에 대한 딥러닝이 가능해지면서 **자연 이미지(사진) 식별, 분류 문제에서 CNN은 매우 뛰어난 성능을 실현하기에 이르렀습니다. 현재, 대량의 이미지 데이터에 대한 식별 문제는 CNN을 사용하는 것이 표준**이 됐습니다.

그림으로 보는 핵심 정리 !

LeNet-5와 AlexNet의 구조

LeNet-5, 1998년 제안(참고①)

1990년대에 제안된 LeNet-5는 현재 이용되는 CNN(예. AlexNet)의 기본 요소를 모두 포함한다.

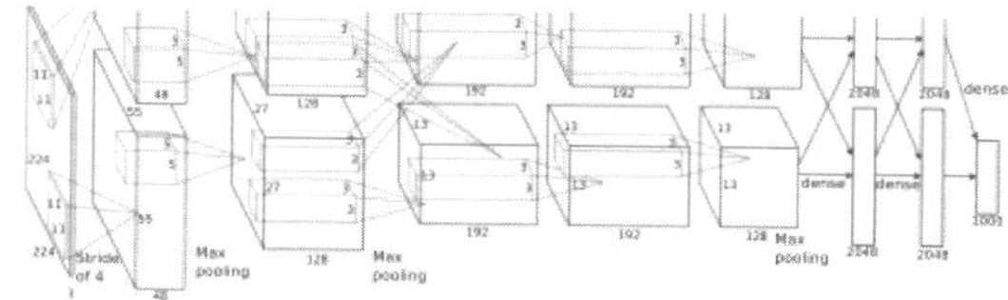

AlexNet, 2012년 제안(참고②)

CNN은 앞 절에서 설명한 필터의 합성곱과 풀링을 여러 단으로 직결한 것

현재, 대량의 이미지 데이터에 대한 식별 문제는 CNN을 사용하는 것이 표준적이다. RNN을 이용하는 것이 표준적이던 계열 데이터도 CNN을 이용하여 분석하는 경우가 있다.

참고

① Y. Lecun et al., Gradient-based learning applied to document recognition. Proceedings of the IEEE, November 1998

② A. Krizhevsky et al., ImageNet Classification with Deep Convolutional Neural Networks, NIPS 2012

▶04

이미지 생성

여기서는 신경망을 이용한 이미지 처리의 마무리로서 최근 크게 주목을 받는 이미지 생성을 소개합니다.

이미지 변환에서 중요한 역할을 하는 것이 **GAN(Generative Adversarial Network)**으로 불리는 생성적 적대 신경망입니다. GAN은 생성자와 식별자로 불리는 2개 신경망으로 이루어집니다. 생성자는 노이즈를 받아서 가짜 이미지를 생성합니다. 그리고 식별자는 생성된 이미지와 데이터셋의 샘플 이미지를 받아서, 그 이미지가 생성자가 만든 가짜 이미지인지 데이터셋에서 가져온 샘플인지 판정합니다. **생성자는 식별자를 속일 수 있도록, 식별자는 생성자에게 속지 않도록 학습이 이루어집니다.** 학습 초기에는 노이즈로부터 생성한 가짜 이미지도 단순한 노이즈일 뿐이었지만, **식별자를 속일 수 있도록 학습이 진행된 생성자는 사람이 봐도 진짜라고 착각할 정도의 샘플을 생성**합니다.

GAN을 합성곱층으로 구성해 이미지 생성에 특화한 것이 **DCGAN(Deep Convolutional GAN)**이고, 좀 더 고품질의 이미지를 생성할 수 있습니다. 만약 신경망을 이미지 생성에 응용하고 싶다면, 이 DCGAN을 이용하는 게 좋겠지요.

GAN에서 노이즈 대신에 변환할 소스 이미지를 입력하면, GAN을 이미지 변환에 응용할 수 있습니다. 이 방법으로 저해상도 이미지를 고해상도 이미지로 변환하는 초해상 기술(참고②)이나 결손 이미지 보완(참고③) 등을 실현할 수 있습니다.

그림으로 보는 핵심 정리 !

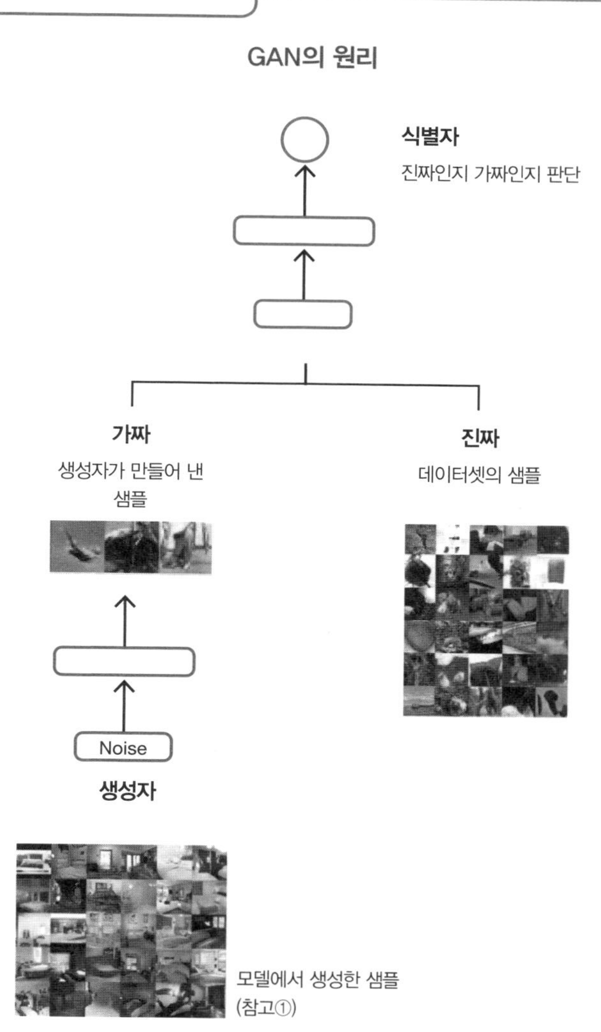

① A. Radford et al., Unsupervised Representation Learning with Deep Convolutional Generative Adversarial Networks, arXiv 2016
② D. Pathak et al., Context Encoders: Feature Learning by Inpainting, CVPR 16
③ C. Ledig et al., Photo-Realistic Single Image Super-Resolution Using a Generative Adversarial Network, arXiv 2016

맺음말

정신없이 달려오긴 했지만, 데이터 과학의 핵심을 이루는 기초 기술을 학습했습니다. 이 책이 체계적으로 기초 지식을 익히는 계기가 되고, 각 기술이 어떤 문맥에 있는 기술인지 이해하는 데 일조가 됐다면 저자로서 그보다 큰 기쁨은 없을 것입니다.

이 책으로 전체를 이해한 다음에는 무엇을 하면 좋을까요? 일률적으로 말할 수는 없지만, 우선 자신이 흥미를 느낀 곳부터 추구해 가는 것이 좋다고 생각합니다. 관심이 있는 데이터를 수집하거나 일차 분석에 시간을 할애하는 것도 좋고, 데이터 과학 대회에 참가하는 것도 아주 좋은 공부가 될 것입니다.

최근에는 상세한 주석이 달린 예제 코드도 인터넷상에 많이 있으므로(옥석이 섞여 있지만), 그런 리소스를 이용해서 손쉽게 시험해 보는 것도 좋습니다.

이 책에서 배운 지식을 바탕으로 이른바 이공계 서적 코너에 들려보는 것도 좋습니다. 이공계 서적은 대개 가격이 비싸서 선뜻 손이 가진 않을 것으로 생각되지만, 데이터 과학 전체에서 어떤 역할을 맡은 것인지 이해한 다음 다시 서가를 바라보면, 지금까지와는 또 다른 흥미를 느낄 수 있게 될 것입니다. 서서 읽어 봐도 좋으니 일단 손에 들어 보면 새로운 세계가 펼쳐질지도 모릅니다.

여러분 정말 감사합니다.

히사노 료헤이

저는 주로 컴퓨터의 동작 원리와 딥러닝 부분의 원고를 집필했습니다. 이 책 전체를 통해 전해왔듯이 데이터 과학은 컴퓨터 과학부터 통계학, 머신러닝까지 폭넓게 포함된 복합적인 영역입니다. 특히 데이터 과학에서 컴퓨터 과학에 관한 기초 지식의 중요성은 공저자인 히사노 료헤이 선생님과 함께 전부터 통감하고 있었습니다. 한편으론 기존 데이터 과학 관련 도서에서는 이런 컴퓨터 과학의 기초 지식은 좀처럼 중요시하지 않았다고도 말할 수 있습니다. 이런 점에서 데이터 과학에 대한 응용을 내다본 컴퓨터 과학 해설은 이 책의 특색 중 하나라고 할 수 있겠지요. 이번에 이처럼 중요한 부분에 공헌할 수 있어 매우 기쁘게 생각합니다.

딥러닝에 관련된 장에서는 신경망의 역사에서부터 딥러닝에 이르기까지 기술 발전의 역사를 조감하려고 시도했습니다. 다만, 딥러닝은 아직 완전히 성숙하지 않은 분야이고, 그 미래는 아무도 정확히 알 수 없습니다. 응용할 때도 상상만 앞서 가서 정말 딥러닝을 적용하는 게 맞는지도 충분히 판단되지 않을지 모릅니다. 이 책에서 시도한 기술적 조감이 딥러닝의 향후 동향, 나아가서는 실제 비즈니스 현장에서 딥러닝의 응용 가능성을 판단하는 데 조금이나마 도움이 된다면 다행이겠습니다.

기와키 타이치

역자의 말

데이터 과학에 관련된 영역은 실로 광범위하고, 데이터 과학에 사용되는 기술과 능력 또한 단순하지 않습니다. 최근에는 인공지능, 머신러닝 등이 인기를 끌면서 데이터 과학을 한 권으로 설명하려고 시도하는 책들이 나오고 있습니다. 이 책도 그런 노력을 한 책 중 하나입니다. 처음에는 광범위한 영역에 걸친 데이터 과학 분야를 한 권으로 훑어보는 게 가능할까 하고 걱정했지만, 이 책은 적은 페이지 수와 짧은 설명에도 불구하고 핵심을 잘 추려서 정리했다고 생각합니다.

무엇보다도 이 책의 가장 큰 특징은 데이터 과학 전반에 걸친 지식을 망라해 체계적으로 구성하고 하나의 주제를 펼친 양면으로 묶어서 완결한 것입니다. 특히, 데이터 과학을 이해하는 데 필요한 하드웨어의 개요부터 데이터 분석, 머신러닝에 이르기까지 어려운 수식을 거의 사용하지 않고 글과 그림으로 설명하고 있습니다. 하나의 주제를 한눈에 파악할 수 있는 점은 가독성 면에서도 커다란 장점입니다.

이런 구성은 초보자에게는 전체 이미지를 잡아 개요를 파악하기에 좋고, 이미 배운 사람에게는 내용을 빠르게 복습하기에 좋습니다. 데이터 과학을 올바로 이해하고 전체적인 개념을 단숨에 정리하여, 나중에라도 귀에 익은 용어라고 기억을 떠올릴 수 있을 정도면 이 책의 목적으로 충분하리라 생각합니다. 수학이나 공학 지식이 어느 정도 필요한 내용도 사전 지식 없이 기술하고 있어 종종 어렵게 느껴지는 부분도 있지만, 어려운 부분은 데이터 과학이라는 숲길을 걷는 기분으로 지나가면 됩니다. 그렇게 학습할 내용을 쭉 읽어나가다 보면, 새로운 기술들과 이론이 등장하게 된 배경도 연장 선상에서 알 수 있어 유익합니다.

역자 서문을 쓰는 시간은 개인적으로는 오랜 시간 작업한 일을 매듭짓는 과정이고, 함께한 책에 대해 다시 한 번 생각하게 되는 계기가 됩니다. 이 책은 짧게 짧게 많은 주제를 다루고 있어, 번역을 하는 내내 저자들을 따라 숨가쁘게 달려온 느낌입니다. 끝으로 좋은 책을 번역할 기회를 주신 영진닷컴과 원고를 다듬어 주신 담당자분께 깊이 감사드립니다. 이 책을 선택해 주신 독자 여러분께 저자들의 기획 의도가 잘 전달돼 원하는 바를 얻을 수 있게 된다면 무척 기쁘겠습니다.

김성훈

그림으로 배우는
데이터 과학

1판 1쇄 발행 2019년 5월 10일
1판 3쇄 발행 2022년 1월 5일

저　　자 히사노 료헤이, 키와키 타이치
역　　자 김성훈
발 행 인 김길수
발 행 처 (주)영진닷컴
주　　소 (우)08507 서울특별시 금천구 가산디지털1로 128
STX-V타워 4층 401호
대표전화 1588-0789
대표팩스 (02)2105-2207
등　　록 2007. 4. 27. 제16-4189호

ISBN 978-89-314-6025-4